Autobiographie d'une esclave

Hannah Crafts

Autobiographie d'une esclave

Édition établie, présentée et annotée par Henry Louis Gates Jr.

Traduit de l'anglais (États-Unis) par Isabelle Maillet

Payot

Retrouvez l'ensemble des parutions des Éditions Payot & Rivages sur

www.payot-rivages.fr

Titre original :
THE BONDWOMAN'S NARRATIVE

PRÉSENTATION
par Henry Louis Gates Jr.

À la mémoire de Dorothy Porter Wesley (1905-1995).

À la recherche d'une esclave en fuite

Chaque année, la galerie Swann organise une vente aux enchères de « documents imprimés, manuscrits et témoignages divers de l'héritage culturel afro-américain » dans ses locaux du 104, 25e Rue Est, à New York. J'ai l'honneur de recevoir le catalogue que la Swann prépare à cette occasion. On peut y lire la description extrêmement prosaïque d'objets et de documents d'archives qui ont réussi d'une manière ou d'une autre à émerger des profondeurs de l'histoire noire. Pour beaucoup, l'idée de consulter de telles listes peut paraître d'une aridité décourageante. Mais pour ma part, je trouve assez poignant que ces vestiges se retrouvent en des lieux où ils peuvent être préservés et mis à la disposition de spécialistes, d'étudiants, de chercheurs ou de lecteurs passionnés.

Cette vente se déroule en février, mois symbolique choisi en 1926 par l'historien Carter G. Woodson pour célébrer l'héritage afro-américain et encourager sa sauvegarde. Il avait prévu d'organiser en février ce qui était initialement la « Semaine de l'histoire noire » parce que deux présidents étaient nés ce mois-là, George Washington et Abraham Lincoln, ainsi que Frederick Douglass, le grand abolitionniste, auteur et orateur noir.

Pour la génération de spécialistes en études afro-américaines à laquelle j'appartiens, février voit donc fleurir séminaires et commémorations diverses, séries de conférences et de reconstitutions historiques, ou encore cérémonies solennelles à la lueur des bougies pour rendre hommage à nos ancêtres dont les sacrifices ont permis d'obtenir cette liberté dont nous jouissons aujourd'hui – surtout ceux du révérend Martin Luther King Jr. –, dîners, concerts et spectacles évoquant la victoire du peuple noir sur l'esclavage et la ségrégation *de facto* et *de jure*. Nous avons survécu, nous avons résisté, nous avons même prospéré, proclame le Mois de l'histoire noire, et notre mission en tant que légataires de Carter Woodson consiste en partie à rappeler à notre pays que « la lutte continue » malgré tout le chemin que nous, descendants d'esclaves africains, avons parcouru.

Tenu par mon emploi du temps, je ne peux le plus souvent que participer par téléphone à la vente de la Swann, même si je dévore littéralement son catalogue, cochant parmi presque quatre cents lots tous ceux que j'aimerais acquérir pour ma collection personnelle (éditions originales, manuscrits, documents, affiches, photographies, souvenirs) ou pour la bibliothèque de mon université.

Le catalogue de 2001 n'était pas moins riche que le précédent, preuve de l'intérêt grandissant pour ce genre de témoignages récupérés dans les recoins poussiéreux de greniers, de caves ou de placards encombrés. Je pris mon temps pour le parcourir, laissant mon précieux exemplaire sur le pupitre de lecture près de mon lit ; je le consultais le soir avant de m'endormir en pensant à la foule d'objets hétéroclites qui émergent mystérieusement des profondeurs oubliées du passé noir. Le lot numéro 20, par exemple, était un document partiellement imprimé « ordonnant à plusieurs hommes de livrer un esclave au shérif en règlement d'une dette impayée ». L'esclave en question s'appelait Aron, il avait vingt-huit ans et cet événement terrible s'était produit le 30 octobre 1833 dans le comté de Lawrence, en Alabama. Le lot numéro 24 était un acte manuscrit concernant Elias Harding, « fils de Deborah, une femme de couleur affranchie par Richard Brook », et attestant qu'il était libre pour autant que le sût le signataire. Deux esclaves, Rachel et Jane, la mère et la fille, avaient été vendues pour cinq cents dollars dans le comté d'Amherst, en Virginie, le 13 octobre 1812 (lot numéro 13). Le testament, daté du 9 mai 1825, d'un certain Daniel Juzan de Mobile, en Alabama, faisait état d'un legs aux cinq enfants qu'il avait donnés à Justine, une femme de couleur, libre, « qui vit maintenant avec moi » (lot numéro 17). Tous les documents de ce genre relèvent de l'histoire en hibernation ; une immense richesse de détails est enfouie dans les catalogues tels que celui-ci, dont les pages peuvent inspirer d'innombrables sujets de thèse en histoire afro-américaine.

Parmi les divers éclats et fragments du passé noir rassemblés cette année-là, l'un d'entre eux attira particulièrement mon attention.

C'était le lot numéro 30 et le catalogue en donnait la description suivante :

« Manuscrit original non publié. Présenté par Emily Driscoll dans son catalogue de 1948 et décrit comme "une biographie romancée, rédigée dans un style fleuri, censée raconter l'histoire de la vie et de la fuite d'Hannah Crafts, mulâtresse née en Virginie". Ce manuscrit est constitué de vingt et un chapitres, tous précédés d'une épigraphe. Il ne relate pas seulement le destin d'Hannah mais aussi celui de sa maîtresse, qui s'avère être une métisse au teint clair passant pour blanche. Il n'est pas certain que cet ouvrage ait été écrit par une Noire, mais la narratrice connaissait bien les régions du Sud où se déroule le récit. L'itinéraire emprunté par Hannah pour s'échapper était parfois utilisé par les fugitifs. »

Le manuscrit était signé d'une certaine Hannah Crafts et s'intitulait *The Bondwoman's Narrative, by Hannah Crafts, a Fugitive Slave, Recently Escaped from North Carolina.* Il se composait de trois cent un feuillets reliés par de la toile. On le supposait en provenance du New Jersey et rédigé « dans les années 1850 ».

Plusieurs choses me frappèrent lorsque je lus cette description du lot numéro 30. La première, c'était que l'ouvrage faisait partie de la collection privée monumentale de Dorothy Porter Wesley (1905-1995), bibliothécaire et historienne de renom au Moorland-Spingarn Research Center de l'université Howard (Washington). Elle compte parmi les plus célèbres bibliothécaires et bibliophiles noirs du XXe siècle – se plaçant juste derrière Arthur Schomburg, dont la collection a permis de constituer la section Harlem de la bibliothèque municipale de New York qui porte aujourd'hui son nom. Elle était titulaire, entre autres, d'un doctorat *honoris causa* délivré par le Radcliffe Institute, et chaque année le W.E.B. Du Bois Institute for Afro-American Research (Harvard) offre une bourse d'études postdoctorales à son nom. Ses notes sur le manuscrit, si elle en avait laissé, seraient déterminantes pour tenter d'établir l'appartenance ethnique de l'auteur.

Le deuxième fait qui m'intrigua était beaucoup plus subtil. La phrase « Il n'est pas certain que cet ouvrage ait été écrit par une Noire » laissait supposer que quelqu'un – soit l'expert de la galerie Swann, qui n'était autre que Wyatt Houston Day, éminent marchand de témoignages du passé afro-américain, soit Dorothy Porter Wesley elle-même – envisageait qu'Hannah Crafts puisse être afro-américaine. De plus, le catalogue précisait que « la narratrice connaissait bien les régions du Sud où se déroule le récit ». De fait, elle en connaissait tellement bien la géographie que « l'itinéraire emprunté par Hannah pour s'échapper était parfois utilisé par les fugitifs ». Ce troisième fait, le plus significatif à mes yeux, semblait suggérer que la narratrice elle-même avait vécu cette expérience. Si elle était noire, alors ce « récit d'esclavage romancé » – un roman autobiographique relatant la vie d'une esclave en Caroline du Nord et sa fuite vers la liberté – serait une découverte majeure, peut-être le premier roman jamais écrit par une Noire et sans aucun doute le premier écrit par une ancienne esclave. (*Our Nig*, d'Harriet E. Wilson, paru en 1859, ignoré pendant plus d'un siècle puis redécouvert et authentifié en 1982, est le premier roman publié par une Noire [1] ; mais contrairement à Hannah Crafts, Wilson était née libre dans le Nord.)

Il me paraissait tout aussi excitant que ce manuscrit olographe n'ait jamais été publié. Les textes rédigés à la main par des Noirs au XIXe siècle sont excessivement rares, ce qui est pour le moins étonnant dans la mesure où des centaines d'Afro-Américains ont publié des livres – récits d'esclavage, autobiographies, pamphlets religieux, romans, recueils de poèmes, pamphlets politiques antiesclavagistes, ouvrages scientifiques, etc. Il n'existait à ma connaissance aucun manuscrit olographe, que ce soit dans le domaine du roman ou dans celui du récit d'esclavage, y compris chez les auteurs à succès tels que Frederick Douglass, Frances Ellen Watkins Harper ou William Wells Brown. La plupart des œuvres de fiction parues avant la fin de la guerre de Sécession ayant été éditées et diffusées par les membres du mouvement abolitionniste, les spécialistes ont longtemps débattu de l'identité de leurs auteurs et de leur degré d'originalité. Un manuscrit rédigé par une ancienne esclave leur fournirait une opportunité inédite d'analyser le niveau d'alphabétisation que possédait au moins une personne en servitude avant que la main d'un éditeur abolitionniste ne remodèle le texte. Enfin, nous aurions l'occasion d'entendre la « voix » authentique d'une esclave, son récit tel qu'elle l'avait écrit et corrigé.

Un autre aspect m'intéressait, lié à l'expression « esclave récemment échappée » introduite par Hannah Crafts dans le sous-titre du manuscrit. Moins d'une dizaine d'auteurs blancs au XIXe siècle avaient choisi la ventriloquie littéraire, adoptant le point de vue d'un Noir et se prétendant noirs. Harriet Beecher Stowe avait redéfini la fonction – ainsi que le potentiel économique et politique – de ce genre romanesque en conservant sa propre identité et en écrivant *sur* les Noirs plutôt que sous l'identité d'une Noire. On sait que les

1. Harriet E. Wilson, *Our Nig ; or Sketches from the Life of a Free Black* [1859], New York, Random House, 1983.

ventes de *La Case de l'oncle Tom*[2] atteignirent le chiffre record de trois cent mille exemplaires entre le 20 mars 1852 et la fin de cette même année ; quant à son roman suivant, *Dred. Histoire du grand marais maudit*, paru en 1856[3], il se vendit à plus de cent mille exemplaires en un mois seulement[4]. Il n'y avait aucun avantage commercial pour un auteur blanc à se faire passer pour noir ; Beecher Stowe vendit à elle seule plus d'exemplaires de *La Case de l'oncle Tom* et de *Dred* que tous les auteurs noirs de récits d'esclavage.

Le défi littéraire consistant à rédiger une histoire sur l'esclavage, soi-disant relatée ou éditée par un tiers, séduisit néanmoins certains écrivains, comme l'ont montré Jean Fagan Yellin et William L. Andrews[5]. Dès 1815, Legh Richmond publia à Boston chez Lincoln & Edmonds un roman intitulé *The Negro Servant : An Authentic and Interesting Narrative*, qui, comme il l'affirme dans le sous-titre, fut « rapporté par un pasteur de l'Église anglicane ». Mais les textes de ce type paraissaient avec la mention d'un éditeur ou d'un imprimeur blanc, ce qui laissait supposer que le véritable auteur était blanc lui aussi. Même l'authenticité des romans les plus populaires, comme celui de Richard Hildreth, *The Slave : or Memoirs of Archy Moore* (1836[6]), était régulièrement contestée par les critiques[7].

Dans le cas du seul exemple d'un récit féminin d'esclavage – *Autobiography of a Female Slave*, de Mattie Griffith, publié anonymement en octobre 1856[8] –, « rares sont les lecteurs qui prirent la voix de la narratrice pour celle d'une ancienne esclave », comme le

2. *Uncle Tom's Cabin*, Boston, Jewett, 1852 ; Paris, G. Charpentier, 1878.

3. *Dred : A Tale of the Great, Dismal Swamp*, Boston, Sampson and Company, 1856 ; Paris, Librairie centrale des publications illustrées, 1857.

4. Concernant les ventes d'Harriet Beecher Stowe, voir Richard Newman, *Words Like Freedom*, Wesport, Locust Hill Press, 1996.

5. William L. Andrews, *To Tell a Free Story : The First Century of Afro-American Autobiography*, Urbana, University of Illinois, 1986 (étude des différents genres de récits d'esclavage) ; Jean Fagan Yellin, *The Intricate Knot : Black Figures in American Literature, 1776-1863*, New York, New York University Press, 1992.

6. Boston, J. H. Eastburn.

7. Bien que Richard Hildreth ait publié anonymement son roman, le copyright fait apparaître le nom de l'imprimeur et éditeur John Eastburn. Celui de Hildreth figure cependant sur la page de copyright de la deuxième édition (Boston, 1840) et sur la page de titre dans l'édition intégrale de 1852 intitulée *The White Slave : or Memoirs of a Fugitive*, Londres, Ingram, Cooke and Company, 1852. La critique parue dans *The Liberator* du 31 mars 1837 défendait le roman contre ceux qui doutaient de son authenticité, affirmant qu'« il semble avoir été écrit par un esclave, et il n'est pas plus difficile d'envisager cette hypothèse que d'essayer de déterminer qui aurait pu l'écrire, sinon un esclave ». Mais les articles tels que celui du *Christian Examiner* (1839) étaient catégoriques : « Nous lisons, dans ce qui se prétend le langage d'un esclave, ce qu'un esclave n'aurait pas pu écrire. » (Cité par Yellin dans *The Intricate Knot…*, *op. cit.*)

8. Rééd. Jackson, University of Mississippi, 1998.

fait remarquer Joe Lockard, éditeur d'une nouvelle version de l'ouvrage, après un examen approfondi des commentaires de l'époque. Griffith dévoila d'ailleurs son identité de Blanche quelques semaines seulement après la publication de son livre, en partie parce que les critiques, notamment celle parue dans le *Boston Evening Transcript* du 3 décembre 1856, voyaient dans ce texte l'œuvre de quelque abolitionniste enragé.

La lecture de ces histoires d'esclavage nous révèle que leurs auteurs professaient des opinions racistes extrêmement répandues au XIXe siècle sur la nature et les capacités de leurs personnages noirs – une attitude que bien peu d'écrivains eux-mêmes noirs auraient pu adopter. Dans le roman de Mattie Griffith, on peut lire : « Le jeune maître, avec son teint pâle d'intellectuel, ses traits classiques, ses boucles brillantes comme le soleil et ses yeux bleus empreints de gravité, était à demi couché, évoquant l'image d'un ange de lumière, alors que les deux petits visages noirs semblaient emblématiques d'une humanité déchue, avilie. » Ce passage, comme le note Jean Fagan Yellin [9], rappelle ces lignes tirées du chapitre XXI de *La Case de l'oncle Tom* :

« Là se trouvaient face à face deux êtres qui représentaient les extrêmes de la société. La blanche et noble enfant aux cheveux d'or, au regard profond, au front intelligent et superbe, aux mouvements aristocratiques ; et, tout près d'elle, rampante, noire, défiante, rusée, subtile et menteuse, une autre enfant. Oui, elles illustraient bien deux races : la race saxonne, née de la civilisation, portée dans les entrailles des siècles, et qui a derrière elle et pour elle de longues années de commandement, d'éducation et de suprématie morale et matérielle, et la race africaine, cette fille des siècles opprimés, ce produit de l'asservissement, de l'ignorance, de la misère et du vice. »

Griffith fait d'ailleurs converser ainsi son héroïne mulâtre et Tante Polly, l'esclave :

« "Oh ! mon enfant, commença-t-elle, peux-tu avec ton mignon visage jaune embrasser une vieille Négresse noire comme le charbon ?

« – Ma foi, oui, Tante Polly, et je pourrais aussi t'aimer ; car bien que ton visage soit noir, je suis sûre que ton cœur est clair." »

Si plusieurs auteurs noirs de récits d'esclavage établissaient des distinctions sociales et intellectuelles marquées entre les serviteurs de la maison et les travailleurs des champs, s'ils soulignaient quelquefois ces différences en précisant la couleur de peau et en utilisant un dialecte (je pense ici à Frederick Douglass, Harriet Jacobs et

9. Lettre à Henry Louis Gates Jr., 21 novembre 2001.

William Wells Brown, entre autres), ils se laissaient néanmoins rarement prendre au piège des connotations racistes associées aux esclaves, à la couleur de peau et aux « capacités naturelles » des personnes d'origine africaine, contrairement aux auteurs blancs qui adoptaient une voix noire pour narrer leur histoire.

Il me vint à l'esprit en étudiant le catalogue de la Swann qu'une autre caractéristique du manuscrit d'Hannah Crafts, essentielle pour définir l'identité raciale de son auteur, serait l'absence ou la présence de noms de personnes ayant réellement existé. Les récits d'esclavage prétendument autobiographiques n'utilisaient que des noms fictifs. C'était aussi le cas des livres d'Harriet Beecher Stowe, même si elle avait créé des personnages inspirés de sources historiques, comme elle l'avait révélé dans *La Clef de « La Case de l'oncle Tom » contenant les faits et les documents originaux sur lesquels le roman est fondé* (1853) [10]. En d'autres termes, aucun auteur blanc n'avait jamais écrit de récit d'esclavage romancé en choisissant pour ses personnages des noms réels ; aucun n'avait publié de fiction sur la vie d'un esclave noir qui aurait pu se lire comme autre chose qu'un roman, se situant ainsi en dehors des conventions bien établies du récit d'esclavage, et qui ne reflétât pas inconsciemment des vues racistes sur les Noirs – des aspects d'autant plus frappants que l'auteur cherchait à dénoncer l'esclavage. Il n'était pas non plus un seul écrivain blanc au XIXᵉ siècle qui, en s'essayant à cet exercice littéraire, eût réussi à se faire passer pour noir. Rares furent les lecteurs de l'époque qui prirent les narrateurs fictifs pour de vrais Afro-Américains, alors que des Noirs ont endossé avec succès l'identité de Blancs – ainsi, au XXᵉ siècle, le romancier Frank Yerby ou le critique Anatole Broyard. Je partais du principe que si un auteur se prétendait noir il y avait de fortes chances pour qu'il le fût, dans la mesure où il n'avait aucun avantage particulier (financier ou autre) à user d'un tel subterfuge.

Fort de ces considérations, je décidai de faire tout mon possible pour acquérir le manuscrit d'Hannah Crafts. Comme je me remettais d'une série d'opérations de la hanche et n'avais pas le droit de voyager, je demandai à un collègue, Richard Newman, universitaire, bibliothécaire, bibliophile et administrateur au W.E.B. Du Bois Institute à Harvard, si le 15 février 2001 il pouvait se rendre à ma place à la vente et faire une offre pour le lot numéro 30. Il accepta bien volontiers et nous nous mîmes d'accord sur une somme maximale.

10. *The Key to Uncle Tom's Cabin : Presenting the Original Facts and Documents Upon Which the Story Is Founded*, Boston, Jewett.

Le lendemain, je guettai avec impatience l'appel de Richard, craignant que les enchères ne dépassent la limite que nous avions fixée. Comme je n'avais toujours pas reçu de coup de fil à l'heure de la fermeture des bureaux, j'en conclus que nous n'avions pas obtenu le manuscrit. Enfin, plus tard ce soir-là, Newman me téléphona. Sa première offre avait été acceptée, m'expliqua-t-il, bien qu'elle fût très inférieure à la mise à prix indiquée dans le catalogue. Personne d'autre n'avait enchéri. J'en fus stupéfait.

Richard me raconta également qu'il avait parlé de l'authenticité du document avec Wyatt Houston Day, la seule personne à l'avoir lu en dehors de Dorothy Porter Wesley. Cet homme avait mentionné la présence d'« indices prouvant qu'il était écrit par une Afro-Américaine ». De plus, il était convaincu que Porter Wesley ne l'aurait pas acheté en 1948 « si elle ne l'avait pas estimé authentique ». Il avait promis de m'envoyer la correspondance entre Porter Wesley et la libraire qui lui avait vendu le manuscrit.

J'appris qu'il avait été acquis pour quatre-vingt-cinq dollars auprès d'Emily Driscoll, qui vendait documents manuscrits et autographes dans une boutique sur la Cinquième Avenue. Dans son catalogue (numéro 6, 1948), le lot numéro 9 était décrit ainsi :

« Biographie romancée, écrite dans un style fleuri, racontant l'histoire de la jeunesse et de la fuite d'Hannah Crafts, une mulâtresse née en Virginie et qui vécut dans cet État, ainsi qu'à Washington et à Wilmington, en Caroline du Nord. Un certain nombre d'éléments internes laissent supposer qu'il s'agit de l'œuvre d'une Noire possédant un talent pour la narration. Intéressant pour son contenu et ses implications. Manuscrit non publié à ce jour. »

Pour la libraire, il datait « d'avant 1860 ». (Wyatt Houston Day, s'appuyant en particulier sur l'aspect du papier et de l'encre, penchait pour les années 1850.)

Dorothy Porter (elle épouserait plus tard l'historien Charles Wesley) avait écrit à Emily Driscoll pour lui faire part de son point de vue sur le texte d'Hannah Crafts. Elle avait attiré son attention sur deux caractéristiques du manuscrit : il était « rédigé dans un style [...] fortement influencé par les romans sentimentaux du milieu du XIXe siècle » ; tout en appliquant les conventions traditionnelles de ce genre dominé par les femmes écrivains dans les années 1850, cette histoire semblait être autobiographique, révélant « une connaissance approfondie de la vie dans une plantation en Virginie », à la différence d'autres écrits sentimentaux ayant pour cadre le sud des États-Unis. Il n'en restait pas moins que « l'auteur privilégi[ait] les aspects religieux et émotionnels, et n'a[vait] pas peur d'introduire dans l'intrigue des coïncidences énormes ».

Surtout, Porter se déclarait intimement convaincue qu'Hannah Crafts était afro-américaine : « Le plus important à propos de ce récit personnel romancé, c'est la présence de certains éléments laissant supposer qu'il a été rédigé par une Noire, et ce, avant la guerre de Sécession, dans les années 1840 ou 1850. » Elle était arrivée à cette conclusion en se fondant certes sur la « connaissance approfondie » qu'avait l'auteur de la vie dans une plantation, mais aussi sur sa manière subtile – « naturelle » – de présenter ses personnages noirs : « Nul doute qu'elle était afro-américaine, car sous sa plume les Noirs sont avant tout des êtres humains. Il faut avancer dans l'histoire pour découvrir que la plupart de ces personnages sont noirs. »

J'étais particulièrement intrigué par cette remarque. Jusque-là, je n'avais pas vraiment réfléchi à la question, mais il est vrai que les écrivains blancs des années 1850 (et même après) avaient tendance à présenter de façon malhabile les personnages noirs. Alors que les auteurs noirs traitaient l'identité afro-américaine de manière implicite dans leurs textes, leurs homologues blancs appliquaient le même principe pour l'identité blanche. Dans *La Case de l'oncle Tom*, pour ne citer qu'un exemple, les personnages blancs ne sont pas identifiés racialement. M. Haley est « un homme petit et trapu ». Salomon est « un homme en tablier de cuir ». Tom Loker est « musclé ». L'identité noire, en revanche, est presque toujours marquée. Moïse et Pierre, les fils d'Oncle Tom et de Tante Chloé, sont « des enfants aux têtes laineuses », tout comme Mandy « à tête de laine ». Tante Chloé apparaît dans le récit avec « un visage rond, noir et brillant ». Oncle Tom a « un teint d'ébène luisant », « un visage aux traits purement africains ». Au cours du roman apparaît « le petit Jake à la peau noire ». En repensant à ce procédé utilisé par Harriet Beecher Stowe pour distinguer les Noirs, j'en vins à m'interroger sur les propos de Dorothy Porter au sujet de la caractérisation des Noirs dans le roman de Crafts.

En réponse à une lettre de Porter, Emily Driscoll lui avait écrit le 27 septembre 1951 ; après s'être déclarée « ravie » que sa correspondante eût décidé de garder le manuscrit pour sa propre collection, elle expliquait comment elle-même l'avait acquis :

« Je l'ai acheté à un dénicheur de livres rares. Étant donné mon profond intérêt pour ce document et le prix que je l'avais payé, j'ai souvent essayé de lui faire dire où il se l'était procuré, mais tout ce que j'ai pu apprendre, c'est qu'il l'avait découvert dans le New

Jersey ! […] Je crois que ce texte se fonde sur des faits réels considérablement enjolivés par une imagination romantique nourrie de ces romans du XIXᵉ siècle auxquels il ressemble tant. »

Il est difficile de rendre compte de mon excitation à la lecture de cette correspondance. Dorothy Porter était l'une des plus grandes spécialistes de la littérature noire d'avant la guerre de Sécession ; ses recherches dans ce domaine, ses subtils commentaires critiques et l'établissement par ses soins des règles de cette écriture n'avaient pas d'équivalent chez ses pairs. Parce qu'elle pensait qu'Hannah Crafts était noire, je voulais en savoir plus. Si elle n'avait manifestement pas essayé de retrouver la trace de la véritable Hannah Crafts, elle avait cependant repéré une famille Wheeler vivant en Caroline du Nord avant et après la guerre de Sécession – les Wheeler étant les maîtres d'Hannah. John Hill Wheeler (1806-1882) avait occupé différentes fonctions officielles.

Frappé par l'intuition de Dorothy Porter, je me plongeai enfin dans le manuscrit avant d'explorer les archives pour tenter d'identifier l'auteur et ses personnages. Je découvris alors un roman fascinant ayant pour cadre des plantations en Virginie et en Caroline du Nord, ainsi que la résidence d'un haut fonctionnaire à Washington. Il se présentait comme un amalgame inhabituel de conventions tirées du roman gothique, du roman sentimental et du récit d'esclavage. Après plusieurs tentatives manquées pour s'enfuir, l'héroïne parvenait enfin dans le New Jersey, où elle épousait un pasteur méthodiste et devenait institutrice au sein d'une communauté noire libre.

Si Hannah Crafts s'avérait bel et bien afro-américaine, ce serait le premier roman écrit par une esclave ayant réussi à s'échapper, et peut-être même le premier roman écrit par une Noire. Le récit s'achevait par la conclusion typique d'un roman sentimental, que l'on peut résumer par « et ils vécurent très heureux », contrairement à *Our Nig* d'Harriet E. Wilson, qui se terminait par un appel direct au lecteur, prié d'acheter le livre afin de permettre à l'auteur de retrouver son fils placé dans une famille d'adoption. En plus des éléments dramatiques que constituaient l'emprisonnement et la fuite d'une esclave, Hannah Crafts développait une intrigue secondaire au sujet du *passing**, une autre « première » pour un écrivain noir de sexe féminin dans la tradition littéraire afro-américaine.

Le manuscrit d'Hannah Crafts, qui contient l'un des tout premiers exemples de bébés échangés à la naissance dans la

* Terme désignant le fait que des Noirs se fassent passer pour blancs. *(N.d.T.)*

littérature afro-américaine[11], commence par l'histoire de la maîtresse mulâtre du domaine de Lindendale, qui tente de se faire passer pour blanche mais est finalement piégée par un certain M. Trappe* le bien nommé. Le chapitre IV, « Un mystère révélé », nous en apprend plus long sur elle. Il y est dit qu'elle aurait été placée par une nounou « dans le lit de sa maîtresse, alors que celle-ci était trop faible, malade et fiévreuse pour remarquer l'échange avec son enfant mort ». La mère naturelle est vendue dans le Sud, la fillette élevée comme une Blanche et M. Trappe, qui finit par apprendre la vérité grâce à sa position de notaire de la famille, se sert de sa découverte pour faire chanter la maîtresse d'Hannah. Mark Twain, entre autres, emploiera un ressort dramatique similaire dans son roman *Wilson Tête-de-Mou* (1894).

Le déguisement d'Ellen en garçon préfigure la méthode choisie par Hannah pour s'enfuir et fait écho à celle réellement employée par les époux Ellen et William Craft en décembre 1848. L'histoire extraordinaire d'Ellen Craft, travestie en homme blanc pour s'échapper, fut rapportée pour la première fois dans le journal de Frederick Douglass, *The North Star*, le 20 juillet 1849[12]. Dans son roman *Clotel* (1853)[13], William Wells Brown utilise un procédé semblable, et William Still, dans son livre *The Underground Railroad*** (1872)[14], parle d'une même utilisation d'un « accoutrement masculin » par les esclaves Clarissa Davis en 1854 et Anna Maria Weems (alias Joe Wright) en 1855. J'en vins d'ailleurs à me demander si, en choisissant le patronyme Crafts pour elle-même et le prénom Ellen pour l'une des figures de son roman, Hannah n'avait pas voulu rendre hommage au personnage bien réel d'Ellen Craft.

Hannah Crafts, la narratrice, se donne beaucoup de mal pour expliquer à ses lecteurs comment elle a appris à lire et à écrire. Il s'agit là d'un trait distinctif des récits d'esclavage, dont *Our Nig*, de Wilson. Elle se présente également comme douée des qualités propres à un écrivain, une personne possédant « une manière silencieuse et discrète d'observer les choses et les événements, ainsi que

11. Lettre de Werner Sollors à Henry Louis Gates Jr., 12 septembre 2001.

* Jeu de mot sur *trap*, qui signifie « piège ». *(N.d.T.)*

12. Voir aussi : *The North Star*, édition du 15 juin 1849 ; *The National Era*, éditions des 7 et 28 novembre 1850 ; *Frederick Douglass's Paper*, éditions des 1er et 15 janvier 1852.

13. Londres, Partridge and Oakley.

** L'expression *the underground railroad*, littéralement « le chemin de fer souterrain », désigne le réseau clandestin qui permettait aux fugitifs noirs des États esclavagistes de rejoindre le nord des États-Unis ou le Canada. *(N.d.T.)*

14. Philadelphie, Porter and Coates.

le désir de les comprendre mieux [15] ». « Au lieu de lire des livres, poursuit-elle modestement, j'étudiais les visages et les personnalités, et j'en tirais des conclusions d'une perspicacité qui s'apparentait à la sûreté de l'instinct animal. » Elle raconte ensuite comment elle a appris à lire et à écrire auprès du couple blanc âgé qui, par ses actes, enfreint la loi. Au début du roman, Crafts se souvient : « Pendant que les autres s'amusaient, j'allais tranquillement m'installer à l'écart pour parcourir les pages de quelque vieux livre ou journal que le hasard avait placé sur mon chemin. [...] J'adorais les regarder et penser qu'un jour je serais peut-être en mesure de les comprendre toutes. »

Elle se montre aussi remarquablement franche au sujet des sentiments que lui inspirent les autres esclaves. Son horreur et son dégoût à l'idée de quitter la demeure des Wheeler pour aller loger dans les misérables cases des travailleurs des champs, la colère suscitée en elle par la trahison de l'esclave Maria, la « mulâtresse sombre » aux « yeux noirs de serpent » et sa description de Jo sont autant d'éléments qui, d'après Dorothy Parker, soulignent l'appartenance ethnique de l'auteur à la communauté afro-américaine. Il est rare, en effet, que les tensions sociales internes à la communauté afro-américaine – entre les domestiques affectés au service de la maison et les travailleurs des champs – soient présentées aussi ouvertement et sincèrement que dans cette œuvre de fiction, annonçant des passages similaires chez des auteurs tels que Nella Larsen qui, en 1928, reprendra les thèmes de la mulâtresse et du *passing* dans *Quicksand* [16]. Ainsi, au chapitre X de ce roman, on peut lire :

« Là, une douzaine de visages bruns impénétrables, peut-être plus, tous issus du même moule indéfini et tellement pareils au sien, semblaient la dévisager avec insistance. Soudain, elle songea que l'expérience éprouvante des quelques semaines écoulées s'apparentait à une haine larvée. Alors elle fut submergée par une autre forme de haine si réelle, si brutale et douloureuse que par la suite, elle préféra l'oublier. Elle avait l'impression d'être cloîtrée, emprisonnée avec des centaines d'autres de sa race, confrontée à cette caractéristique innée qu'elle avait toujours considérée comme inexplicable, étrangère. Pourquoi, se demanda-t-elle dans un farouche sursaut de révolte, devrait-elle être mêlée à ces Noirs méprisables ? »

Souvent, en lisant les auteurs noirs du XIXe siècle, on a l'impression qu'ils exercent une forme d'autocensure. Hannah Crafts, elle,

15. Lettre d'Augusta Rohrbach à Henry Louis Gates Jr., 23 juillet 2001.
16. New York, Alfred A. Knopf.

prend le parti d'être fidèle à la manière dont les Afro-Américains se parlaient entre eux – et parlaient d'eux – quand les Blancs ne les entendaient pas ; or cela ne ressemble pas à ce que supposaient les abolitionnistes, ni même à ce qu'écrivaient des Noirs pour répondre aux attentes du lectorat blanc. Cette voix-là, nous ne l'avons que rarement entendue, voire jamais. Frederick Douglass, William Wells Brown et Harriet Jacobs, pour ne citer qu'eux, établirent tous des distinctions sociales semblables dans leurs récits et fictions d'esclavage – allant même jusqu'à différencier les esclaves utilisant un dialecte de ceux qui s'exprimaient vraiment en anglais –, mais dans une version atténuée, adoucie, par rapport à celle d'Hannah Crafts. C'est ce genre d'observations qui conduisirent Dorothy Porter à supposer qu'Hannah Crafts était bien noire.

Celle-ci, notait Porter, a tendance à traiter de manière implicite l'identité noire de ses personnages, allant même parfois jusqu'à indiquer clairement la couleur de peau des Blancs – en décrivant par exemple « les jolis bras blancs » d'Anna. À tel point que, souvent, seul le contexte nous permet de déterminer l'identité raciale des personnages noirs, contrairement à l'approche plus directe choisie par Harriet Beecher Stowe. Lorsque la servante Lizzy est mentionnée pour la première fois dans le roman, nous apprenons qu'elle était « beaucoup plus instruite » qu'Hannah, qu'elle avait voyagé et qu'elle avait aussi « une formidable mémoire des dates et des noms » avant de découvrir que c'était « une quarteronne ». Quand, à la fin du récit, nous rencontrons Jacob et sa sœur, deux esclaves en fuite, Crafts les présente de la manière suivante : « Au-delà, je distinguai les silhouettes de deux personnes. Elles parlaient, et leurs voix étaient celles d'un homme et d'une femme. » Plus tard seulement, elle révèle : « J'ouvris les yeux pour découvrir ceux d'un homme noir fixés sur moi », précision nécessaire pour résoudre le mystère de l'identité de ces deux figures romanesques. Cette narratrice visuelle qui adore se servir des mots pour peindre des paysages et brosser des portraits d'une manière extrêmement vivante différencie les protagonistes noirs en fonction de leur couleur de peau, de leurs habitudes et de leurs défauts – une femme, nous dit-elle, a « le visage desséché, comme fumé, d'un noir d'ébène » –, mais elle le fait parce qu'elle est réellement une observatrice très attentive. De Charlotte, une de ses semblables, elle dit qu'elle était « en tous points mon égale, peut-être même ma supérieure », remarque improbable de la part d'un auteur blanc.

Lorsqu'elle raconte le mariage de « l'esclave préférée » de Mme Henry, elle mentionne d'abord des « vieillards à l'allure étrange » avant d'ajouter « dont le visage noir, desséché et ridé contrastait avec la chevelure et la barbe blanches ». De même, nous voyons apparaître « des femmes corpulentes » dont « le teint d'ébène » tranche avec « des turbans d'un rouge flamboyant » et de « beaux atours aux couleurs de l'arc-en-ciel ». La couleur de peau sert ici à peindre un tableau. Or Stowe ne l'utilise pratiquement jamais de cette manière : pour elle, cette précision reste un marqueur de l'identité raciale, alors que dans la perspective de Crafts les esclaves sont toujours et avant tout des êtres humains parmi d'autres. Elle raconte ainsi qu'elle a été trahie par une esclave nommée Maria, présentée d'abord comme « une ennemie puissante, méfiante et dénuée de scrupules », avant d'être qualifiée de « mulâtresse sombre aux mouvements vifs, aux yeux noirs de serpent », autant de traits physiques censés refléter sa personnalité. Même chez un auteur abolitionniste bien intentionné tel que Beecher Stowe, la référence à la couleur noire prédétermine l'éventail limité des caractéristiques d'un personnage. La différence est subtile, mais elle n'en est pas moins cruciale. Il arrive d'ailleurs que Crafts ne donne aucun indice sur l'aspect physique des protagonistes, comme dans le cas de sa mère ou de son mari à la fin du récit. Rares sont les auteurs blancs qui abordèrent la question de l'appartenance raciale avec autant d'aisance dans la littérature américaine d'avant la guerre de Sécession.

Comme me le fit remarquer Augusta Rohrbach, une collègue universitaire, Hannah Crafts utilise une technique de narration étonnamment sophistiquée. En même temps, le texte regorge « de structures dramatiques malhabiles, de changements de temps, de coïncidences impossibles et d'éléments hétéroclites » plus typiques du roman sentimental, ainsi que le nota la critique Ann Fabian quand je lui soumis le manuscrit [17]. C'est cette absence d'unité de style qui trahit le niveau d'instruction de l'auteur, une autodidacte dont les faiblesses se manifestent dans la version originale du texte par des fautes d'orthographe, une tendance à utiliser une ponctuation fantaisiste et le recours parfois maladroit à des procédés rhétoriques empruntés au roman gothique, au roman sentimental et au récit d'esclavage.

Ann Fabian, auteur de *The Unvarnished Truth*, un essai sur les stratégies narratives mises en œuvre par les femmes et les Noirs au XIXe siècle [18], me communiqua plusieurs de ses observations

17. Lettre à Henry Louis Gates Jr., 31 juillet 2001.

18. *The Unvarnished Truth : Personnal Narrative in Nineteenth-Century America*, Berkeley, University of California Press, 2000.

significatives au sujet du mode de narration employé par Crafts. Les éléments de l'intrigue, écrivit-elle, « se divisent en sous-ensembles qu'elle traite de manière intéressante. Son protestantisme évangélique donne au lecteur un aperçu de sa propre expérience spirituelle, mais elle s'en sert aussi pour souligner l'hypocrisie du pasteur qui possède des esclaves et l'étrange absurdité du serment de l'épouse sur son lit de mort. Elle insère ses idées abolitionnistes dans des appels rhétoriques directs et des scènes de récit de voyage à l'occasion de sa migration vers la Caroline du Nord. » Ann Fabian fut également frappée par la manière dont Hannah Crafts établissait sa légitimité de conteuse : « Elle est la "dépositaire des secrets". M. Trappe, son rival dans ce domaine, est défait. À la fin du récit, c'est elle, la femme asservie, qui pourrait recourir au chantage. Elle est au courant des rumeurs, des secrets, des péchés, des anecdotes sexuelles et des humiliations subies par les uns et les autres. ("Une femme du Nord aurait sans doute frémi à la seule idée de confier une histoire personnelle à un représentant de ma race et de ma condition.") Mais elle est bien sûr trop bonne chrétienne pour puiser dans cet arsenal du faible dont elle dispose. Et c'est évidemment une fausse accusation de commérage qui précipite sa décision de fuir une union dont elle ne veut pas [19]. »

Hannah Crafts pouvait-elle illustrer ce que le romancier Ralph Ellison, en parlant de la découverte de *Our Nig*, appelait le surprenant degré de « libre instruction » parmi les esclaves noirs du XIXe siècle ? C'est à cette question qu'il me fallait répondre.

Authentification du texte

Je décidai de me lancer dans une quête prudente et minutieuse pour confirmer les suppositions de Dorothy Porter, formulées un demi-siècle avant que je n'entre en possession du manuscrit. Le travail consistant à dater le manuscrit aussi précisément que possible allait rendre les recherches sur l'identité de l'auteur et son appartenance ethnique beaucoup plus simples qu'une approche par les recensements et autres archives des années 1840 et 1850. Ma décision de consulter différents spécialistes pour résoudre le problème de datation et peut-être découvrir d'autres éléments intéressants par la même occasion me fut à cet égard d'un grand secours. Je dois admettre que cet aspect de mes recherches sur Hannah Crafts fut de loin le plus édifiant. Si je connaissais

19. Lettre à Henry Louis Gates Jr., 31 juillet 2001.

relativement bien le moyen de retrouver la trace de personnages réels – par exemple en me plongeant dans les recensements établis par les mormons, ce que j'avais fait pour authentifier *Our Nig*, d'Harriet Wilson, presque vingt ans plus tôt –, je n'avais en revanche aucune idée de la somme d'informations que pouvait rassembler un scientifique à partir de ce qui, aux yeux du profane, apparaissait comme de l'encre brune pâlie sur un papier fin et fragile. Rien ne me préparait aux subtilités de l'analyse pratiquée par un expert en documents historiques.

J'entamai le processus d'authentification en soumettant le texte original à Leslie A. Morris, conservatrice des manuscrits à la Harvard College Library. Elle conclut : « Dans son aspect physique, le manuscrit est typique du milieu du XIXe siècle. » Une date de rédaction située « entre 1855 et 1860 » était selon elle « tout à fait possible [20] ». Elle me conseilla ensuite de solliciter l'avis d'un spécialiste du papier. Je me tournai alors vers Craigen W. Bowen, conservatrice des œuvres d'art sur papier à la Fondation Philip and Lynn Strauss et directrice adjointe au musée d'Art de l'université Harvard. Elle confirma les dates suggérées par Mme Morris : « Les caractéristiques du papier, de la reliure et de l'encre semblent situer l'origine du manuscrit au milieu du XIXe siècle [21]. »

Ensuite, je demandai à Wyatt Houston Day, le libraire qui avait expertisé le document pour la galerie Swann, de me donner son opinion. Compte tenu « du style, du papier et de l'encre », il me répondit que le texte avait été rédigé dans les années 1850. Tout en déplorant de ne pas pouvoir se montrer plus précis, il était cependant certain que le manuscrit était antérieur à la guerre de Sécession : « Je peux affirmer sans le moindre doute qu'il a été rédigé avant 1861, car s'il l'avait été plus tard, il aurait très certainement contenu des allusions au conflit, ou du moins à la sécession. [...] Étant donné le style du récit, l'écriture, et surtout la couleur de l'encre ainsi que le type de papier employé, il a probablement été écrit dans la première moitié des années 1850 [22]. »

Mon ami Laurence Kirshbaum, président du groupe AOL Time Warner Book, me suggéra de soumettre le manuscrit à Kenneth W. Rendell, marchand d'autographes, pour dater l'encre utilisée par Crafts. Si le texte avait effectivement été rédigé avant la guerre de Sécession, l'auteur avait dû se servir d'une encre ferro-gallique. Je me rendis donc dans les magnifiques locaux de Rendell, une vieille

20. Lettre à Henry Louis Gates Jr., 5 avril 2001.
21. Lettre à Henry Louis Gates Jr., 5 avril 2001.
22. Lettre à Henry Louis Gates Jr., 6 avril 2001.

bâtisse victorienne de South Natick, dans le Massachusetts. L'analyse de l'encre me paraissait cruciale pour déterminer si j'avais en ma possession le premier roman écrit par une esclave – et peut-être même le premier roman écrit par une Noire.

Rendell m'invita à observer le document au microscope avant de me donner son verdict. « Ce que vous avez sous les yeux, me dit-il, est de l'encre ferro-gallique, largement utilisée jusqu'en 1860. » Dans cette perspective, il lui semblait tout à fait possible que cette histoire ait été écrite vers 1855. Il me démontra également qu'il s'agissait d'une « version de travail » et m'expliqua qu'elle avait été reliée beaucoup plus tard, peut-être vers 1880 [23]. Il m'orienta alors vers le Dr Joe Nickell, capable selon lui de confirmer la datation du manuscrit. Laurence Kirshbaum approuva l'idée.

Le Dr Nickell se décrit lui-même comme « un enquêteur et un expert en documents historiques ». Il est l'auteur de dix-sept ouvrages [24] et rapporte ses travaux d'investigation dans le magazine *Skeptical Inquirer*, dont le siège se trouve à Amherts, dans l'État de New York, où il est également chercheur pour le Center of Inquiry. Nickell se définit également comme un détective spécialisé dans les « affirmations pseudo-scientifiques » et un expert en « mythes et mystères, faux et canulars ». Il a acquis une notoriété internationale en révélant que le journal de Jack l'Éventreur était un faux. Imaginez John Steed en chapeau melon conduisant Mme Peel dans sa Morgan jusqu'à un somptueux domaine dans la campagne anglaise ; telle est l'image que je garderai du Dr Nickell.

Deux paragraphes me frappèrent à la lecture de son rapport :

« De nombreux éléments indiquent qu'*Autobiographie d'une esclave* est un manuscrit authentique sans doute rédigé entre 1853 et 1861. La mention de la "statue équestre de Jackson" à Washington prouve que l'ouvrage n'aurait pu être achevé avant 1853 et l'absence de toute allusion à la sécession ou à la guerre civile s'explique si l'on considère qu'il a été écrit avant ces événements. D'autres références dans le cours du texte ainsi que des tournures de phrase sont également caractéristiques de cette période. Aucun anachronisme n'a été relevé qui pourrait laisser supposer une date ultérieure.

« Cette histoire semble avoir été écrite par une femme plutôt jeune, afro-américaine, profondément croyante et dotée de

23. Lettre de Kenneth Rendell à Laurence Kirshbaum, 26 avril 2001.

24. Dont notamment *Pen, Ink and Evidence : A Study of Writing and Writing Materials for the Penman, Collector, and Document Detective*, New Castle, Oak Knoll Press, 1990, et *Detecting Forgery : Forensic Investigation of Documents*, Lexington, University Press of Kentucky, 1996.

capacités littéraires évidentes, malgré une ponctuation fantaisiste et quelques fautes d'orthographe laissant supposer une instruction acquise laborieusement. Lorsque l'on regarde son écriture, on songe au style connu sous le nom de *modified round hand*, à la mode dans les années 1840-1865. L'auteur, qui a voulu écrire de manière lisible, était droitière. »

Sa « relative lenteur » de rédaction et sa ponctuation pour le moins « fantaisiste » (pas de points, présence anarchique de points-virgules, guillemets placés comme des virgules) illustraient « un certain manque de sophistication », comme on pouvait s'y attendre chez une ancienne esclave autodidacte dont les expériences avec l'écriture et la lecture avaient sans doute été occasionnelles et furtives. Nickell attirait aussi l'attention sur la forme de l'écriture, relativement différente du « tracé minuscule parfois adopté par les dames victoriennes comme une expression de féminité ». Le fait que l'auteur ait utilisé un dé à coudre pour coller plus fortement à la page les bandes de papier servant de support à ses corrections tendait également à prouver qu'il s'agissait d'une femme. Si elle avait été blanche et issue des classes moyennes, son écriture aurait sans doute été élégante et plus petite.

Joe Nickell étudia également de près le niveau de langue d'Hannah Crafts, l'étendue de son vocabulaire et, par voie de conséquence, son degré de familiarité avec d'autres textes, reflété par le choix de ses mots, par ses métaphores, ses analogies, ses épigraphes et ses allusions à divers termes. Il en conclut qu'elle avait le niveau d'une lycéenne aujourd'hui. La question de l'authenticité de la voix narrative dans les textes rédigés par des esclaves a toujours été délicate et controversée, et remonte à l'origine du récit d'esclavage comme genre, apparu vers 1760 mais développé en tant qu'arme du mouvement abolitionniste entre 1831 et 1865. Les défenseurs de l'esclavage étudièrent minutieusement les écrits des esclaves fugitifs pour tenter de trouver des erreurs, et par là même de contester les descriptions des horreurs du système. Certains abolitionnistes furent même accusés d'avoir rédigé des romans entiers, comme ce fut le cas lorsque Frederick Douglass publia en 1845 les célèbres *Mémoires d'un esclave*[25]. Son ancien maître écrivit qu'il n'avait ni l'intelligence ni le talent nécessaires pour produire une œuvre aussi élaborée. Il en alla de même en 1838 pour James Williams, qui avait dicté l'histoire captivante de son asservissement et de sa fuite à John Greenleaf Whittier (*Narrative of James*

25. *Narrative of the Life of Frederick Douglass, an American Slave*, Boston, Anti-Slavery Office ; Montréal, Éditions Lux, 2004.

Williams [26]). D'autres auteurs ayant vécu l'esclavage – ainsi Harriet Jacobs, qui utilisa le pseudonyme de Linda Brent pour publier en 1831 son autobiographie, *Incidents in the Life of a Slave Girl* [27] – furent acceptés en tant que tels par leurs contemporains puis discrédités à tort par les historiens au siècle suivant. (Jacobs fut réhabilitée dans les années 1980 grâce aux recherches méticuleuses de Jean Fagan Yellin.)

Les abolitionnistes encourageaient les anciens esclaves à se montrer le plus précis possible, à citer des noms et à privilégier la vraisemblance dans leur récit. Étant donné qu'aucun de ces écrivains n'avait reçu d'instruction, le degré d'alphabétisation dont ils font preuve dans leurs œuvres est tout à fait remarquable, ce qui explique en particulier le débat autour de leur légitimité d'auteur. Néanmoins, comme l'ont montré John W. Blassingame, Jean Fagan Yellin et William L. Andrews, ils étaient le plus souvent à l'origine de leurs récits, même si la main éditoriale d'un abolitionniste corrigeait les fautes de grammaire ou modifiait quelque peu le flux de la narration.

Voilà pourquoi le texte d'Hannah Crafts, s'il s'avérait authentique, revêtirait une telle importance historique. La possibilité d'étudier un manuscrit rédigé par un Noir ou une Noire sans aucune forme d'assistance fournirait à une nouvelle génération de spécialistes l'occasion de pénétrer directement dans l'esprit d'un esclave. Entre nous et ces auteurs, entre un lectorat du XXIe siècle et le témoignage de ces êtres en servitude, se dresse souvent un appareil éditorial reflétant l'idéologie abolitionniste à un degré ou à un autre. Dans le cas présent, peut-être pourrions-nous avoir accès pour la première fois à une pensée intacte.

Joe Nickell fit observer que l'utilisation par Crafts de polysyllabes – des mots tels que « magnanimité », « obséquieux » ou « vicissitudes » – prouvait qu'elle n'était pas « illettrée ». En même temps, soulignait-il, ses fautes d'orthographe étaient nombreuses. L'étrange association de ces deux phénomènes tendait également à étayer l'hypothèse de l'autodidacte, « une personne qui a bataillé pour apprendre ». Son passage de la servitude à la liberté correspondait précisément à la « transformation de l'esclave illettrée en institutrice pour enfants de couleur ». Ses références à Byron, à la loi des Mèdes et des Perses ou à Héraclite, de même que ses épigraphes bibliques et autres allusions, apparaissaient comme le reflet d'autant de lectures éclectiques chez une femme motivée dévorant

26. New York, American Anti-Slavery Society.
27. Édition établie par Jean Fagan Yellin, Cambridge, Harvard University Press, 1987.

au hasard les œuvres d'une petite bibliothèque dans un foyer de la classe moyenne américaine.

En d'autres termes, elle avait reproduit ce qu'elle avait lu, d'où la présence dans son manuscrit des conventions du roman gothique et du roman sentimental. Jamais encore on n'avait relevé un tel mélange de genres dans la littérature afro-américaine d'avant la guerre de Sécession. Dans sa lettre de 1951 à Emily Driscoll, Dorothy Porter qualifiait l'œuvre d'Hannah Crafts de « récit personnel romancé ». Mais sans même connaître les détails de la vie de l'auteur ni les événements réels qui constituent la trame de l'histoire, on se rend compte qu'elle a voulu inscrire son récit, quel que soit son degré d'authenticité, dans la tradition extrêmement populaire du roman sentimental, et qu'elle a pimenté le tout d'éléments gothiques.

Tout cela était peut-être vrai, mais comment retrouver la trace d'Hannah Crafts ? Autrement dit, si son récit était bien une fiction, comment pourrais-je vérifier qu'elle avait été esclave puis fugitive, comme l'affirmait le sous-titre ? Si j'avais la chance de découvrir des références à une Noire vivant dans le New Jersey (où elle affirmait enseigner à des enfants « de couleur » à la fin du roman) et nommée Hannah Crafts – ce dont je doutais de plus en plus à cause des allusions au déguisement d'Ellen Craft, indiquant peut-être l'utilisation de « Crafts » comme pseudonyme protecteur –, comment pourrais-je prouver qu'elle avait vécu l'esclavage ? Malgré la présence d'éléments fictifs empruntés aux genres sentimental et gothique, son texte se caractérisait par des aspects plus réalistes, en particulier les relations de pouvoir entre maîtres et esclaves, la description de la vie en Virginie, en Caroline du Nord et à Washington, et, comme l'avait suggéré Wyatt Houston Day, les explications sur les méthodes d'évasion employées par les esclaves puis leurs itinéraires.

En règle générale, les romans ne mentionnent pas de noms de personnes réelles. Les récits d'esclavage, en revanche, le font presque toujours pour asseoir l'authenticité des expériences de l'auteur et dénoncer les excès de brutalité auxquels le système donnait lieu. Je dis « presque toujours » à cause de changements de noms visant à protéger la modestie du narrateur ou certaines personnes susceptibles de payer les pots cassés si l'identité de l'auteur était révélée. Ainsi, Harriet Jacobs devint Linda Brent et donna des noms d'emprunt à ses protagonistes pour épargner son amant blanc, qui était également le père de ses enfants. Des noms qui semblent tout droit sortis de l'univers de Dickens, comme celui de M. Severe, le régisseur dans *Mémoires d'un esclave* de Frederick Douglass, semblent un peu trop beaux pour être vrais. Quoi qu'il en soit, si je parvenais à retrouver la trace des personnages de Crafts dans les archives, il deviendrait possible qu'elle les ait connus en tant qu'esclave.

On a compris que j'essayais d'authentifier *Autobiographie d'une esclave* en utilisant deux méthodes distinctes. L'une était l'approche scientifique du manuscrit qui, grâce à des techniques sophistiquées, devait permettre de déterminer la date approximative de rédaction du manuscrit en se fondant sur l'analyse du papier, de l'encre, du style de l'auteur, etc. L'autre consistait à explorer recensements, index et archives – c'est-à-dire les instruments de recherche développés par la Bibliothèque généalogique des mormons, en particulier le Système d'indexation accélérée (AIS), une liste de noms classés par ordre alphabétique établie à partir de tous les recensements fédéraux depuis 1790.

Je m'étais déjà familiarisé avec ce système à l'occasion de mes investigations sur Harriet E. Wilson. Lorsque j'avais découvert la résidence de Mme Wilson à Boston en 1860 en consultant un annuaire, le *Boston City Directory*, je m'étais dit que je n'aurais sans doute aucun mal à trouver son nom dans l'AIS. Or il n'y figurait pas. Mon collègue à Yale, l'historien John W. Blassingame, m'avait alors encouragé à me plonger dans les archives manuscrites du recensement de 1860. Je m'y étais résolu à contrecœur et avais demandé à mon assistante de se rendre à la bibliothèque de Boston, où se trouvaient ces documents. Peut-être Mme Wilson était-elle tout simplement absente le jour où l'agent du recensement était venu frapper à sa porte ? Mais à son grand étonnement, mon assistante découvrit que le bas de la page sur laquelle apparaissait le nom de Mme Wilson avait été replié. Le photographe qui s'était chargé des microfilms destinés à l'AIS ne s'en était pas aperçu, occultant ainsi nombre d'individus. Si Blassingame n'avait pas insisté pour que je vérifie cette source d'informations originale, je n'aurais jamais été en mesure de confirmer l'identité raciale d'Harriet E. Wilson.

Le recours aux archives du recensement posait néanmoins de nombreux problèmes parmi lesquels figuraient les risques d'erreurs humaines, les fautes d'orthographe, les mensonges éventuels sur la date et le lieu de naissance, l'appartenance raciale ou le niveau d'instruction. Certaines personnes ne tenaient pas à être localisées ou localisables, surtout si elles avaient une bonne raison de vouloir se forger une nouvelle identité. De plus, beaucoup d'anciens esclaves ne pouvaient déterminer avec précision leur date de naissance, se trompant parfois même de dix ans. Quant à l'orthographe des noms, elle était souvent arbitraire, nécessitant d'envisager toute une gamme de possibilités phonétiques pour chaque individu. Crafts, par exemple, pouvait s'écrire Krafts, Croft, Kroft, Craff, etc. Enfin, si précieux que fussent les index informatisés et accessibles sur Internet, ils ne remplaceraient jamais les documents originaux car les erreurs étaient inévitables dans la reproduction de bases de données aussi énormes.

Conscient de toutes ces failles, je me plongeai néanmoins dans l'étude systématique des archives grâce à Internet et avec l'aide de Tim Bingaman, chercheur à la Bibliothèque généalogique des mormons (Salt Lake City). Tim fut un véritable don du ciel, non seulement à cause de sa bonne humeur et de sa grande compétence, mais aussi parce que mes possibilités de déplacement restaient limitées après mon opération de la hanche. Nous communiquions donc par téléphone, fax ou mail. Mon enquête sur Hannah Crafts impliquait plusieurs sources d'archives : la Bibliothèque généalogique des mormons à Salt Lake City, la bibliothèque du Congrès, les Archives nationales, Harvard et l'université de Caroline du Nord, ainsi que divers sites de généalogie et index sur CD-ROM, dont les registres de la banque Freedman récemment récupérés par la Bibliothèque généalogique des mormons.

Je commençai par dresser la liste de tous les noms de personnages cités dans le manuscrit d'Hannah Crafts, persuadé que si je pouvais en trouver au moins un ayant réellement existé, j'aurais la preuve que certains aspects du roman se fondaient sur l'expérience de l'auteur, donc que l'œuvre était plus ou moins autobiographique. Resterait ensuite à déterminer le degré d'authenticité du récit.

Selon mes calculs, trente et un personnages sont cités par leur nom dans *Autobiographie d'une esclave*. Au moins deux d'entre eux – M. Trappe, le persécuteur de la maîtresse d'Hannah et M. Saddler*, le marchand d'esclaves – ont un patronyme symbolique. De plus, les serviteurs caractérisés par leur seul prénom seraient très difficiles à identifier dans la mesure où le plus souvent les esclaves figuraient dans les recensements sous le nom de leur propriétaire, avec pour toutes précisions leur âge et leur sexe. J'écartai donc les prénoms d'esclaves tels que Catherine, Lizzy, Bill, Jacob, Charlotte et Jane. Puis je cherchai chaque nom par ordre alphabétique dans les index des recensements fédéraux pour les

* Littéralement, *saddler* signifie « sellier », donc celui qui fabrique les selles, les harnachements. *(N.d.T.)*

années 1840, 1850, 1860, 1870 et 1880. Je ne décrirai pas ici les innombrables frustrations, fausses pistes et impasses auxquelles donnèrent lieu mes recherches. Retrouver la trace d'Harriet Wilson s'était avéré beaucoup plus simple car l'enquête concernait essentiellement Boston. Cette fois, au contraire, je n'avais d'autre solution que de ratisser large.

J'étais convaincu que le succès de ma démarche dépendait de ma capacité à identifier les maîtres d'Hannah, en particulier Sir Clifford De Vincent, en Virginie ou en Angleterre. N'ayant rien découvert de ce côté-là, j'en vins à craindre que cette histoire n'ait été complètement inventée ou du moins que l'auteur n'ait donné des noms fictifs à tous ses personnages, comme l'avait fait Harriet Wilson. Pis, aucune femme nommée Hannah Crafts n'apparaissait dans les premiers index consultés. Pourtant, elle avait situé la première partie de son récit à Milton, en Virginie, et cette région du comté de Charles City, aux abords de la James River, correspondait parfaitement à la description qu'elle en donnait. Je décidai de poursuivre mes recherches en espérant tomber sur des indices qui me permettraient d'établir la véritable identité d'une ou deux figures du manuscrit.

La première correspondance de noms porta sur celui de Charles Henry, le deuxième des trois personnages du roman à avoir un prénom et un nom de famille, Sir Clifford étant le premier. Deux Charles Henry figuraient dans le recensement de 1850 en Virginie, et un dans celui de 1860. « Charley » Henry, dans le manuscrit de Crafts, est le fils de « M. et Mme Henry », les nouveaux maîtres bienveillants d'Hannah. Les époux Cosgrove, qui prennent possession de la plantation de Lindendale après la mort de M. Vincent, ne seraient pas faciles à identifier étant donné l'absence de prénoms. Mais d'après les recensements, il y avait un Cosgrove en 1840, trois en 1850 et quatre en 1860, tous établis dans diverses parties de la Virginie.

Ces similitudes de patronymes me paraissaient bien entendu trop vagues pour m'être d'une quelconque utilité. Seule la proximité géographique pourrait contribuer à établir des liens. La première association prometteuse se produisit avec Frederick Hawkins, le troisième personnage du roman ayant un prénom et un nom de famille. Les recensements de 1810 et 1820 faisaient état d'un Frederick Hawkins vivant dans le comté de Dinwiddie. Aucun Frederick Hawkins, cependant, n'était mentionné dans ceux établis entre 1830 et 1850. La distance entre Milton et la frontière la plus proche du comté de Dinwiddie est d'environ trente kilomètres. Or quand Hannah et sa première maîtresse, la mulâtresse tragique, se perdent en allant à Milton, c'est chez Frederick Hawkins qu'elles arrivent. Il me semblait tenir là une piste sérieuse, une coïncidence trop belle pour n'être que fortuite.

Je retournai alors à mes recensements pour vérifier si des Vincent, des Henry et des Cosgrove habitaient près de Milton dans le comté de Charles City ou dans un comté voisin comme celui de Dinwiddie. Nathan Vincent et Elisa Vincent vivaient dans le comté de Dinwiddie en 1830. Edward Vincent, Joseph Vincent et William Vincent vivaient dans le comté de Henrico en 1840. En 1850, Nathan Vincent vivait dans le comté de Dinwiddie et Jacob Vincent dans le comté de Henrico. Thomas Cosgrove vivait dans le comté de Henrico en 1840, John Cosgrove y vivait en 1850 et Frank Cosgrove en 1860. Vingt kilomètres séparent Milton de la frontière sud-est du comté de Henrico. De même, sept Henry étaient recensés dans le comté de Henrico en 1850, et un certain John H. Henry, pasteur presbytérien, âgé de trente-trois ans et né à New York, habitait le comté de Stafford, à environ cent kilomètres de Milton. Je me dis alors que les familles Cosgrove, Henry et Vincent citées dans le roman étaient peut-être inspirées de celles qui résidaient réellement dans la proche périphérie de Milton. Les noms de ces personnages, dont Frederick Hawkins, ne semblaient pas être le fruit du hasard ; il était fort possible qu'Hannah Crafts eût pris modèle sur des individus qu'elle avait connus en Virginie lorsqu'elle était esclave.

Joe Nickell avait suggéré à la fin de son rapport que « le roman se fondait probablement sur des expériences réelles ». Il en était arrivé à cette conclusion en étudiant la façon dont Hannah Crafts avait joué avec deux noms de personnages : « Certaines modifications proviennent peut-être d'une volonté de rendre fictives certaines scènes ou personnes réelles, ce qui pourrait expliquer entre autres le changement de Charlotte en Susan. Dans cette perspective, le fait que le nom de Wheeler dans le récit apparaisse d'abord crypté (M. Wh–r et Mme Wh–r) est sans doute encore plus révélateur, bien que les lettres manquantes aient été ajoutées plus tard. »

Quoi qu'il en soit, ces changements semblaient indiquer qu'Hannah Crafts connaissait les Wheeler et qu'il s'agissait de leur véritable patronyme. Le fait qu'elle ait commencé par taire leur nom avant de le compléter plus tard laissait supposer qu'elle avait fini par revenir sur sa décision initiale de dissimuler une information réelle. De toute évidence, elle ne souhaitait pas laisser planer le moindre doute sur l'identité des Wheeler.

En relisant ce passage du rapport de Joe Nickell, je songeai à cette remarque de Dorothy Porter adressée à Emily Driscoll, selon laquelle un certain John Hill Wheeler avait été appelé à de hautes charges dans les années 1850. Mais je ne mesurais pas encore toute l'importance de cette piste.

John Hill Wheeler

Je n'ai aucune idée de la façon dont Dorothy Porter s'était débrouillée pour identifier le véritable John Hill Wheeler à partir du personnage mentionné dans *Autobiographie d'une esclave*, mais une chose est sûre : elle y était parvenue. Une étude minutieuse des archives fédérales de la Caroline du Nord et de Washington me révéla qu'un seul Wheeler aux États-Unis avait vécu à la fois en Caroline du Nord et à Washington entre 1850 et 1880. Non seulement cet homme avait exercé différentes fonctions officielles, mais il s'était érigé en ardent défenseur de l'esclavage, comme le dépeint Hannah Crafts. Fait encore plus remarquable, en 1855, John Hill Wheeler était devenu pendant un mois le propriétaire d'esclaves le plus célèbre de toute l'Amérique, et ce à cause d'une fugitive.

À ce stade, j'avais déjà décidé de partager l'étude de manuscrit avec d'autres chercheurs, à savoir William L. Andrews, Nina Baym, Rudolph Byrd, Ann Fabian, Frances Smith Foster, Nellie Y. McKay, Augusta Rohrbach et Jean Fagan Yellin. Les réactions de ces spécialistes de la littérature américaine du XIXe siècle devaient m'aider à maintenir le cap devant l'afflux d'informations.

Un jour, William Andrews me téléphona pour me demander si je savais qui était Wheeler. Je lui rapportai ce que j'avais appris jusque-là par l'intermédiaire de plusieurs sources biographiques, dont l'*American National Biography*. De son côté, m'annonça-t-il, il avait découvert que John Hill Wheeler était non seulement un propriétaire d'esclaves mais aussi le plaignant de l'affaire Passmore Williamson, qui avait constitué l'un des premiers défis lancés contre le Fugitive Slave Act de 1850* et reposait sur les tentatives de Wheeler pour récupérer Jane Johnson, son esclave qu'on avait aidée

* En 1850, le Congrès américain vota le Fugitive Slave Act, qui autorisait les Blancs à arrêter et à détenir n'importe quel Noir suspecté d'être un esclave en fuite. Même ceux qui étaient nés libres risquaient d'être capturés et, faute de preuves, réduits en esclavage. *(N.d.T.)*

à fuir. Cette information allait se révéler cruciale pour déterminer la véracité du récit d'Hannah Crafts.

John Hill Wheeler, né en 1806 à Murfreesboro, en Caroline du Nord, était le fils de John Wheeler (1771-1832), receveur des postes à Murfreesboro, et de Maria Elizabeth Jordan (1776-1810). Il mourut à Washington en 1882. Diplômé du Columbian College de Washington (aujourd'hui l'université George Washington) en 1826, il étudia ensuite le droit auprès de John L. Taylor, juge à la Cour suprême de Caroline du Nord. En 1828, il passa sa maîtrise à l'université de Caroline du Nord, un an après avoir été reçu au barreau. Entre 1827 et 1852, il fut plusieurs fois membre de la Chambre des communes de Caroline du Nord. De 1837 à 1841, il dirigea l'hôtel des monnaies à Charlotte. En 1832, il devint secrétaire de la French Spoliations Claims Commission. Il fut également trésorier de l'État entre 1842 et 1844.

En 1851, Wheeler publia *Historical Sketches of North Carolina from 1584 to 1851* [28], puis il reprit ses fonctions dans le corps législatif entre 1852 et 1853. En 1855, il fut nommé ambassadeur au Nicaragua. Il occupa ce poste jusqu'à l'automne 1856, quand il fut obligé de démissionner pour avoir désobéi aux instructions du secrétaire d'État William L. Marcy concernant la reconnaissance d'un nouveau gouvernement. Comme le raconte en effet l'historien Robert E. May, Wheeler fut ambassadeur à l'époque où l'aventurier américain William Walker s'empara du pays. Walker finit par restaurer l'esclavage au Nicaragua, espérant ainsi obtenir le soutien des États du Sud. Wheeler lui apporta son appui et alla jusqu'à reconnaître son régime prématurément, au grand mécontentement du gouvernement américain.

Il rentra donc à Washington et se rendit plusieurs fois en Caroline du Nord avant le début de la guerre de Sécession. Entre 1859 et 1861, il travailla au Bureau des statistiques. Il retourna en Caroline du Nord pendant la guerre, entreprit des recherches en Angleterre entre 1863 et 1865 pour une seconde édition de son histoire de la Caroline du Nord et se réinstalla à Washington en 1865. Il publia également *A Legislative Manual of North Carolina* (1874) et *Reminiscences and Memoirs of North Carolina and Eminent North Carolinians* (1884). Il édita l'autobiographie du colonel David Fanning en 1861 et laissa un journal dont une édition en espagnol parut en 1974.

Wheeler se présenta aux élections du Congrès en 1830 mais fut battu. Il se maria deux fois, d'abord avec Mary Elizabeth Brown en 1830 puis, après la mort de celle-ci en 1836, avec Ellen Oldmixon

28. Philadelphie, Lippincott, Grambo and Co.

Sully, qu'il épousa en 1838. Il eut cinq enfants, trois avec sa première femme, deux avec la seconde [29].

En 1842, il quitta le comté de Hertford pour aller s'établir à Lincolnton, dans le comté de Lincoln, où il géra une plantation. D'après le *Dictionary of American Biography* (1999), John Hill Wheeler fut non seulement le « propriétaire d'une plantation » mais aussi « un farouche partisan de l'esclavage qui, en outre, croyait fermement à la vocation des États-Unis à annexer certaines parties de l'Amérique centrale et des Caraïbes ». D'après le recensement de la Caroline du Nord en 1850, Wheeler possédait vingt-cinq esclaves âgés de un à cinquante ans, dont quinze de sexe masculin et dix de sexe féminin. Quatre des femmes avaient entre vingt et un et vingt-cinq ans. Était-il possible que l'une d'elles se fût enfuie vers le Nord puis, comme l'avaient fait Frederick Douglass et Harriet Jacobs, qu'elle eût pris la plume pour dénoncer son ancien maître ? Très intrigué par cette Jane Johnson, je décidai d'en savoir plus sur le rôle de Wheeler dans l'affaire Passmore Williamson, avec l'espoir de découvrir d'autres pistes au sujet d'Hannah Crafts.

L'affaire Jane Johnson

L'affaire Passmore Williamson – ou plus exactement l'affaire Jane Johnson – devint une *cause célèbre** à Philadelphie en 1855. Selon un pamphlet publié par la Pennsylvania Anti-Slavery Society cette même année et d'après l'abolitionniste noir William Still, qui décrivit la fuite de Jane Johnson dans *The Underground Railroad* (1872), John Hill Wheeler fit étape à Philadelphie le mercredi 18 juillet 1855 durant le voyage qui devait l'amener à prendre ses fonctions de « ministre accrédité des États-Unis au Nicaragua ». Il était accompagné de Jane Johnson, qu'il avait achetée à Richmond en 1853, et des deux fils de celle-ci, dont l'un devait avoir sept ans et l'autre douze. Dès son arrivée, le petit groupe s'installa à l'hôtel Bloodgood, situé près du quai de Walnut Street. Tandis que Wheeler était attablé dans la salle à manger, Jane « parla à une femme de couleur qui passait et lui dit qu'elle était esclave ; elle

29. Sur John Hill Wheeler, voir S. Austin Allibone, éd., *Critical Dictionary of English Literature and British and American Authors*, Philadelphie, J.B. Lippincott, 1987 ; le site web « Sally's Family Place » (www2.txcyber.com/smkoestl/) ; John E. Findling, éd., *Dictionary of American Diplomatic History*, New York, Greenwood Press, 1989 ; *Appleton's Cyclopaedia of American Biography*, New York, Appleton, 1888 ; *Dictionary of American Biography*, New York, Charles Scribner's Son, 1928-1958 ; *American National Biography*, édition 1999, vol. XXIII, p. 139.

* En français dans le texte. *(N.d.T.)*

répéta cela à un homme de couleur, ajoutant ensuite qu'elle souhaitait être libre ». William Still, président de l'Acting Vigilant Committee de la Philadelphia Branch of the Underground Railroad, écrira dans une lettre publiée par le *New York Tribune* de 30 juillet 1855 qu'il a reçu à quatre heures et demie cet après-midi-là un billet des mains « d'un jeune garçon de couleur [qu'il ne se] rappelai[t] pas avoir vu auparavant ». Le message disait : « Monsieur, pourriez-vous venir à l'hôtel Bloodgood le plus vite possible, car il y a là-bas trois esclaves qui veulent leur liberté ? Leur maître est avec eux, il est en route pour New York. » Still se rendit aussitôt au bureau de Passmore Williamson. Celui-ci était secrétaire de la Société de Pensylvanie pour l'abolition de l'esclavage. Cette société antiesclavagiste avait été constituée en 1789 et Benjamin Franklin en avait été le premier président. Williamson dit à Still d'aller voir sur place pour obtenir les noms des esclaves et du maître ; il télégraphierait ces renseignements à New York, où le groupe serait intercepté dès son arrivée. Mais quand Still se présenta à l'hôtel, il découvrit que Williamson avait décidé de se déplacer en personne.

Les deux hommes apprirent que les esclaves et leur maître avaient quitté les lieux et pris le bateau. Still interrogea l'une des quatre personnes noires qui les avaient vus dans l'établissement et fut informé que l'esclave était « une grande femme noire avec deux petits garçons ». Williamson et lui se précipitèrent vers le quai et trouvèrent Wheeler ainsi que Jane Johnson et les deux enfants sur le deuxième pont ; ils supplièrent alors Jane d'abandonner son maître, de fuir avec eux et de demander sa liberté devant les tribunaux. « Si vous préférez la liberté à l'esclavage, comme tout le monde sans doute, se rappelle lui avoir dit Still, vous avez une chance de l'obtenir. Agissez calmement, n'ayez pas peur de votre maître, vous avez autant le droit d'être libre que nous ou lui. »

Wheeler ne cessait d'interrompre Still et Williamson en disant que Jane ne souhaitait pas s'en aller. Pourtant, écrira Still, elle « répéta plusieurs fois, distinctement et fermement : "Je ne suis pas libre, mais je veux ma liberté. J'ai TOUJOURS voulu être libre, mais il me retient." » D'après lui, lorsqu'elle se leva pour partir, Wheeler tenta de s'interposer, agrippant « la femme et M. Williamson ». Celui-ci se dégagea et le groupe descendit du bateau. Une fois reposée, Jane aurait déclaré que ses fils et elle avaient été « providentiellement délivrés de l'institution de la servitude ». Still racontera encore que Wheeler avait ordonné à deux reprises à son esclave de ne pas adresser la parole aux serveurs de couleur dans l'hôtel et de ne pas écouter leurs « propos malveillants ». Si on l'interrogeait sur son statut, elle devait répondre qu'elle était libre, au lieu de quoi elle avait affirmé : « Mes enfants et moi sommes esclaves et nous voulons la liberté. » D'après Still, Jane Johnson était « grande et bien formée », avec « un front large et haut, des manières douces, une peau brune, et elle sembl[ait] naturellement dotée d'un bon sens exceptionnel, bien qu'elle n'ait jamais eu l'autorisation d'apprendre à lire ».

Si elle fut mise à l'abri, Williamson, lui, fut envoyé en prison et « la demi-douzaine d'hommes de couleur » (dont Still) qui avaient contribué à la fuite de Jane furent accusés de « violences », d'« enlèvement par la force », de « coups et blessures », et traduits en justice. Accompagnée par Lucretia Mott et par trois autres sympathisantes du mouvement antiesclavagiste, Jane Johnson fit une apparition des plus furtives et dramatiques au tribunal afin de fournir un témoignage susceptible de disculper les prévenus.

Still fut acquitté, deux des autres Noirs furent jugés coupables de « coups et blessures » et condamnés à passer une semaine en prison. Pour sa part, Williamson fut jugé coupable d'outrage à magistrat et condamné à une peine d'emprisonnement entre le 27 juillet et le 3 novembre 1855. Jane, quant à elle, était montée « sans encombre » dans une voiture aussitôt après son témoignage. Wheeler se plaignit dans son journal d'avoir été spolié de ses biens, à savoir de la mère et de ses fils.

Je tentai de retrouver la trace de Jane Johnson dans les recensements de 1860 et de 1880. En 1860, soixante-dix Jane Johnson vivaient dans la seule Pennsylvanie, dont quarante-sept à Philadelphie. En 1880, plus d'un millier de femmes noires nommées Jane Johnson résidaient en Amérique ! Si la fugitive avait voulu se fondre dans la communauté afro-américaine, elle n'aurait pu choisir meilleur patronyme que Johnson. De fait, Frederick Douglass nous apprend qu'il avait lui-même rejeté ce nom de famille lors de sa fuite, précisément parce qu'il était trop répandu parmi les Noirs.

Alors que je lisais le récit de cette affaire, je me souvins de ce passage dans *Autobiographie d'une esclave* où Mme Wheeler déplore que sa femme de chambre prénommée Jane se soit enfuie et propose par conséquent d'acheter Hannah. (D'après Still, Jane avait dit que Wheeler avait « vendu tous ses esclaves » durant « les deux dernières années » et les avait achetés, ses fils et elle, « dans le même temps », mais je ne découvris pas de documents relatifs à ces transactions dans les papiers de Wheeler ou les archives de Lincoln, en Caroline du Nord.) Je compris soudain que c'était à cette Jane-là qu'Hannah

Crafts faisait référence au chapitre XII de son roman. Par une étrange ironie du sort, c'est ce personnage sans nom de famille qui avait été pour moi le plus facile à identifier parmi tous les protagonistes noirs cités dans son manuscrit. Cela signifiait qu'Hannah elle-même avait été achetée après la fuite de Jane, comme l'affirmait le roman. De plus, Jane avait confié aux abolitionnistes de Philadelphie qu'elle avait soigneusement planifié son évasion avant son départ de Washington avec Wheeler : « J'avais fait mes préparatifs avant de quitter Washington en vue d'obtenir ma liberté à New York ; j'avais confectionné un costume pour me déguiser et m'enfuir une fois arrivée là-bas. M. Wheeler l'a en sa possession, dans sa malle. » Hannah Crafts devait utiliser ce même moyen pour s'évader vers la liberté – du moins dans son roman. Armé de ces nouvelles informations sur Wheeler et Jane Johnson, je me lançai de nouveau sur la piste de l'insaisissable auteur d'*Autobiographie d'une esclave* en examinant cette fois le journal de John Hill Wheeler.

Le journal de John Hill Wheeler

Les diverses biographies de John Hill Wheeler indiquent toutes qu'il tenait un journal, aujourd'hui conservé avec ses papiers à la bibliothèque du Congrès. Ce document allait-il m'éclairer quant aux sentiments de son auteur sur la fuite de Jane Johnson et, plus important encore, sur l'identité de la remplaçante de Jane, Hannah Crafts ?

Wheeler tint régulièrement son journal sur sa plantation de Beattie's Ford dans le comté de Lincolnton, en Caroline du Nord (à environ trois cents kilomètres de Wilmington), puis durant sa mission diplomatique au Nicaragua et ses divers séjours à Washington – soit plus de trente ans, du 30 mai 1850 jusqu'à sa mort en 1882. Le document est demeuré presque intact ; il n'est abîmé ou illisible que pour la première moitié de l'année 1858, et seule la seconde moitié de l'année 1856 a été perdue (après le 23 mai).

John Hill Wheeler vécut au Nicaragua entre 1855 et novembre 1856 à en croire la « Chronologie des événements » incluse dans ses mémoires. Celle-ci s'inscrit à la suite de plusieurs pages de données financières concernant en particulier la vente d'une ferme dans le comté de Prince Georges, dans le Maryland, et celle de trois esclaves, le premier nommé Joyce (485,92 dollars), le deuxième Gadis (360 dollars) et le troisième Boker (400,98 dollars). Wheeler quitta Washington pendant la guerre de Sécession pour aller s'installer en Caroline du Nord. Il y demeura jusqu'en juin 1865, date à laquelle il s'établit dans une ferme plus proche de Washington. En 1873, il déménagea dans une maison de la capitale fédérale, où il resta apparemment jusqu'à sa mort. Depuis le Nicaragua et Washington, il retourna à plusieurs reprises en Caroline du Nord, dont au moins une fois avec des esclaves.

Son journal pour l'année 1854 commence alors qu'il est conseiller de Franklin Pierce, le président des États-Unis de l'époque. Wheeler relate une conversation du 2 juin 1854 durant laquelle Pierce « se réjouit de la nouvelle reçue de Boston selon laquelle l'esclave [Anthony] Burns a été contraint de rester auprès de son maître par décision de justice ». Deux mois plus tard, le président nommait Wheeler « ministre résident des États-Unis en république du Nicaragua ».

Le mercredi 6 août 1854, John Hill Wheeler est arrivé sur ses terres vers dix heures, dans un grand état de fatigue : « Suis allé aussitôt me coucher. » Il se plaint cependant de ne pas avoir pu dormir : « Mon sommeil a été fortement perturbé par la veillée funèbre organisée par des Nègres pour le serviteur du capitaine Slade, qui est mort aujourd'hui et qui, je l'espère, est allé là où vont les bons Nègres. » Un an plus tard, en juillet 1855, Jane Johnson s'enfuit. Le 18, Wheeler écrit dans son journal :

« Quitté Washington à 6 heures avec Jane, Daniel et Isaiah (mes serviteurs) pour New York. [...] Arrivé à Philadelphie [à] 1 h 30. Suis allé chez M. Sully chercher les affaires d'Ellen [épouse de Wheeler] et me suis dépêché de retourner sur le quai. Le bateau venait de partir, aussi sommes-nous restés jusqu'à 5 heures et avons-nous dîné à l'hôtel Bloodgood à l'entrée de Walnut Street. À 4 h 30, sommes montés à bord du steamer *Washington*, et quelques minutes avant le départ une bande de Nègres conduits par Passmore Williamson, un abolitionniste, nous a abordés. Ils ont dit à Jane que si elle voulait débarquer elle était libre de le faire. Comme je protestais, ils m'ont saisi par le collet, menacé de me trancher la gorge si je résistais, puis ils ont emmené de force les serviteurs qui se débattaient et criaient *au meurtre*. Ils les ont poussés sur le quai vers une voiture qui attendait, et se sont éloignés. »

Le 19 juillet, il rapporte : « Suis allé trouver le marshal, et avec son adjoint, M. Mulloy, nous nous sommes rendus chez le juge Kane, qui a ordonné un habeas corpus. Rentré en ville vers 10 heures pour aller voir M.J.C. Hazlitt, l'adjoint du shérif. Il a pris la déposition, puis nous sommes allés chez Williamson qui s'était enfui. À 1 heure ai quitté Philadelphie, et suis arrivé à New York à 6 heures. »

Du 19 juillet à la fin du mois d'août, le journal relate le procès de Passmore Williamson et celui des Noirs accusés séparément. Wheeler écrit que Williamson a été envoyé en prison, « où il restera jusqu'à ce qu'il me rende les biens qu'il m'a volés » (27 juillet 1855). Jane – Wheeler ne mentionne jamais son nom de famille – « a été contrainte de déclarer sous serment qu'elle souhaitait être libre. Balivernes ! » (3 août).

Il raconte aussi que le 15 août il a « engagé » deux domestiques blanches, Margaret Bina et Margaret Wood, membres de la Protestant Servants Association à New York. Un peu plus tard ce même mois, il doit retourner à Philadelphie pour témoigner au procès, après quoi il assiste au spectacle des Sanford Minstrels*. Le lendemain 30 août, il note que Jane, « escortée par Lucretia Mott et d'autres », a apporté son témoignage, qu'il qualifie de « parjure le plus éhonté commis par elle et ses confidentes noires ». Il conclut en disant qu'il est allé « voir le juge Grier pour demander qu'elle soit arrêtée ».

Wheeler était croyant mais n'estimait pas incompatible d'être un bon chrétien et de posséder des esclaves. Le 4 octobre 1855, jour du dix-neuvième anniversaire de la mort de sa première femme, il écrit dans son journal :

« C'est aujourd'hui l'anniversaire de la mort de ma chère Mary. Dans le calme de minuit, mon esprit s'interroge sur les voies insondables de cette mystérieuse Providence, et bien que je ne puisse pas avoir de réponses maintenant, je connaîtrai certainement dans l'au-delà les raisons d'un décret aussi triste. Que les actes du Seigneur soient sanctifiés et qu'il me rende digne de la rejoindre dans la gloire. »

En 1857, Wheeler, revenu du Nicaragua, se réinstalle à Washington. Le 13 mars, neuf jours après avoir assisté à l'investiture du président James Buchanan, il note dans son journal qu'il a de nouveau écrit à ses avocats au sujet de l'affaire Passmore Williamson. Le 21 mars, il quitte la capitale pour la Caroline du Nord. Le 2 avril, il rapporte qu'il a rendu visite à ses fils, puis à sa cousine Mollie Mebane, accompagné par « Esther, John et James [30] ». Comme il ne mentionne pas leur nom de famille, il est fort probable que ces trois personnes aient été des esclaves. Il est également possible qu'elles l'aient suivi lorsqu'il est parti pour sa plantation de Lincolnton le 7 avril. Le 5 mai, il rentre à Washington.

* Les *minstrels shows* étaient des spectacles de variétés donnés par des chanteurs blancs déguisés en Noirs. *(N.d.T.)*

30. Voir *The Case of Passmore Williamson*, Philadelphie, Pennsylvania Anti-Slavery Society, 1855.

Le journal de Wheeler pour l'année 1858 est sérieusement endommagé et certains passages manquent entre janvier et juin, où il aurait pu relater la fuite d'une esclave. Le reste de ses mémoires nous intéresse indirectement dans la mesure où il exprime surtout ses craintes au sujet de la dissolution imminente de l'Union et de la perspective d'une guerre civile. Il cite l'affaire Williamson à plusieurs reprises au cours de cette même année et des suivantes, car il compte toujours sur une compensation pour la perte de Jane, voire sur le retour de Jane elle-même (18 février 1859, 31 mars 1859, 5 janvier 1860). Dans l'intervalle, il se félicite de la pendaison d'un certain John Brown : « John Brown pendu aujourd'hui à 11 heures à Charleston. Pour trahison, meurtre et insurrection. Importante présence militaire. Il est mort comme il a vécu, en gibier de potence. Puissent tous les traîtres connaître une telle fin ! » (2 décembre 1859).

Le 10 janvier 1860, il écrit qu'il est « occupé par l'enlèvement de [s]es Nègres à Philadelphie le 18 juillet 1855, pour lequel [il] espère être indemnisé par l'État ». « Cette question [de l'esclavage], a-t-il noté le 13 décembre 1859, secoue l'Union en profondeur. » Comme il s'en plaint dans sa « Chronologie des événements », Jane Johnson et ses fils n'ont pas été appréhendés.

Le 8 février 1860, Wheeler raconte : « Une de nos filles s'est mis en tête de prendre des engagements matrimoniaux hier soir, [laissant] juste une servante, Nora, ce qui perturbe grandement les choses. » D'une manière ou d'une autre, ses esclaves ont disparu, remplacés par des domestiques blanches, Nora, Rosa Clark et Mary Dorsey.

Pour mes recherches sur Hannah Crafts, l'information la plus importante que me révéla la lecture de ce journal – outre que son auteur appréciait les spectacles de variétés presque autant que l'esclavage – se trouvait mentionnée à la date du 28 novembre 1857 : « Ai rendu visite à Clark Mills, ai vu sa statue équestre de Washington grâce à laquelle il sera immortalisé, car elle est au moins égale, sinon supérieure, à celle de Jackson. » En lisant cette phrase, je me rappelai l'utilisation faite par le Dr Joe Nickell de l'allusion d'Hannah Crafts à la statue équestre de Jackson pour déterminer une date avant laquelle elle n'aurait pu écrire *Autobiographie d'une esclave*. Il s'agissait d'un curieux chevauchement de références laissant peut-être supposer des discussions chez les Wheeler sur la statue de Jackson ou de Mills, ce qui confirmerait la proximité d'Hannah comme employée de maison.

Le journal ne précisait cependant pas quand Hannah Crafts

s'était échappée, si elle s'était enfuie de la maison des Wheeler à Washington ou si, comme Jane, elle avait profité d'un voyage de son maître pour s'évader. Au cas où elle serait partie de la plantation, il était possible de déterminer la date approximative à laquelle cet événement aurait pu se produire. Le créneau le plus probable, d'après le journal de John Hill Wheeler, se situait entre la fuite de Jane en juillet 1855, mentionnée lors de la première rencontre entre Hannah et Mme Wheeler, et le début de la guerre de Sécession en 1861 – et plus vraisemblablement, toujours selon les informations contenues dans ce document, entre le 21 mars et le 4 mai 1857. Cette période correspondait non seulement au retour des Wheeler sur leur plantation mais aussi à plusieurs circonstances particulières, par exemple l'obligation pour John Hill de renoncer à son poste au Nicaragua. Un autre élément semblait confirmer l'hypothèse d'une évasion en 1857 : l'absence de séjour des maîtres sur la plantation en 1855, 1856 et 1858. En outre, Wheeler ayant exercé sans discontinuer des fonctions au ministère de l'Intérieur à Washington à partir de 1857, Hannah n'aurait pu mentionner une quelconque démission de celui-ci après cette date. Et puis, la relative proximité dans le temps entre le départ de Jane, servante prisée par Mme Wheeler, et l'achat d'Hannah comme remplaçante compétente m'amenait logiquement à situer l'entrée d'Hannah au service des Wheeler en 1856 et sa fuite au printemps 1857. De façon plus significative, Hannah Crafts rapportait avoir été emmenée en bateau jusqu'en Caroline du Nord. Or le journal de John Hill Wheeler me confirmait qu'il s'était embarqué pour cet État au début de 1857.

Enfin, le portrait que Crafts faisait de Wheeler et celui qu'il brossait involontairement de lui-même étaient remarquablement proches. En d'autres termes, il était fort probable que l'auteur d'*Autobiographie d'une esclave*, comme le soulignait le Dr Nickell dans son rapport d'authentification, connût intimement M. et Mme John Hill Wheeler.

À la recherche d'Hannah Crafts

Dans le recensement de 1860 portant sur la ville de Washington, John Hill Wheeler était cité comme chef de famille employé par le gouvernement. Il n'avait pas d'esclaves. Autrement dit, entre 1855, lorsque Jane Johnson avait conquis sa liberté à Philadelphie, et 1860, l'esclave des Wheeler acquise pour remplacer Jane s'était échappée pour gagner le Nord et avait rédigé un roman autobiographique. À en juger par les éléments mentionnés dans le journal de Wheeler, son évasion avait sans doute eu lieu, je l'ai dit, entre le 21 mars et le 4 mai 1857. Si cette hypothèse se vérifiait, comme semblaient le suggérer le manuscrit et les informations historiques, Hannah Crafts avait couru le risque d'être retrouvée par son ancien maître et condamnée de nouveau à l'esclavage par le biais du Fugitive Slave Act. En application de cette loi, comme l'écrit David Brion Davis, « tout citoyen pouvait être interpellé par un groupe d'hommes sous l'autorité du shérif et toute personne noire appréhendée sans autre forme de procès [31] ».

Wheeler avait fait appel à la justice pour récupérer Jane, Daniel et Isaiah Johnson dans le cadre de cette législation qui autorisait les propriétaires d'esclaves à traquer les fugitifs même dans le Nord. C'est pourquoi plusieurs Noirs, dont William et Ellen Craft ou encore Henry « Box » Brown, s'étaient réfugiés au Canada ou en Angleterre. Le Fugitive Slave Act avait pour but de priver les États au nord de la Mason-Dixon Line de leur statut de sanctuaire contre l'asservissement humain ; aussi certains fugitifs privilégiés comme Harriet Jacobs avaient-ils dû accepter que leurs amis les rachètent à leurs anciens maîtres. Mais la plupart des esclaves ayant parcouru à pied le long chemin vers le Nord se préparaient à une vie marquée par la peur d'être découverts, même s'il changeaient d'identité et se fabriquaient un passé.

J'avais décidé de me lancer sur les traces d'Hannah Crafts parce que j'étais intrigué par la certitude qu'avait Dorothy Porter Wesley que cette femme était une ancienne esclave noire ayant réussi à fuir. On se souvient que l'érudite avait acheté le manuscrit en 1948 à la libraire new-yorkaise Emily Driscoll et qu'il avait été vendu à cette dernière par un « dénicheur de livres rares » dans le New Jersey. Comme Hannah Crafts affirmait à la fin de son récit vivre au sein d'une communauté libre de gens de couleur dans cet État, il me parut opportun d'y poursuivre mes investigations.

La piste la plus évidente me semblait le nom même de l'auteur. Comme je devais l'apprendre au fil de mes recherches, à mon grand dam, Hannah Crafts était un nom extrêmement répandu au milieu du XIXe siècle ; toutes ces Hannah Crafts étaient blanches et aucune n'avait vécu dans le Sud. Une seule résidait dans le New Jersey en 1860, plus précisément à Hillsborough, dans le comté de Somerset. Elle avait trente-quatre ans et était mariée à Richard Craft (sans *s*).

31. David Brion Davis, « The Enduring Legacy of the South's Civil War Victory », *New York Times*, 26 août 2001.

Tous deux étaient blancs. Or cette femme n'habitait apparemment pas le New Jersey avant 1860, et contrairement à tous les autres noms cités sur cette page de recensement, le sien ne comportait aucune précision quant à son lieu de naissance. Je ne pus m'empêcher de penser que cette Hannah Craft-là se faisait peut-être passer pour blanche parce qu'il s'agissait d'une ancienne esclave ayant fui le Sud.

J'en étais là de mes réflexions lorsque j'eus l'idée d'élargir mes recherches à 1880. Après tout, si Hannah Crafts avait entre vingt-cinq et trente ans quand elle avait écrit son roman (Frederick Douglass en avait vingt-sept lorsqu'il avait publié son récit en 1845), elle serait âgée de cinquante-cinq ou soixante ans en 1880, à condition bien sûr qu'elle ait vécu jusque-là. Peut-être la retrouverais-je mentionnée sous son propre nom, l'esclavage et le Fugitive Slave Act ayant alors été supprimés.

À ma grande surprise, je découvris qu'une Hannah Kraft vivait dans le comté de Baltimore (Maryland) en 1880. Elle était mariée à un certain Wesley Kraft. D'après les archives, le couple était noir. De plus, cette Hannah affirmait être née en Virginie, tout comme l'auteur d'*Autobiographie d'une esclave*. J'avais enfin identifié Hannah Crafts ! J'étais si heureux que j'emmenai ma femme ainsi que mon meilleur ami et collègue, Anthony Appiah, célébrer l'événement au champagne après avoir demandé une copie de la page du recensement où figurait le nom de cette romancière trop longtemps oubliée.

Trois jours plus tard, je reçus ce document en provenance de la Bibliothèque généalogique des mormons à Salt Lake City. Non seulement Hannah Kraft n'avait que trente ans en 1880 mais il était précisé qu'elle ne savait ni lire ni écrire ! Même en tenant compte des erreurs fréquentes dans ce type de source, il était impossible d'attribuer à cette femme l'identité de l'auteur d'*Autobiographie d'une esclave*. J'étais dégrisé.

Alors que ma frustration allait grandissant, j'eus l'occasion d'examiner les archives de la banque Freedman, éditées depuis peu sur CD-ROM par la Bibliothèque généalogique des mormons. La fondation de la banque Freedman avait été approuvée par le Congrès le 3 mars 1865. Née de l'initiative d'abolitionnistes et d'hommes d'affaires blancs, elle s'était fixé comme priorité de devenir une caisse mutuelle d'épargne pour les Noirs affranchis. En 1874, elle comptait 72 000 déposants pour plus de 3 millions de dollars de fonds. Ses administrateurs blancs en avaient modifié les statuts à des fins de spéculation sur les actions, les obligations, l'immobilier et les emprunts non garantis. Durant la crise financière de 1873, la banque avait lutté pour survivre et Frederick Douglass en avait été nommé président dans une vaine tentative pour maintenir la confiance des investisseurs. Mais l'institution s'était effondrée le 2 juin 1874, entraînant la ruine de presque tous ses clients.

Si aucune Hannah Craft ou Crafts n'apparaissait sur les listes de déposants, une Maria H. Crafts y figurait cependant. D'après le formulaire rempli le 30 mars 1874, elle avait ouvert un compte dans une succursale de La Nouvelle-Orléans. Elle était née soit dans le Massachusetts, soit dans le Mississippi (son écriture n'était pas très lisible), et elle se présentait comme institutrice. Elle était qualifiée de « blanche » et elle l'était peut-être, mais c'était peu probable dans la mesure où la banque Freedman proposait surtout ses services à des Noirs. Sans doute s'agissait-il d'une mulâtresse au teint particulièrement clair. Détail plus intéressant encore, elle avait signé elle-même le formulaire.

J'en envoyai immédiatement une copie au Dr Joe Nickell pour qu'il en compare l'écriture à celle de l'auteur d'*Autobiographie d'une esclave*. Mais son analyse ne donna pas de résultats concluants : « Les écritures sont très proches tout en présentant des différences significatives. Les choses ne sont pas simples vu que nous ne disposons pas d'exemple de la signature d'Hannah Crafts ; seul son nom écrit de sa main figure sur la page de titre. En outre, près de vingt ans séparent les deux documents, et dans un tel intervalle une écriture peut changer. Comme il n'est pas possible de comparer les signatures, nous ne pouvons pas écarter l'hypothèse qu'il s'agisse de la même personne. »

Ces conclusions prudentes en tête, je replongeai dans mes archives pour essayer de trouver la trace de Maria H. Crafts. Si vingt-trois « Mary H. Crafts » étaient citées comme Noires dans le recensement fédéral de 1880 et six « Mary Crafts » comme mulâtresses, aucune « Maria Craft » ne figurait dans ces pages, et dans le cas des « Mary H. Crafts » il n'y avait d'aucune précision quant à la signification du *H*.

À ce stade, je décidai de reprendre une piste qui m'avait semblé au début extrêmement prometteuse. Alors qu'elle tapait le manuscrit, mon assistante, Nina Kollars, m'avait suggéré de regarder au nom de Vincent puisque Hannah avait été esclave des Vincent en Virginie et avait pu adopter ce patronyme. (Mon propre nom de famille est Gates parce qu'un fermier nommé Brady vivant dans l'ouest du Maryland a acheté un petit groupe d'esclaves à un certain Horatio Gates à Berkeley Springs, en Virginie.) Je m'étais alors mis en quête d'une Hannah Vincent dans les recensements de 1850 et 1860. J'avais découvert une Hannah Ann Vincent âgée de vingt-deux ans et célibataire ; en 1850 elle vivait à Burlington (New Jersey) au sein d'une famille, de même qu'une autre femme du nom de Mary Roberts âgée de quarante-sept ans. Roberts était noire ; Vincent était mulâtre, et son lieu de naissance était inconnu. J'avais cru identifier l'auteur d'*Autobiographie d'une esclave*, mais aucune Hannah Vincent n'apparaissait dans le recensement de 1860 portant sur le New Jersey.

Comme Hannah Crafts affirmait résider dans cet État au sein d'une communauté de Noirs libres avec son mari, pasteur méthodiste, j'entrepris de me plonger dans l'histoire des méthodistes noirs du New Jersey, qui, fort de ses réseaux clandestins, était devenu « un refuge pour les esclaves fuyant le Sud [32] ». De plus, en 1870, il regroupait plusieurs communautés exclusivement noires, dont Skunk Hollow dans le comté de Bergen, Guineatown (Lawnside) et Saddlerstown dans le comté de Camden, Timbuctoo dans le comté de Burlington, Gouldtown et Springton dans le comté de Cumberland. En outre, Camden, Newton, Center, Burlington, Deptford, Mannington, Pilesgrove et Fairfield comptaient bon nombre d'Afro-Américains. On imagine mal comment Hannah Crafts aurait pu entendre parler de ces communautés noires libres si elle n'avait pas vécu dans l'une d'elles ou à proximité. Elle n'aurait pu en effet prendre modèle sur des récits d'esclavage ou des romans abolitionnistes, les auteurs tels que Douglass, Brown et Jacobs ayant situé la fin de leur périple vers le Nord dans des endroits comme Rochester, New Bedford, Boston ou New York.

L'ouvrage de Joseph H. Morgan intitulé *Morgan's History of the New Jersey Conference of the A. M. E. Church* et publié dans le New Jersey en 1887 [33] me livra la liste de tous les pasteurs depuis la fondation de cette Église, ainsi que celle des administrateurs, des bénévoles, des organistes, des prédicateurs et des professeurs de catéchisme. Or à l'Église de Burlington – la Bethel African Methodist Episcopal Church, fondée en 1830 – une certaine Hannah Vincent remplissait les fonctions de trésorière et de professeur. Était-ce la même personne qui vivait à Burlington en 1850 ? Je le supposais, mais je pris néanmoins soin de vérifier.

J'étudiai donc les recensements fédéraux du New Jersey pour les

32. Giles R. Wright, *Afro-Americans in New Jersey*, Trenton, New Jersey Historical Commission, 1988.

33. Le contenu de ce livre publié à Camden (S. Chew) a été repris dans *The Black Biographical Dictionary Index*, édité par Randall et Nancy Burkett ainsi que Henry Louis Gates Jr., Alexandria, Virginie, Chadwick Healy, 1985.

années 1870 et 1880. Hannah Vincent, âgée de quarante-six ans en 1870, habitait chez Thomas Vincent, quarante-huit ans. Il était noir, elle était mulâtre. Il travaillait comme gardien dans un magasin de vins et spiritueux, elle était « femme au foyer ». Tous deux étaient nés en Pennsylvanie. La fille dont j'avais trouvé le nom en 1850 étant célibataire, mulâtre et âgée de vingt-deux ans, j'en déduisis que c'était la même Hannah Vincent qui vivait avec son frère vingt ans plus tard. Mais dans le recensement de 1880, Hannah – soi-disant âgée de quarante-huit ans ! – était l'épouse de Thomas, et tous deux affirmaient être nés dans le New Jersey. À moins que la femme de 1850 n'eût épousé un homme également nommé Vincent, ce professeur de catéchisme ne pouvait pas être la même personne. Pour ajouter à la confusion, un extrait de naissance au nom de Samuel Vincent, daté de 1850, faisait apparaître Thomas et Hannah comme nom de ses parents, alors que notre Hannah Vincent était célibataire d'après le recensement de 1850. La couleur de Samuel Vincent n'était pas précisée. Seul un certificat de mariage aurait pu révéler le nom de jeune fille d'Hannah Vincent. Mais mes recherches sur les certificats de mariage délivrés dans le New Jersey et conservés à Trenton ne me permirent pas de découvrir une seule trace de l'union entre Thomas et Hannah. De même, je ne trouvai pas la tombe des Vincent dans le cimetière adjacent à l'église de Burlington. En l'absence de documents officiels, il m'était donc impossible de déterminer le nom de jeune fille de cette Hannah Vincent. Mais étant donné ses liens avec les méthodistes, il n'était pas exclu qu'elle fût l'auteur d'*Autobiographie d'une esclave*.

Pourquoi Hannah Crafts ne publia-t-elle pas son roman ? Certes, il a toujours été extraordinairement difficile de se faire éditer, en particulier pour une femme au XIXe siècle. Pour une Afro-Américaine, cela relevait pratiquement du miracle, comme nous le prouve le cas d'Harriet Wilson. Si Hannah Crafts se fit effectivement passer pour blanche en gardant son propre nom une fois arrivée dans le New Jersey, elle n'avait certainement aucune envie de révéler sa véritable identité ou ses liens avec John Hill Wheeler, qui aurait sans doute fait son possible pour la retrouver, tout comme il aspirait à retrouver Jane Johnson. Même si elle avait changé de nom et affirmé qu'il s'agissait d'un ouvrage de fiction, les éléments autobiographiques de son œuvre étaient si nombreux qu'ils l'auraient forcément trahie.

Pour Ann Fabian, « peut-être commença-t-elle à rédiger son récit à la fin des années 1850 », et au moment de l'achever s'aperçut-elle qu'elle avait manqué sa cible en voyant le lectorat abolitionniste blanc et l'infrastructure culturelle qu'il soutenait se dissoudre et se concentrer sur des préoccupations différentes. Après la guerre de Sécession, il est donc possible qu'elle n'ait pas voulu reprendre un texte « qu'elle avait écrit dans et pour la société des années 1840 et 1850 ». Mais on peut aussi penser qu'Hannah Crafts tenait à ce que son roman trouve à l'avenir un lectorat si l'on considère le soin qu'elle mit à le conserver, tout comme le firent ses descendants.

Nina Baym m'expliqua que la décision d'Hannah de rédiger un roman autobiographique à la première personne avait sans doute rendu difficile sa publication dans le climat extrêmement politisé entourant le mouvement antiesclavagiste des années 1850. La véracité était essentielle au récit d'esclavage, à la fois pour son succès commercial et pour son efficacité sur le plan politique. « L'emploi de la première personne explique peut-être que l'auteur n'ait pas essayé de se faire publier. Compte tenu des exigences du public en matière d'authenticité des expériences d'esclavage (rappelez-vous toutes ces accusations d'imposture lancées contre des narrateurs noirs), elle a pu hésiter à diffuser un roman expérimental à la première personne sous son propre nom [34]. »

Si les défenseurs de l'esclavage taxaient d'invention telle ou telle partie du livre, l'œuvre et son auteur seraient discrédités ; mais si l'ouvrage était présenté comme une fiction pure et simple, alors il n'attirerait pas l'attention. Quelles que soient les raisons pour lesquelles ce roman ne fut jamais publié, une chose semble certaine : l'auteur connaissait personnellement John Hill Wheeler et sa femme, tenait à dénoncer leur racisme et leurs positions esclavagistes ; elle voulait laisser pour la postérité une trace d'une telle haine.

Il me semble important de rappeler qu'Hannah Crafts incarne une figure caractéristique de la littérature américaine et africaine, celle de la mulâtresse tragique. Elle a une conscience aiguë des différences sociales au sein de la communauté des esclaves et dépeint les conditions de vie sordides des travailleurs des champs avec beaucoup plus d'honnêteté, de réalisme et de franchise que ne le font la plupart des romans ou récits d'esclavage de son époque. Mais si elle se raccroche à son statut de mulâtresse plus instruite, de servante plus sophistiquée, elle n'en rejette pas pour autant toute relation intime avec les Noirs. En d'autres termes, elle est peut-être snob, mais elle n'est pas raciste.

Certes, elle décide de fuir pour éviter d'être violée par un Noir qu'elle juge répugnant et condamnable, inculte, grossier et sale, et

34. Lettre à Henry Louis Gates Jr., 9 mai 2001.

aussi, comme elle l'admet ouvertement, pour ne pas avoir à connaître la misère dans le quartier des esclaves. Néanmoins, tout au long du roman, elle noue des liens avec différents personnages noirs, en commençant par sa maîtresse mulâtre sur la plantation de Lindendale :

« "Viendras-tu avec moi ? demanda-t-elle.

« – Je viendrai, chère maîtresse.

« – Ne m'appelle plus 'maîtresse'. Désormais, tu seras ma tendre sœur, dit-elle en m'enlaçant de nouveau. Oh ! vivre libre, vivre libre..." »

De toute évidence, Hannah admire l'esclave Lizzy, une quarteronne qui, précise-t-elle, « avait été vendue à plusieurs reprises et [...] avait souffert de toutes les vicissitudes liées à l'existence d'esclave », connaissant même « une situation extrême où elle avait fait l'expérience de l'affection d'un maître, de la jalousie d'une maîtresse et de la haine de leur fille ». (L'auteur souligne régulièrement la vulnérabilité sexuelle des femmes en esclavage, surtout les domestiques de la maison et les mulâtresses.) Plus tard, elle se lie d'amitié avec Jacob, un Afro-Américain ayant pris la fuite avec sa sœur. Surtout, à la fin du roman, elle choisit délibérément l'identité d'une personne noire qui, mariée à un pasteur méthodiste noir né libre, exerce le métier d'institutrice « pour les enfants de couleur ». C'est d'autant plus remarquable qu'elle a achevé son évasion déguisée en femme blanche après avoir accepté sur les conseils de Tante Hetty d'abandonner son costume d'homme blanc. Autrement dit, elle choisit son identité de Noire tout comme elle choisit son statut social.

L'éducation, la morale, les bonnes manières et l'hygiène sont autant de valeurs qu'elle prône dans son roman, qu'elle soit encore esclave ou libre au sein d'une communauté du New Jersey. Certes, elle semble déterminée à dénoncer les conditions de vie épouvantables imposées par la servitude, révélant ainsi les effets débilitants du système sur les victimes, de même que Richard Wright tentera plus tard, dans *Un enfant du pays* (1940) [35] de dénoncer l'influence néfaste du racisme et du capitalisme sur le personnage de Bigger Thomas. Qu'elle ne cherche cependant pas à excuser cette attitude passive des esclaves est l'un des aspects les plus fascinants de sa stratégie narrative, comme si la classe sociale prenait le dessus sur la couleur de peau lorsqu'il est question de faire un choix. Mais la classe sociale et la couleur de peau combinées constituent l'idéal qu'Hannah Crafts valorise dans son texte, le fondement de cette vie

35. *Native Son*, New York, Harper & Brothers ; Paris, Gallimard, 1987.

heureuse qu'elle entame à la fin du récit. Dans cette perspective, elle pourrait être considérée comme l'ancêtre de ce *talented tenth* décrit par W.E.B. Du Bois*. Si d'autres narrateurs métis, comme Harriet Wilson ou Harriet Jacobs, soulignent l'importance du travail et de l'ardeur à la tâche, aucun cependant ne les encense à la manière de Crafts.

Dans le cours du roman, celle-ci insiste sur le fait que l'institution de l'esclavage ne respecte pas les différences entre esclaves. « Il ne voyait pas en elle une femme aux manières délicates et aux goûts raffinés ; pour lui, c'était une esclave, rien de plus. » Ailleurs, elle s'insurge contre un système absurde qui privilégie « le seul hasard de la naissance – un fait que les hommes n'avaient pas la moindre possibilité de changer ou de modifier » par rapport à leur capacité de devenir meilleurs. C'est l'intelligence innée, la diligence et le travail qui devraient être les vraies clés du mérite individuel dans une société véritablement démocratique, nous dit-elle implicitement.

On ne peut guère douter qu'elle connaisse intimement l'esclavage tout comme elle connaît intimement les Wheeler. Elle émaille son récit d'observations sur la mentalité des esclaves et de leurs maîtres qui sont à la fois étonnamment perspicaces, nouvelles et sensées. Elle écrit par exemple :

« Mais ceux qui s'imaginent que les plus grands maux de l'esclavage résident dans la souffrance physique n'ont pas une idée juste ou rationnelle de la nature humaine. L'âme, l'âme immortelle, aspire à mille et une choses indissociables de la liberté. Et puis, la peur, l'appréhension, l'horreur et l'angoisse sont toujours liées à cette condition, à un degré plus ou moins important. On ne peut jamais avoir de certitude ni de confiance absolue même lorsque tout va bien. »

À plusieurs reprises, elle s'oppose au mariage entre esclaves parce que leurs maîtres ne sont pas contraints de respecter le caractère sacré de cette institution et que les enfants d'esclaves sont par définition esclaves eux aussi :

« Le mariage, comme bien d'autres bénédictions, était pour moi conçu pour les êtres libres, une institution que toutes les victimes de l'esclavage auraient dû éviter car elle contribuait à perpétuer le système. Aussi avais-je fait la sourde oreille à toutes les propositions de cet ordre émanant d'un parti ou d'un autre. Je repoussais les liens

* W.E.B. Du Bois développe une vision selon laquelle « un dixième talentueux » de la population noire – des hommes et des femmes ayant suivi des études supérieures – pourrait conduire les Afro-Américains à réaliser leur potentiel. *(N.d.T.)*

conjugaux non par manque de cœur, mais parce que je refusais catégoriquement de réduire à l'asservissement un autre être humain. »

Le véritable mariage, nous dit-elle plus tôt dans le texte, était une perspective inconcevable pour des esclaves. Il impliquait « des vœux et des responsabilités étrangement effrayants étant donné leur condition [...]. L'avenir leur semblait-il radieux et sans nuages ? Espéraient-ils la félicité domestique et de longues années d'amour quand leur existence, leur corps et même leur âme étaient soumis à la volonté d'autrui [et qu'ils] risquaient de ne plus se voir du tout si telle était la décision prise par d'autres ? » Non, conclut-elle, catégorique, « l'esclave, si elle ou il désire la satisfaction, devrait toujours rester célibataire. Si tel était mon dessein, je pourrais invoquer de nombreuses raisons pour étayer ce point de vue, mais le simple bon sens enseigne forcément à l'observateur de l'humanité que toute situation comportant des responsabilités telles que celles du mariage n'apporte profit, honneur et avantage qu'aux êtres libres ».

Pour ce qui est de sa propre expérience, c'est la tentative de Mme Wheeler pour la forcer à « épouser » un travailleur des champs qui l'oblige à fuir. Comme elle le dit, elle redoute non seulement que l'on porte atteinte à sa vertu, à l'intégrité et au caractère sacré de sa sexualité, mais aussi à sa sensibilité :

« Et maintenant, alors que j'avais de mon plein gré renoncé à la compagnie de ceux que j'aurais pu apprendre à aimer, il me fallait accepter un homme dont la personne, le langage et les manières ne pouvaient manquer de susciter ma répulsion et mon dégoût. En outre, la perspective de travailler dans les champs sous le regard et le fouet d'un régisseur brutal et de vivre dans ces cabanes misérables où s'entassaient une foule d'objets sales, repoussants et odieux me paraissait intolérable. »

C'est bien cette double violation – « une union [imposée] avec un homme que je ne pouvais que mépriser et haïr » – qui contraint Hannah à prendre la fuite : « Il me sembla que la rébellion était une vertu, que le devoir envers moi-même et envers mon Dieu l'exigeait », conclut-elle. Dans les autres écrits d'anciens esclaves, la question du viol et de la différence de condition entre les serviteurs de la maison et les travailleurs des champs n'est jamais traitée de manière aussi directe et explicite. Manifestement, Hannah Crafts ne craint pas de heurter les Noirs, la sensibilité des abolitionnistes du Nord et les goûts d'un lectorat issu de la classe moyenne. On peut d'ailleurs se demander si cette franchise n'a pas constitué un obstacle à une éventuelle publication.

Autre originalité du manuscrit : le degré d'intimité possible entre une maîtresse et sa servante. L'auteur explique en effet :

« Ceux qui s'imaginent que les dames du Sud gardent leurs distances avec leurs servantes et leur adressent à peine la parole ou juste pour leur donner des ordres se trompent du tout au tout. Entre la maîtresse et l'esclave existe une liberté qu'on ne trouve probablement nulle part ailleurs. Une femme du Nord eût sans doute frémi à la seule idée de confier une histoire personnelle à un représentant de ma race et de ma condition, alors qu'une telle pensée n'effleura même pas Mme Wheeler. J'étais près d'elle. Elle n'appréciait guère le silence quand elle avait une auditrice à sa disposition, et pour ma part je me réjouissais de son apparente sociabilité. »

William L. Andrews, auteur d'une étude sur les récits d'esclavage qui fait désormais autorité [36], analyse ce passage en se référant au récit d'Elizabeth Keckley intitulé *Behind the Scenes, or Thirty Years a Slave, and Four Years in the White House* (1868) [37] :

« Dans le chapitre XIV de son livre, Keckley nous dit que peu après la fin de la guerre de Sécession son ancienne maîtresse, Ann Garland, lui demande de rendre visite à la famille en Virginie. L'idée que ses anciens propriétaires puissent souhaiter de telles retrouvailles paraît incroyable aux amis nordistes de Keckley, qui sont persuadés, parce qu'elle était esclave, qu'elle ne pouvait se soucier des Garland et inversement. Keckley relate ensuite sa rencontre avec les Garland pour bien montrer qu'ils ont toujours une haute opinion d'elle après la guerre. [...]

« Bien sûr, Mme Wheeler n'a pas une haute opinion d'Hannah, mais le fait que la narratrice prenne la peine de souligner que les maîtresses entretiennent avec leurs servantes des relations bien plus intimes que ne voudrait le faire croire le discours abolitionniste permet d'établir un lien entre le récit de Crafts et celui de Keckley. [...] Chez la seconde, cette intimité se fonde sur une authentique attention mutuelle – du moins, c'est la façon dont elle présente les choses –, tandis que chez Crafts Mme Wheeler n'a aucune considération pour Hannah en tant que personne. Cependant, le principal point commun entre les deux textes est qu'une Noire tente d'amener son lectorat blanc à comprendre que la relation entre les Blanches et les Noires à l'époque de l'esclavage ne se résumait pas à de simples rapports d'autorité et de soumission. Dans le Nord d'avant la guerre de Sécession, une Blanche désireuse de préserver sa crédibilité antiesclavagiste aurait eu du mal à dépeindre de telles

36. *To Tell a Free Story : The First Century of Afro-American Autobiography*, *op. cit.*
37. New York, G.W. Carleton.

relations. Une Blanche du Sud défendant l'esclavage aurait pu formuler une telle opinion mais n'aurait pas fait de Mme Wheeler un personnage aussi superficiel et égocentrique dans sa relation à Hannah. Autrement dit, seule une Noire ayant elle-même connu la servitude était en position de caractériser ainsi l'intimité entre les Blanches et les Noires au temps de l'esclavage [38]. »

Nouveaux développements

Après la publication de la première édition d'*Autobiographie d'une esclave*, au printemps 2002, des dizaines de spécialistes et de généalogistes acceptèrent mon invitation à participer aux recherches pour cerner l'identité de l'insaisissable Hannah Crafts. Leurs efforts portèrent leurs fruits, livrant de précieuses informations dont je ne disposais pas au moment de la première parution.

L'une des découvertes les plus marquantes, faite par la généalogiste Katherine Flynn, concerne Jane Johnson – ancienne esclave de John Hill Wheeler, vraisemblablement le même Wheeler cité dans le roman –, qui devint une *cause célèbre* lorsqu'elle échappa à son maître à Philadelphie en 1855. Katherine Flynn retrouva la trace de cette femme à Boston, où elle résida durant quinze ans après sa fuite et se remaria deux fois [39]. Détail plus frappant encore, le recensement de 1860 indique qu'elle savait lire et écrire. En fonction de son degré d'instruction, Jane Johnson pourrait donc être l'auteur de ce roman, une possibilité que j'avais écartée parce que cette femme avait signé d'une croix les déclarations sous serment faites au tribunal de Philadelphie.

Le manuscrit serait-il l'œuvre d'une ancienne esclave affectée aux tâches domestiques qui, en même temps qu'elle accédait au statut de femme libre à Boston dans la seconde moitié du XIXe siècle, élargissait sa culture littéraire ? De fait, plus d'une centaine d'esclaves fugitifs publièrent le récit autobiographique de leur expérience « de la servitude et de la liberté », comme l'écrivit Frederick Douglass dans le titre de son deuxième ouvrage. Or la plupart d'entre eux ne devaient posséder à l'époque de leur fuite que des connaissances rudimentaires en matière de lecture et d'écriture. Pourtant, tous rédigèrent des narrations remarquablement soignées et sophistiquées, à tel point que souvent critiques, sceptiques et partisans de l'esclavage mirent en doute leur légitimité d'auteurs.

38. Lettre à Henry Louis Gates Jr., 26 octobre 2001.
39. Voir *The National Genealogical Society Quarterly*, vol. XC, septembre 2002.

Frederick Douglass est sans doute l'exemple le plus célèbre de ce phénomène. Sept ans après avoir fui l'esclavage, il publia un récit qui fut acclamé à l'époque comme un chef-d'œuvre du genre et qui occupe aujourd'hui une place solide dans la littérature américaine [40]. En admettant que Jane Johnson ait écrit son roman en 1860 ou 1861, il lui aurait donc fallu cinq ou six années pour accomplir cette tâche, soit seulement une ou deux de moins que Douglass. De plus, étant donné que nombre d'ouvrages dont s'inspira « Hannah Crafts » figuraient dans la bibliothèque de John Hill Wheeler [41], il semble évident que seul un familier de la maison (Jane Johnson ou un autre esclave) pouvait avoir accès à ces textes. L'hypothèse selon laquelle Jane Johnson serait l'auteur d'*Autobiographie d'une esclave*, si elle reste encore à prouver, paraît donc tout à fait fondée.

Pourtant, Nina Baym, spécialiste de la fiction féminine américaine du XIXe siècle, avança de son côté des arguments convaincants pour étayer la possibilité que l'auteur soit Hannah Vincent, une Afro-Américaine membre de l'African Methodist Episcopal Church du New Jersey dans les années 1850 et 1860. J'avais moi-même retenu cette femme comme candidate, car le premier maître d'Hannah dans le roman s'appelle Vincent. Le changement de nom aurait pu relever d'une volonté de jouer sur le sens du verbe *to craft*, qui signifie « travailler de ses mains, fabriquer », laissant entendre qu'une ancienne esclave serait l'artisan du roman. Comme cette Hannah Vincent était professeur de catéchisme et donc capable de lire et d'écrire, l'hypothèse est également plausible. D'autant que l'histoire s'achève dans le New Jersey et que le manuscrit fut découvert dans ce même État en 1948.

D'autres corrélations avec des personnes ou des lieux réels furent mises au jour après la parution de la première édition d'*Autobiographie d'une esclave*, renforçant la crédibilité du récit et entérinant l'expérience faite par l'auteur de l'esclavage en Virginie et de la vie politique à Washington dans les années 1850. Lors de mes premières tentatives pour authentifier le texte d'Hannah Crafts, je m'étais intéressé au nom des personnages censés résider près de Milton, en Virginie – l'un des rares endroits cités dans le roman –, et j'avais découvert que la plupart d'entre eux correspondaient à ceux de personnes ayant réellement vécu dans la région.

Milton, dans le comté de Charles City, était une petite ferme située près de la James River (qui occupe une place importante dans le récit) et de plusieurs embarcadères accessibles à pied, comme le précise

40. *Narrative of the Life of Frederick Douglass, an American Slave*, *op. cit.*
41. Voir *The New York Times Book Review*, 2 juin 2002.

Hannah Crafts dans le chapitre v. L'endroit était tellement minuscule – il se composait de deux ou trois bâtisses – que seule une personne familière de ce coin de Virginie aurait pu le choisir pour cadre de son histoire. En d'autres termes, il est peu vraisemblable qu'une femme du Nord, noire ou blanche, rédigeant un roman antiesclavagiste purement fictif ait pu connaître Milton, ses embarcadères ou le nom des divers propriétaires d'esclaves vivant aux alentours.

De même, Ruby Saunders me fit remarquer que les chapitres XIV et XV décrivant la famille Cosgrove rappellent étrangement le portrait de Richard « Squire » Lee brossé par Paul C. Nagel dans son ouvrage *The Lees in Virginia : Seven Generations of an American Family* (1990) [42]. Squire Lee (1725-1795) était un célibataire endurci doublé d'un noceur notoire, dont un cousin dit qu'il paraissait « sain et vigoureux » : « Il est, j'en ai bien peur, plus que jamais porté à la lubricité, à en juger par l'apparence de ses femmes de chambre, Bab et Henny. S'il se marie un jour, ce sera avec une essoreuse de serpillière capable de satisfaire ses désirs les plus vils. » En suivant cette piste, Hollis Robbins, étudiante à Princeton, apprit que les manières débridées de Lee avaient même attiré l'attention de George Washington qui, en 1775, le décrit comme « le célèbre célibataire de quarante-huit ans » – la formule « célèbre célibataire » étant alors un euphémisme souvent employé pour désigner les hommes qui couchaient avec leurs esclaves. À l'âge de soixante ans, Squire Lee épousa sa cousine Sally Poythress. Plus tard, celle-ci se remaria et eut un fils, Willoughby Newton, qui fit bâtir une grande maison dans le comté de Westmoreland, en Virginie, à environ cent cinquante kilomètres au nord de Milton. La propriété fut baptisée Linden, ce qui semble renforcer le parallèle entre la véritable famille Lee et le domaine de Lindendale dans le roman d'Hannah Crafts.

Les Henry et les Cropp, qui apparaissent dans les scènes situées en Virginie, sembleraient quant à eux inspirés par le révérend John Henry et par Carter George Cropp, comme le souligna Barbara Kirby. (Mes propres investigations dans les recensements m'avaient déjà mis sur la piste de Henry.) Le révérend Henry, pasteur presbytérien, résidait dans le comté de Stafford, en Virginie. Il épousa sa seconde femme, Susan Lawson Kellogg, en octobre 1854. Carter George Cropp vivait dans les environs et se battit dans les rangs des Confédérés pendant la guerre de Sécession.

La première avancée significative dans l'enquête sur l'identité d'Hannah Crafts depuis la publication de son roman concernait donc le destin de Jane Johnson après son évasion à Philadelphie en juillet

42. New York, Oxford University Press, 1990.

1855. La seconde, au moins aussi importante, résulta des travaux menés par Hollis Robbins pour identifier les sources littéraires ayant influencé l'auteur du texte. Grâce à ses recherches, nous savons maintenant que l'auteur d'*Autobiographie d'une esclave* a voulu que son œuvre s'intègre dans le paysage littéraire de son temps. Robbins commença par découvrir qu'Hannah Crafts s'était largement inspirée de *Bleak House*, de Charles Dickens (1853). En lisant attentivement le manuscrit, elle remarqua que ces emprunts constituaient une critique habile et subtile du romancier. Plus récemment, Catherine Keyser fit la même observation au sujet des références à *Jane Eyre*, de Charlotte Brontë. Outre ses références bibliques, par le biais de nombreuses allusions ou citations plus ou moins déguisées, Hannah Crafts place délibérément son ouvrage au cœur de la tradition des écrits britanniques et américains sur la liberté – ainsi *Rob Roy* de Walter Scott, la poésie de Phillis Wheatley, les œuvres de Lord Byron et Felicia Hemans, sans oublier les tragédies shakespeariennes.

Prenons par exemple les emprunts à *Bleak House*. Les différences entre M. Trappe, le personnage d'Hannah Crafts, et M. Tulkinghorn, celui de Dickens, entre Hannah et Esther Summerson, entre la maîtresse d'Hannah et Lady Dedlock ainsi qu'entre Saddler et M. Jarndyce montrent bien que l'esclavage n'a pas les mêmes conséquences que la naissance illégitime, même si la trajectoire narrative de ces deux conditions héritées vers le bonheur domestique semble similaire. La démarche de Crafts exprime le profond désir d'établir une distinction entre les souffrances des Américains victimes de la servitude et des Anglais démunis victimes des injustices aristocratiques.

Le fait qu'elle ait utilisé *Bleak House* et *Jane Eyre* comme principales sources d'inspiration ou modèles de structure narrative laisse supposer qu'elle ne voulait pas seulement témoigner de son expérience d'esclave ; elle cherchait aussi à établir une relation, de manière naïve et parfois maladroite, avec une tradition littéraire, trouvant chez Dickens et Brontë une langue et une rhétorique dont elle avait assimilé les bases ou qu'elle s'était tout simplement appropriées. L'image de l'esclave fugitive se tournant vers les plus grands romanciers de son époque – connus entre autres pour leurs descriptions particulièrement frappantes de la pauvreté et du dénuement – afin de mieux modeler son récit comporte au moins une leçon : la république des lettres a toujours transcendé les frontières de l'identité, même dans le cas d'une esclave afro-américaine.

Robbins releva également d'autres exemples d'influences, d'emprunts, d'appropriation. Hannah Crafts avait largement puisé dans la littérature anglaise et américaine, agissant un peu comme une pie, et parfois aussi, il faut bien le reconnaître, comme un perroquet. Or il convient de rappeler qu'il s'agit – pour la première fois, à ma connaissance, dans le contexte de la littérature d'esclavage – d'un manuscrit rédigé de la main même de l'auteur, c'est-à-dire exempt de toute intervention de rédacteurs ou d'éditeurs abolitionnistes. À cet égard, il témoigne d'une sorte d'authenticité brute, des efforts maladroits mais sincères de son auteur pour assimiler divers courants littéraires. Crafts n'avait manifestement pas un sens très développé de la propriété intellectuelle. On a presque l'impression de la voir batailler pour acquérir un style propre. Cette façon peu orthodoxe d'extraire des passages d'autres romans pour les placer dans le sien, souvent de manière arbitraire, reflète son statut d'ancienne esclave illettrée, ignorante des conventions et des règles gouvernant paraphrases, citations et attributions. Un auteur blanc issu de la classe moyenne n'aurait probablement pas fait preuve d'une telle naïveté.

John Hill Wheeler, on l'a dit, possédait plusieurs des ouvrages dont les échos littéraires sont manifestes dans le roman de Crafts. En outre, bon nombre d'allusions politiques (aux Indiens, aux mormons, aux chemins de fer, au canal de Panama) reflètent les intérêts de Wheeler. Ces allusions semblent témoigner des connaissances d'Hannah et de son expérience chez les Wheeler, tout en servant à identifier sans le moindre doute le maître de maison.

De toute évidence, l'auteur d'*Autobiographie d'une esclave* tenait à le désigner clairement – les nombreuses répétitions du nom de sa devancière, Jane, semblent étayer cette hypothèse. Peut-être, alors qu'elle hésitait à le nommer explicitement, s'est-elle autorisée à semer quelques indices textuels. Même si l'on ne peut prouver de manière irréfutable que la bibliothèque de Wheeler lui ait fourni ses sources d'inspiration, le schéma de ses allusions – de la politique nationale aux poètes – correspond à la gamme de sujets traités dans les ouvrages qu'il possédait. La plupart de ces références apparaissent sous la forme d'échos ou de brefs emprunts ; autrement dit, Hannah Crafts avait dû lire les œuvres en question des mois ou des années avant de prendre la plume.

Or il se trouve que celle dont elle s'inspire le plus, à savoir *Bleak House*, de Charles Dickens, ne figure pas dans le catalogue établi en 1882. À certains égards, ce n'est pas vraiment étonnant : ses emprunts à cette œuvre sont si fidèles qu'elle devait avoir un exemplaire du roman devant les yeux à l'époque où elle rédigeait son propre texte. Il est possible qu'elle ait emporté celui de Wheeler, à moins qu'elle ait découvert le roman après son départ. Ou alors, et ce serait encore plus intéressant, elle se familiarisa peut-être avec ce texte par l'intermédiaire du *Frederick Douglass's Paper*, qui le publia sous forme de feuilleton d'avril 1852 à décembre 1853. « Nous souhaitons ainsi encourager tout le monde à lire *Bleak House*, écrivit Douglass dans l'édition du 3 juin 1853. Charles Dickens a toujours été l'ami loyal du pauvre – Dieu le bénisse ! –, et dans les portraits dont il émaille ses œuvres de fiction nous reconnaissons la touche d'un maître. Ses descriptions sont fidèles à la réalité, et sa capacité à les rendre démontre une connaissance intime de l'ignorance crasse, de la misère sordide et des manques criants des Londoniens pauvres. »

Au cours de mes recherches, j'avais identifié plusieurs Blanches du nom d'Hannah Crafts et une Noire nommée Hannah Kraft. De son côté, Katherine Flynn trouva la trace d'une certaine Hannah Frederika Crafts. Mais une Blanche n'aurait certainement pas écrit un roman sentimental sur l'esclavage en attribuant son véritable nom à une narratrice mulâtre. Selon toute vraisemblance, elle n'aurait pas non plus traité l'identité afro-américaine de manière implicite ni rédigé une œuvre aussi densément peuplée par les personnages noirs, contrairement à Mattie Griffith ou Harriet Beecher Stowe. Pour inclure autant d'observations pertinentes sur l'esclavage considéré du point de vue d'une esclave, il fallait avoir fait soi-même l'expérience du système. Même la conscience de classe chez Crafts – ses critiques parfois sévères des travailleurs des champs par rapport aux domestiques de la maison, ostensiblement plus raffinés – fait écho à des jugements similaires portés par d'autres auteurs afro-américains des années 1840 et 1850, surtout dans les récits d'esclavage.

Après toutes ces recherches, il semble donc raisonnable de conclure que Dorothy Porter avait vu juste en attribuant ce singulier manuscrit à une ancienne esclave. Si nous n'avons aucune certitude sur le nom de l'auteur, nous savons néanmoins que ladite Hannah Crafts était mulâtre et autodidacte, et que l'ancienne esclave de John Hill Wheeler avait bien compris la dynamique à l'œuvre dans ce système inhumain. Elle nous a offert un roman sentimental inspiré de son expérience de la servitude, mais qui est parfois rédigé de la manière la moins sentimentale qui soit. Comme l'a dit l'universitaire Rudolph Byrd, « *Autobiographie d'une esclave* est un texte qui, pour la première fois, nous fait directement pénétrer dans la conscience d'une esclave réfléchissant sur l'univers de l'esclavage [43] ».

Puisse la présente édition encourager les universitaires à poursuivre leurs investigations pour confirmer Hannah Crafts comme la première romancière noire.

43. Lettre à Henry Louis Gates Jr., 2 novembre 2001.

NOTE À L'ÉDITION FRANÇAISE

L'édition américaine du roman d'Hannah Crafts reproduit les fautes d'orthographe, de grammaire et de ponctuation présentes dans le manuscrit, ainsi que les mots et passages raturés par l'auteur, d'ailleurs peu nombreux. Afin de faciliter la lecture et la compréhension du texte, et aussi parce que la grande majorité des fautes ne sont parlantes qu'en anglais, il nous est apparu judicieux, en accord avec l'éditeur américain, de rétablir orthographe et ponctuation, et de ne faire figurer en notes de bas de page que ceux des repentirs qui permettront au lecteur français de comprendre comment a évolué le texte.

Autobiographie d'une esclave

par Hannah Crafts, récemment échappée de Caroline du Nord

Préface [1]

En présentant ce compte rendu de faits authentiques, nus et sans fard à un public généreux, je suis assaillie par la crainte et le doute. Pour la centième fois peut-être, je me demande : comment une telle aventure littéraire née d'un univers si humble sera-t-elle reçue ? Ai-je réussi à rendre les aspects si particuliers de cette institution dont la malédiction afflige le plus beau pays illuminé par le soleil ? Ai-je réussi à montrer comment elle gâche le bonheur de la race blanche comme celui de la race noire ? S'agissant de la vérité, ce récit ne prétend pas au genre romanesque, et en relatant les événements tels qu'ils se sont produits, il ne se réfère à aucune morale particulière ; il n'en est pas moins intéressant pour ceux qui estiment la réalité plus étrange que la fiction, alors que d'autres esprits, pieux et perspicaces, ne manqueront pas de reconnaître l'intervention de la Providence quand les vertueux reçoivent la récompense de leurs efforts et les êtres sans cœur le fruit de leurs actes.

I

Enfance

Ne prenez pas garde à mon teint noir : C'est le soleil qui m'a brûlée.

Cantique des cantiques [1].

Il est possible que je veuille assumer une trop grande responsabilité en essayant de rédiger ces pages. Le monde en jugera probablement ainsi et j'ai conscience de mes faiblesses. Je ne suis ni intelligente, ni instruite, ni talentueuse. Enfant, j'étais souvent grondée et blâmée car l'on me disait lente et stupide [2]. Peut-être qu'en d'autres circonstances et avec plus d'encouragements j'aurais donné de moi une meilleure image, mais comme j'étais timide et réservée, j'osais rarement prendre la parole et je ne faisais pas preuve de cette vivacité et de cette animation tant admirées chez les enfants ; j'avais plutôt une manière silencieuse et discrète d'observer les choses et les événements, ainsi que le désir de les comprendre mieux.

À ma connaissance, je ne fus pas élevée par une personne en particulier. Je ne reçus ni formation ni instruction. Les oiseaux de l'air ou les bêtes des champs ne sont pas plus libres de toute culture morale que je ne le fus. L'on ne se soucia de moi qu'au moment où j'atteignis l'âge de travailler ; ce fut alors « Hannah fais ceci » et « Hannah fais cela », mais je ne me plaignais jamais car je trouvais dans la besogne une forme de plaisir et une diversion à mes pensées. De ma famille je ne savais rien [3]. Nul ne me parla jamais de mon père ou de ma mère, mais je ne tardai pas à découvrir quelle malédiction était attachée à ceux de ma race, à apprendre que le sang africain dans mes veines m'exclurait à jamais des couches sociales plus élevées, que le labeur, un labeur sans fin et sans salaire, serait mon lot et mon destin, ne me laissant même pas l'espoir ou la perspective d'une amélioration quelconque de mon sort. Cela me semblait d'autant plus insupportable que mon teint était presque blanc et mon ignoble ascendance [4] difficile à déceler, même si elle conférait une certaine rondeur à ma personne, un mouvement d'ondulation à mes cheveux, et expliquait peut-être mon penchant pour les belles gravures et les couleurs flamboyantes.

Même l'existence la plus remplie comporte des moments de loisir ; ainsi en allait-il de la mienne. Je possédais depuis toujours une soif instinctive de connaissances et la volonté d'ouvrir mon esprit. Bien que négligée et esclave, j'éprouvais en moi des désirs universels [5]. Malgré l'absence de livres, de professeurs et d'écoles, j'étais déterminée à apprendre, même si ce n'était pas d'une manière habituelle, reconnue et scientifique. J'avais conscience que ce projet se heurterait à une forte opposition, voire qu'il me vaudrait un châtiment, car mon maître n'autorisait pas ses esclaves à recevoir un enseignement. De son point de vue, l'instruction risquait de leur donner des idées et de les rendre moins dociles envers leurs supérieurs. De plus, les bienfaits de l'éducation étaient destinés uniquement à la race la plus élevée et la plus noble. De fait, s'il se montrait en général conciliant et enjoué, il n'y avait rien de libéral ou de démocratique chez lui. Les esclaves étaient pour lui des esclaves, rien de plus. En vérité, il ne les considérait pas comme des hommes et des femmes, mais les mettait au même niveau que les chevaux ou les autres animaux domestiques. Il subvenait à leurs besoins pour des questions de stratégie, mais rejetait les notions d'égalité et de fraternité, qu'il jugeait grotesques et absurdes. Je savais que je ne pouvais rien attendre de lui, mais « qui veut la fin veut les moyens ».

J'étais employée dans la maison, de sorte que mes tâches étaient beaucoup plus faciles que celles des travailleurs des champs, et je bénéficiais en outre de moments de répit et de repos inconnus d'eux. Comme je n'étais encore qu'une enfant, je pouvais profiter de certaines heures de la journée allouées aux activités de jeu. En de telles occasions, et pendant que les autres s'amusaient, j'allais tranquillement m'installer à l'écart pour parcourir les pages de quelque vieux livre ou journal que le hasard avait placé sur mon chemin. Bien qu'incapable de saisir le sens des lettres et dépourvue des moyens de les déchiffrer, j'adorais les regarder et penser qu'un jour je serais peut-être en mesure de les comprendre toutes.

Mon rêve était appelé à se réaliser. Un après-midi, alors que j'étais assise sur un petit banc à l'ombre de grands arbres, non loin de mes camarades de jeu, une vieille femme s'approcha de moi. Elle était blanche de peau et paraissait vénérable avec ses cheveux gris soigneusement rassemblés sous une simple capeline. Je me rappelai l'avoir vue une ou deux fois chez mon maître, où elle venait proposer des pommades et des onguents, et avoir entendu dire que c'était l'épouse d'un vendeur de sable et qu'elle était très pauvre.

Elle me sourit avec bienveillance et me demanda pourquoi je dissimulais mon livre, et avec l'ingénuité de l'enfance je lui confiai tout : mon désir ardent d'apprendre, l'interdiction de notre maître, mes efforts pour m'instruire seule. Elle demeura silencieuse quelques instants, apparemment plongée dans ses réflexions, mais son expression et ses gestes me semblèrent de bon augure et il me vint soudain à l'esprit qu'elle savait peut-être lire et pourrait devenir mon professeur. Elle parut comprendre mon souhait avant même que je l'eusse formulé.

« Mon enfant, dit-elle, je pensais aux paroles adressées par notre Sauveur à Pierre quand il lui ordonne de "nourrir ses agneaux [6]". Je te dispenserai le savoir que je possède. Viens me voir chaque jour. Je t'apprendrai à lire dans l'espoir de faire ainsi de toi une personne meilleure dans ce monde et dans l'autre. »

Son attitude, tout comme ses propos, était très grave et solennelle.

« Où habitez-vous ? demandai-je.

– Dans le petit cottage de l'autre côté de la colline, répondit-elle.

– Je viendrai. Oh ! avec quelle impatience, avec quelle joie ! Mais si le maître le découvre, sa colère sera terrible. Et puis, je n'aurai pas les moyens de vous payer. »

Elle me sourit gentiment, me recommanda de ne pas avoir peur et poursuivit son chemin. Ce soir-là, je rentrai chez moi le cœur léger. Heureuse, ravie, comblée par ma bonne fortune à venir, j'avais l'impression de voir s'ouvrir devant moi un nouvel univers plein de mystères et de merveilles, et j'eus toutes les peines du monde à refouler mes larmes de joie et de gratitude. Il semblerait parfois que nous ayons besoin de sympathie dans la joie plutôt que dans la peine, car un cœur exultant, débordant de gaieté, n'aspire qu'à partager son bonheur. Tel est surtout le cas des enfants. Comme le plus petit succès prend une importance bien plus grande quand quelqu'un – une mère, peut-être – accueille la nouvelle avec des démonstrations de ravissement et d'intérêt ! Mais pour ma part, je n'avais pas de mère, pas d'amis non plus.

Le jour suivant et celui d'après, j'allai cueillir des mûres et profitai de l'occasion pour rendre visite à mon excellent professeur et recevoir ma première leçon. Je fus étonnée par la petitesse et la propreté immaculée de son logis, par l'impression de calme et d'ordre qui émanait de tous ses aménagements ; c'était si agréable en comparaison de notre grande maison pleine de bruit, d'agitation et de domestiques de tous âges et de toutes couleurs.

« Hannah, ma chère, tu es la bienvenue, dit la vieille femme en avançant vers moi la main tendue. Je me réjouis de te voir. Je suis, ou plutôt j'étais, une habitante du Nord, et je n'ai par conséquent aucun préjugé vis-à-vis de ta naissance, de ta race ou de ta condition ; au contraire, je prends tes intérêts plus à cœur que si tu étais fille de reine. »

J'aurais dû la remercier pour tant de gentillesse et de sollicitude maternelle, mais je ne pus trouver les mots et demeurai donc silencieuse et embarrassée.

J'avais entendu parler du Nord où tous les êtres étaient libres, où les gens de couleur avaient des amis nombreux et sincères, et je me sentis comblée à l'idée de l'avoir rencontrée et d'avoir trouvé en elle une de ces amies.

Enfin, alors que je peinais sur l'alphabet et tentais de graver dans mon esprit la forme des différentes lettres, un vieil homme aux cheveux argentés entra en s'aidant d'une canne et, parvenu près de moi, il demanda :

« Est-ce la fille dont tu m'as parlé, mère ? »

Quand elle eut répondu par l'affirmative, il me prodigua de nombreuses paroles de gentillesse et d'encouragement, puis ajouta que même esclave je devais me montrer bonne et avoir foi en Dieu.

C'était un couple âgé qui, pendant plus de cinquante ans, avait occupé le même foyer et partagé toutes les vicissitudes de l'existence – ses joies et ses peines, ses espoirs et ses craintes. Ils avaient connu la richesse, avec tous les attributs du luxe, et ils étaient devenus pauvres à la suite de plusieurs revers de fortune. Pourtant, tout comme ils avaient fait l'expérience de la richesse avec une modération vertueuse, ils s'étaient pliés à la pauvreté avec une résignation tranquille, échangeant sans difficulté leur splendide demeure contre un humble cottage et le bureau du marchand et la salle des comptes contre les champs de la servitude. Non qu'ils fussent insensibles aux bénéfices ou aux avantages de l'argent, mais ils pensaient que la vie avait une valeur encore plus grande – que la paix de Dieu et leurs deux consciences unies dans l'honneur et l'intelligence représentaient en elles-mêmes une fortune que le monde ne pourrait jamais leur reprendre [7].

Ils avaient depuis longtemps renoncé à tout projet égoïste et à tout dessein ambitieux. Rester droit et honnête, refuser la charité publique ou privée et contribuer au bonheur d'autrui constituait apparemment la somme totale de leurs désirs. Oncle Siah, comme j'avais appris à l'appeler, ne pouvait plus travailler depuis une éternité, sauf pour accomplir les tâches les moins exigeantes ou cultiver le petit jardin qui leur fournissait d'excellents légumes, de même que les herbes communes qui conféraient leurs vertus curatives aux pommades et onguents que la vieille femme charitable distribuait dans le voisinage.

Élevés dans le Nord, ils se sentaient profondément concernés par la question de l'esclavage, ainsi que par l'avilissement et l'état d'ignorance qu'il impose à une partie de la race humaine. Pourtant, toutes leurs conversations sur le sujet étaient tempérées par la plus grande modération et le plus grand discernement, et s'ils ne pouvaient accepter ce système, ils étaient néanmoins disposés à ne pas s'y opposer et à espérer le salut accordé par le Seigneur.

Dans leurs prières du matin et du soir, le pauvre esclave n'était jamais oublié, et même leurs pieux cantiques étaient imprégnés de cet esprit. En pensées et en paroles, ils considéraient tous les hommes comme des frères, enfants d'un même parent exceptionnel, et promis à l'éternité.

Ils étaient simples, habitués à vivre retirés du monde, modestes, sans prétention et pauvres, mais leurs vertus passaient presque complètement inaperçues. Dans ce vieillard las et courbé qui sortait souvent par beau temps vendre des paniers à la porte des riches, bien peu reconnaissaient l'homme de valeur et le candidat à l'immortalité, et pourtant, son sourire plein de douceur et de gentillesse de même que ses paroles bienveillantes suscitaient la sympathie et lui valaient la considération de tous.

Comme j'aurais aimé passer tout mon temps avec eux ! Comme je les ai suppliés de m'acheter ! Mais en vain. Ils n'en avaient pas les moyens.

Il ne faudrait pas imaginer qu'ils m'enseignaient seulement la lecture ou que j'allais les voir régulièrement. Ils me donnaient un aperçu de beaucoup de choses. Ils cultivaient ma nature morale. Ils me conduisaient sur la voie du salut. Parfois, le soir, quand les autres esclaves jouaient du banjo et dansaient, je m'éclipsais pour avoir une conversation plaisante avec eux. Parfois aussi, une promenade matinale avec les autres enfants ou une course chez des voisins m'offrait l'opportunité désirée. Mais il arrivait qu'un intervalle de nombreux jours s'écoulât entre mes visites.

En de tels moments, cependant, j'essayais de me rappeler les excellents principes qu'ils m'avaient enseignés et de devenir meilleure en rassemblant toutes les miettes de connaissance à ma portée pour grossir petit à petit ma réserve. Bien sûr, les occasions étaient limitées et ma vie avait largement de quoi me rendre malheureuse et insatisfaite. Dans le meilleur des cas, l'existence d'un esclave est loin d'être douce, mais j'avais décidé de toujours regarder le bon côté des choses, d'être industrieuse, gaie et loyale, de faire le bien même de façon modeste et de me rendre le plus aimable possible. « Je suis une esclave, raisonnais-je. Je ne pourrai jamais devenir importante ou riche. Je ne peux pas occuper de position élevée dans la société, mais je peux accomplir mon devoir et me montrer bonne avec l'espoir d'obtenir une récompense éternelle. »

Peu à peu, à mesure que je grandissais et que j'avais la possibilité de manifester mes intentions louables, moins en paroles que par des marques de sympathie et de considération pour chacun, j'étais stupéfaite de voir combien je suscitais la confiance et les confidences. Je devins la dépositaire de secrets, et les faibles, les malades et les affligés me consultèrent pour des conseils et une assistance. Puis les jeunes esclaves furent confiés à mes soins. J'espère avoir été bonne et douce avec eux, car je déplorais leur destin dur et cruel et pensais que, malgré le surcroît de travail et d'ennuis qu'ils représentaient pour moi, s'ils se rappelaient plus tard ces moments comme la période la plus lumineuse de leur vie, je serais amplement récompensée.

Quelle bénédiction que la foi, l'espoir et l'amour soient universels dans leur nature et leur fonctionnement ! Que les pauvres comme les riches, les asservis comme les êtres libres soient sensibles à leurs influences bénéfiques et puissent garder en eux un trésor de réconfort pour soulager tous les maux de l'existence ! Ces petits enfants, bien qu'esclaves et condamnés à une vie de labeur et de peine, ignorants et privés d'instruction, se trouvaient ainsi assimilés aux plus grands et aux plus fiers citoyens du pays – prouvant leur naissance égale et leur destinée immortelle.

La quantité d'amour, de confiance et d'affection que je reçus est impossible à estimer. Les insolents et les turbulents se firent dociles et serviables, et tous étaient prêts à m'obliger et à m'obéir, non parce que je l'exigeais, mais parce que leur nature aimante les incitait à me rendre mon amour. Comme j'aspirais à devenir leur professeur, à ouvrir leur esprit à la connaissance en leur apprenant à lire ! Mais c'était impossible. Je ne pouvais espérer échapper à la vigilance d'autrui et mes agissements nous auraient valu à tous une punition.

Ainsi s'écoulaient les saisons. L'été se fondait insensiblement à l'automne, puis l'automne cédait la place à l'hiver. Je rendais toujours visite à Tante Hetty, dont je profitais des conseils bienveillants. Assise près d'une belle flambée, elle était en général occupée à confectionner ou à raccommoder des habits, comme l'imposaient l'économie et un goût parfait, ou à manier ses aiguilles à tricoter le soir, à côté de la lampe, alors que son vieux compagnon restait aimablement à ses côtés.

Ce jour-là, installée près d'eux, je lisais le livre de Dieu. Nos relations étaient tenues secrètes depuis si longtemps que je ne craignais pratiquement plus d'être découverte. J'étais probablement devenue plus imprudente à mon insu, à moins que, en conformité avec les voies insondables de la Providence, la foi et la force de ces vieux serviteurs de la Croix dussent être encore plus rudement mises à l'épreuve. Hélas ! comme je m'en voulus d'avoir été l'instrument de leurs tourments !

La porte s'ouvrit soudain sans avertissement et le régisseur du domaine de mon maître entra dans la maison. Mon horreur, ma douleur et mon étonnement furent indicibles. J'éprouvai des sentiments tels que je ne saurais les décrire. Il s'adressa à moi avec brusquerie et m'ordonna de rentrer sur-le-champ. Je n'osai désobéir, mais en franchissant le seuil je jetai un coup d'œil derrière moi au couple âgé, calme et posé, qui ne paraissait pas ébranlé le moins du monde par le torrent de menaces et d'invectives que l'homme déversait sur eux.

Mon maître était absent à l'époque, le régisseur ne put trouver de précédent à mon cas, et ainsi échappai-je à la punition qui m'eût été infligée en d'autres circonstances. Il n'en alla pas de même pour mes professeurs vénérables et vénérés, car l'on estima nécessaire de faire d'eux un exemple afin de dissuader les autres de prendre de semblables initiatives. Plusieurs années s'écouleraient avant que je n'apprisse leur destin. Le cruel régisseur ne voulut pas me dire s'il les avait chassés, et à toutes mes questions il répondit simplement qu'il prendrait bien soin de m'empêcher de les revoir. Mon imagination se les représentait emmurés dans un donjon pour avoir commis le crime d'enseigner la lecture à une esclave. Leur cottage demeura inhabité pendant un temps, puis des étrangers vinrent l'occuper. Mais, ô, quelle différence pour moi[8] ! Pendant des jours et des semaines, je fus inconsolable, et comme je me détestais et me blâmais d'être la cause de leurs malheurs ! Au bout d'un moment, cependant, l'intensité de mes émotions diminua et j'en arrivai à un mode de pensée plus rationnel et cohérent. Je conclus qu'ils étaient heureux quelle que fût leur situation, et que c'était seulement en privilégiant le bien et la bonté que je pourrais leur rendre tout ce qu'ils avaient fait et supporté pour moi.

Une autre année passa et un grand changement fut annoncé : la plantation de Lindendale allait avoir une maîtresse. Jusque-là, notre maître était resté célibataire[9]. C'était un homme corpulent, d'âge mûr, de nom et de lignée aristocratiques. Le domaine lui avait été transmis par de nombreuses générations, et l'on disait sans être sûr de rien qu'il amenait sa superbe fiancée dans une propriété appauvrie.

* Le souvenir est aussi frais dans ma mémoire que si tout cela venait de se produire. Les vacances étaient finies et l'on nous en avait promis d'autres en l'honneur de cette occasion. Mais cette perspective ne nous réjouissait pas autant que celle d'un événement appelé à rompre la terne monotonie de notre existence – un événement qui apporterait de la vie, donnerait du piquant et de l'intérêt ne fût-ce qu'à une journée, et offrirait un sujet intarissable de conversation et de spéculation. Aussi nos préparatifs se passèrent-ils dans une atmosphère

* [vacances et le temps des feux chaleureux à allumer dans les cheminées poussiéreuses des chambres du Sud. C'est à cette époque que notre maître arriva avec son épouse.]

merveilleuse. La vieille gouvernante faillit bien se surmener tant elle s'agitait, s'inquiétait et se tracassait pour tout tandis qu'elle traînait sa silhouette corpulente et encombrante en haut et en bas de l'escalier, le long des galeries et des passages, à travers des chambres où les planchers étaient cirés, les tapis étalés, les rideaux secoués, les lits refaits et le mobilier jusque-là protégé par des draps épousseté et lustré de frais – où tout était apprêté comme il convenait à la dignité de la famille et au caractère tatillon de la maîtresse attendue. Ce fut un grand moment pour moi, puisque j'avais désormais la possibilité de voir la maison et de constater combien elle était ancienne et raffinée. D'ordinaire, toutes les pièces à l'exception de certains appartements nous étaient interdites d'accès, mais maintenant que les chambres étaient ouvertes pour être aérées et remises en état, personne ne pouvait nous empêcher de nous servir de nos yeux. Et nous vîmes partout l'apparence de la richesse et de la splendeur, les attributs du luxe. Quelle diversité de salles magnifiques, toutes splendides et pourtant tellement différentes, occupées par des statues de marbre ou des portraits accrochés aux murs ! Quelle abondance de meubles coûteux dans les salons opulents ! Nous pensions que notre maître devait être un très grand homme pour posséder autant de richesses, mais jamais nous ne nous demandâmes qui avait sué sang et eau sans recevoir le moindre salaire pour contribuer à les produire.

Le soir précédant l'arrivée prévue du cortège nuptial, Mme Bry, la gouvernante, annonça que les préparatifs étaient terminés et que tout était en ordre. Puis elle se rappela que les fenêtres d'un appartement avaient été laissées ouvertes pour une plus grande circulation de l'air. * Il fallait les fermer et les bloquer avec une barre, et la vieille dame m'imposa cette tâche.

* [Il fallait la fermer]

« Je suis trop lasse, sinon j'y veillerais moi-même, dit-elle en me donnant ses instructions, mais je pense pouvoir te faire confiance pour ne rien toucher ou déplacer, ni lambiner en ces lieux. »

Je la rassurai sur ce point et allai accomplir ma mission.

Il y a quelque chose d'indiciblement lugubre et solennel à traverser les pièces silencieuses d'une grande maison, surtout quand elle a vu passer de nombreuses générations désormais dans la tombe. Involontairement, vous vous mettez à songer aux disparus, à vous demander à quoi ils ressemblaient de leur vivant et à quoi ressemblaient les pièces qu'ils occupaient, s'ils reconnaîtraient leurs appartements au cas où ils seraient ramenés sur terre et retrouveraient leurs anciens quartiers. Puis tout ce que nous avons entendu ou imaginé sur l'existence spirituelle nous revient à l'esprit. Derrière nous résonne l'écho d'un pas furtif. Une ombre s'évanouit dans l'obscurité. Un son s'élève, mais il ne semble pas émis par un être de condition mortelle. Un frisson surnaturel vous envahit et vous ressentez la présence de créatures mystérieuses. C'est peut-être ridicule et puéril, mais c'est l'une des choses inexplicables liées à la nature humaine.

Et c'était exactement ce que je ressentais en parcourant les longues galeries menant à la tourelle sud. L'appartement là-bas était plus imposant que splendide, et en d'autres temps, avant que les ailes nord et est ne fussent ajoutées au bâtiment, il avait servi de salon familial, mais à cause de sa situation retirée c'était maintenant le refuge favori de mon maître quand il se lassait du bruit, de l'agitation et du tumulte, comme cela lui arrivait parfois. La pièce était agrémentée d'une innombrable série de portraits de famille alignés sur les murs par ordre d'âge et de rang[10]. À ces portraits, m'avait raconté Mme Bry, était attachée une bien étrange légende. On disait que Sir Clifford De Vincent, noble puissant et influent sur le vieux continent, ayant encouru la colère de son souverain, était allé chercher refuge sur les côtes de l'Old Dominion* et avait acquis le domaine actuel de mon maître. Une fois la maison achevée selon ses instructions, il avait ordonné que son portrait et celui de sa femme fussent placés dans le salon et il avait prononcé une terrible malédiction contre celui ou celle qui oserait les décrocher, ainsi que contre tout propriétaire du domaine qui, issu de son nom et de son sang, négligerait de suivre son exemple. Ses volontés avaient été dûment respectées. Les générations s'étaient succédé, une longue lignée de De Vincent avait occupé la résidence familiale, et chaque héritier avait apporté sa contribution aux ornements du salon par un portrait fidèle de sa personne et de ses linéaments, à côté de celui de madame. Le cérémonial consistant à accrocher ces tableaux donnait généralement lieu à une grande fête à laquelle participaient des centaines de nobles du voisinage. Or mon maître avait dérogé à cette coutume, et son portrait privé de celui d'une compagne avait été ajouté aux autres, mais sans les habituelles réjouissances et manifestations de gaieté.

Le souvenir des morts prête toujours un aspect hanté à une pièce silencieuse. C'est d'autant plus vrai quand l'on se tient en face de leur image peinte et que l'on regarde leurs yeux fixes et sans vie ainsi que leur visage aussi dénué d'expression qu'un cadavre tout juste exhumé. Mais alors que je les contemplais, la lumière dorée du couchant pénétrant à l'oblique par les fenêtres ouvertes conféra un éclat particulier à chacun de leurs traits rigides. Des mouvements semblables à ceux de la vie animèrent les visages impassibles par le jeu des ombres du tilleul dehors. Le vieux seigneur austère avec son épée et ses armoiries sembla se départir de son apparence hautaine. L'expression d'un autre vétéran de

* Ancien nom de l'État de Virginie. *(N.d.T.)*

guerres anciennes se teinta d'une grâce inconnue de son vivant, et un autre encore parut ouvrir et fermer la bouche sans toutefois émettre aucun son. La figure pâle et pure d'une épouse était nimbée d'un halo de gloire. Les longues boucles brillantes d'une jeune mère ondulaient et flottaient sur l'enfant qu'elle portait dans ses bras, et la joue figée d'une vieille dame était adoucie par des sourires et des fossettes.

Malgré moi, je demeurai longtemps devant ces tableaux tandis que les flammes du soleil s'éteignaient, que la grisaille du crépuscule envahissait le plancher et que les ombres du tilleul, de plus en plus larges et sombres, plongeaient la pièce dans la pénombre. Jusque-là, je n'avais pas levé les yeux vers le portrait de mon maître, car mes pensées s'étaient concentrées sur les morts, mais soudain je le cherchai à l'endroit où il se trouvait, solitaire, et je me dis qu'il aurait bientôt une compagne lui aussi, comme tous les autres, et que l'aspect de l'appartement en serait peut-être transformé. Mais était-ce de la divination ? Un pressentiment ? Pourquoi cette idée m'évoqua-t-elle un événement douloureux ? Pourquoi m'apparut-elle comme la première scène d'une affreuse tragédie, le présage d'une immense catastrophe, un mauvais tour du destin impossible à éviter ? Et pourquoi, alors que je réfléchissais ainsi, le portrait de mon maître parut-il changer, passant de son air d'ordinaire placide et bienveillant à une expression de colère et de consternation ? Pourquoi son front calme me sembla-t-il soudain plissé par la colère, ses lèvres déformées par la malveillance ? Il n'y avait aucune raison, et pourtant tel fut le cas.

Bien qu'emplie d'une crainte superstitieuse, je n'étais pas pressée de quitter la pièce, car ici, environnée de mystères, j'avais brusquement l'impression d'avoir grandi, pénétré dans un nouvel univers de pensées, de sensations et de sentiments. En face de ces portraits du passé, je n'étais plus une esclave. Leurs modèles ne pouvaient m'obliger à travailler comme une bête de somme ou me condamner à une vie de servitude à cause de la couleur de ma peau. Élevée au rang de compagne, j'étais en mesure de raisonner et de spéculer. En leur présence, mon esprit se libérait et se réjouissait de sa condition d'être rationnel, destiné à une position plus élevée et meilleure que celle à laquelle il était soumis en ce monde.

Enfin, je fermai les fenêtres, car l'air nocturne était devenu vif et pénétrant, et le tilleul grinçait et balançait ses branches sous les brusques rafales. Puis une voix sévère se fit entendre à la porte. Elle dit :

« Que fais-tu, mon enfant ? »

Je me retournai pour répondre :

« Je regarde les tableaux. »

Alarmée par mon absence prolongée, Mme Bry avait une nouvelle fois traîné sa pesante personne jusqu'à la tourelle afin d'en déterminer la cause.

« Elle regarde les tableaux, répéta-t-elle. Comme si une créature aussi ignorante que toi pouvait y comprendre quelque chose ! »

Ignorante, en vérité. L'ignorance peut-elle jamais apaiser la soif de l'esprit immortel ou l'empêcher de percevoir à certains moments les signes de son origine divine ? Peut-elle détruire cette profonde et éternelle appréciation du beau qui semble inhérente à l'âme humaine ? Peut-elle sceller les fontaines de vérité et bloquer toutes les perceptions intuitives de la vie, de la mort et de l'éternité ? Je ne crois pas. La nature, telle une mère avisée et prudente, apprend beaucoup à ceux qui n'ont pas reçu l'enseignement de l'homme.

II

La mariée et le cortège nuptial

Lorsqu'il prend une voix douce, ne le crois pas,
car il y a de sévères abominations dans son cœur [1].
Proverbes.

Les nuages ne sont pas naturellement portés à se plier aux souhaits de l'homme, et pourtant, une ou deux fois durant une vie, la pluie tombe exactement au moment désiré et s'arrête précisément à l'instant voulu. Il en alla ainsi à Lindendale. Il pleuvait déjà depuis plusieurs jours. Mme Bry regardait par-dessus ses lunettes à monture dorée les gouttes de pluie qui frappaient continuellement les carreaux et m'assurait qu'elle n'avait pas connu pareil déluge depuis cette année si tragique qui avait vu la perte du navire de son époux en partance pour l'Inde, et par voie de conséquence sa faillite en affaires – une situation qui lui avait brisé le cœur et avait obligé sa femme à accepter une place de gouvernante [2]. Elle espérait cependant que le temps s'améliorerait avant l'arrivée du cortège nuptial, mais au fond elle n'y comptait pas trop. L'on pouvait être sûr qu'il pleuvrait précisément quand un ciel dégagé serait bienvenu et apprécié au plus haut point. Les serviteurs partageaient son avis. Bien sûr qu'il pleuvrait ; c'était toujours le cas lorsqu'ils désiraient un temps clair, et d'ailleurs leurs congés avaient été gâchés par la pluie plus souvent qu'ils n'auraient su le dire. Pourtant, la pluie finit bel et bien par s'arrêter, et Lindendale reprit vie sous l'influence réconfortante du vent et du soleil. En l'honneur de l'événement extraordinaire à venir et des invités distingués qui devaient honorer le domaine de leur présence, le treillage cassé soutenant une tonnelle fut remplacé – mais l'on renonça à l'agrémenter de plantes grimpantes –, les feuilles mortes furent déblayées des allées du jardin où le vent les avait portées puis abandonnées, et les tiges brisées des fleurs fanées furent retirées des massifs où elles n'avaient pas leur place. Le froid soleil dominant la longue allée bordée d'ormes ne voyait rien d'autre que les ombres mouvantes des branches dépouillées de feuilles et n'entendait rien d'autre que les mugissements du vent parmi les arbres.

Quelles étranges façons possède le vent, et comme il semblait impatient de pénétrer dans le salon de l'aile sud, secouant les volets, hurlant comme un possédé ou laissant échapper un rire de gorge étouffé semblable à une voix d'enfant !

Mais qu'il rie ou qu'il hurle, le vent conserve toujours une intonation menaçante, et je ne fus pas seule à le remarquer ; tous observèrent le phénomène et Mme Bry elle-même déclara qu'il l'emplissait de crainte et d'effroi, parce que le vent gémissait exactement ainsi le jour où son malheureux époux avait fait naufrage. Puis le tilleul perdit quelques-unes de ses énormes branches, oscilla et grinça, et nous sûmes alors que cela augurait de grands malheurs pour la famille.

« Il ne devrait pas en être ainsi, dit Mme Bry d'un ton intimidant. Il ne devrait pas en être ainsi ce soir, quand au matin arrivera une maîtresse à Lindendale. Ah ! comme je redoute… »

Mais elle laissa sa phrase en suspens *.

Les serviteurs connaissaient tous l'histoire de cet

* [et le vent gémit et le tilleul craqua]

arbre. On ne leur avait jamais caché qu'il était censé posséder une force étrange et sauvage. Sir Clifford l'avait lui-même planté, et de son vivant l'avait vu s'épanouir à l'excès. Or cet homme sévère était un maître dur envers ses esclaves – rares étaient alors ceux qui pouvaient se montrer aussi cruels –, et il avait choisi cet arbre pour infliger tortures et châtiments. Bien des fois ses racines avaient reçu comme engrais du sang humain. Des esclaves avaient été ligotés au tronc afin d'être fouettés ou parfois pendus à ses branches *.

En de telles occasions, assis derrière les fenêtres de son salon d'où il voyait et entendait parfaitement leurs souffrances, Sir Clifford buvait du vin ou parlait calmement de la politique du moment avec une connaissance, s'interrompant peut-être au milieu d'une phrase pour donner ses instructions au tortionnaire ou ordonner un adoucissement du supplice dans le seul but de le prolonger.

Mais son pire acte de cruauté, de nature à emplir l'âme de la plus profonde horreur, avait été perpétré sur la personne d'une vieille femme qui avait été la nourrice de son fils et héritier, et par conséquent était traitée avec un respect inhabituel dans la famille. Sir Clifford pensait-il qu'une telle sévérité à son égard donnerait aux autres esclaves une leçon d'obéissance ou nourrissait-il une antipathie particulière envers la pauvre créature, nul n'aurait pu le dire ; mais le châtiment avait paru aussi exceptionnel qu'immérité. Elle possédait un petit chien tout blanc et ébouriffé, aux grands yeux expressifs et pleins d'intelligence semblables à ceux d'un enfant. Or cet animal, si singulièrement beau et innocent dans sa vulnérabilité, était attaché à Rose, la vieille femme, par des liens étroits. Il avait en effet appartenu à sa plus jeune

* [le maître contemplant leur agonie des fenêtres du salon et jouissant sans nul doute de la vue. En de telles occasions il buvait du vin ou parlait calmement de politique avec une connaissance, s'interrompant probabl]

fille, qui dépérissait alors sous le joug de la servitude dans les rizières d'Alabama. Le jour de son départ, elle avait confié ce chien à sa mère en lui demandant de ne jamais cesser de s'occuper de lui, bien que cette recommandation fût superflue. En souvenir de son enfant perdue, Rose accordait à l'animal toutes ses ressources de tendresse. Il venait lui manger dans la main, dormait dans son giron et l'accompagnait partout où elle allait. À ses yeux, il représentait beaucoup plus qu'une simple bête. Il avait des manières si charmantes et savait si bien faire comprendre ses désirs qu'il était devenu pour elle ce qu'est un petit-fils ou une petite-fille pour une femme âgée. Le cœur a besoin d'un objet ou d'un être à aimer, auquel prodiguer toute son affection, à chérir et à protéger. Il peut s'agir d'un arbre ou d'une fleur, d'un enfant ou d'un animal domestique, et pour la pauvre vieille Rose c'était son petit chien. Il était aussi son trésor, l'unique bien en sa possession, la seule créature terrestre qui la considérait avec douceur et dépendait d'elle pour sa subsistance.

Mais cette malheureuse bête était néanmoins suffisamment importante pour encourir les foudres de Sir Clifford qui, malgré sa position et son caractère hautain, était capable de s'abaisser au point d'être contrarié par l'intrusion d'un chien dans sa demeure. Il ordonna à Rose de le noyer. Eût-il exigé n'importe quelle autre tâche, même la plus déplaisante, la vieille femme lui aurait assurément obéi, mais cela elle ne pouvait le faire. Comme si une mère pouvait noyer son enfant préféré ! Elle pleura, implora, supplia, se jeta à ses pieds afin qu'il modérât la sentence, mais en vain. Sir Clifford se vantait de ne jamais revenir sur ses propos, arguant que ses ordres et ses décisions, telles les lois des Mèdes et des Perses [3], étaient irrévocables ; aussi lui demanda-t-il de se relever et d'exécuter sa volonté sur-le-champ, ou sinon, en cas de refus, il la forcerait à obéir en lui infligeant un châtiment dont elle n'avait aucune * idée. Calme et résolue, la vieille femme se redressa, une expression de martyre au fond des yeux. Aux questions de son maître elle répondit simplement qu'elle ne voulait ni ne pouvait exécuter ses ordres, que…

« Au nom du ciel, tu vas m'obéir ! s'écria-t-il. Tu le verras souffrir mille morts et tu me supplieras en vain de t'accorder le privilège de le tuer pour mettre fin à son supplice. »

Aussitôt, il donna un coup sonore sur l'encadrement de la fenêtre, ce qui était sa façon de convoquer les serviteurs. Ceux-ci arrivèrent sans délai.

« Maintenant emmenez cette vieille sorcière et son bâtard, et attachez-les vivants au tilleul », dit-il, les traits déformés et le corps paraissant se dilater tout entier sous l'effet de la fureur.

Les esclaves obséquieux saisirent avec rudesse les victimes passives. Un cerceau de fer passé autour du corps, Rose fut entraînée vers l'arbre, hissée à grand-peine et accrochée à l'une des plus grosses branches. Puis, avec une cruauté raffinée, le petit animal impuissant et innocent, lui aussi ceint d'une large ceinture de fer, fut placé dans son champ de vision mais hors de sa portée.

Et ainsi suspendus entre le ciel et la terre dans une position tellement douloureuse qu'elle dépassait l'entendement, tous deux endurèrent de longues, très longues journées, et des nuits plus longues encore. Pas une miette de nourriture, pas une goutte d'eau ne leur étaient autorisées, mais le maître, en sortant chaque matin, fixait avec une indifférence stupéfiante ses yeux cruels et froids sur le vieux visage de Rose convulsé par la souffrance et lui demandait posément si elle était prête à devenir l'instrument de sa vengeance. Durant trois jours consécutifs, elle eut la force de répondre qu'elle ne l'était pas.

* [conception]

Puis ses traits rigides prirent un aspect affaissé et une teinte cadavérique, ses yeux parurent jaillir de leurs orbites et sa langue saillante la rendit incapable d'articuler le moindre son. Pourtant, même dans cet état, elle parvenait encore à agiter faiblement la main vers le chien et semblait compatir à ses souffrances au point d'en oublier les siennes.

Cela aurait suffi, disait-on, à faire fondre un cœur de pierre de l'entendre s'adresser à cette créature affectueuse chère à son cœur et soumise au même supplice qu'elle, comme si elle cherchait par de telles démonstrations de tendresse à diminuer l'ampleur de son malheur et à atténuer les misères de son compagnon. Comment savoir quel degré d'humanité elle lui prêtait, et comment elle pouvait encore penser et raisonner, l'assurer de son amour et de sa considération éternels, l'exhorter à la patience, l'encourager à supporter avec bravoure ce que la méchanceté de l'homme leur imposait, tenter de le consoler en lui promettant que quelques heures encore seraient nécessaires pour mettre un terme à leur infortune et les mener en toute sécurité à l'endroit où reposent les éreintés ?

Lorsque sa voix la trahissait, elle posait sur lui un regard d'une indicible tendresse – et qui aurait pu dire qu'il ne percevait ni n'appréciait ce coup d'œil ? L'épouse de Sir Clifford supplia son mari à grand renfort de larmes et de prières de pardonner à la vieille femme eu égard à son grand âge, à sa loyauté de service et à son affection éternelle pour le petit animal. Ses suppliques furent renforcées par celles de son fils, presque désespéré par le traitement barbare infligé à sa vieille gouvernante si aimante, mais le maître impitoyable ne voulut rien entendre. Sa femme exprima alors le souhait qu'ils fussent tous deux mis à mort immédiatement, car la vue de leurs souffrances et le bruit de leurs râles la hanteraient jusqu'à la fin de ses jours, mais il refusa également en déclarant qu'il ne changeait jamais ses plans.

Après que les deux malheureuses victimes furent restées suspendues ainsi durant cinq jours, lorsque leurs muscles furent rétractés, leurs nerfs paralysés, leurs forces vitales presque épuisées, leurs chairs meurtries et décomposées et leurs sens anéantis, un terrible orage éclata un soir. Une pluie torrentielle s'abattit, les éclairs zébrèrent le ciel et le tonnerre gronda. Le déchaînement des éléments parut ranimer quelque peu leurs corps exténués. L'eau qui ruisselait sur leur tête et rafraîchissait leur esprit enfiévré leur rendit leur voix et leur redonna des forces. Outre le vacarme et les mugissements de la tempête, l'on entendit toute la nuit les gémissements d'une femme, le hurlement d'un chien et le craquement des branches du tilleul qui leur servait de potence. Ce fut horrible, ô combien horrible, et le sommeil déserta alors le foyer de Sir Clifford. Son épouse, jusqu'alors la plus gaie des femmes, ne devait plus jamais sourire. Le lendemain matin, quand l'orage se fut éloigné et que la nature eut recouvré sa sérénité habituelle, le maître alla de nouveau interroger la vieille femme. Le petit chien objet de son courroux avait déjà cessé de respirer et ses membres délicats s'étaient raidis dans l'étreinte glacée de la mort. Sir Clifford le toisa un moment avec mépris puis se tourna vers Rose. Elle était toujours en vie, mais livide et dans un état épouvantable. Alors, peut-être pour jouer avec ses souffrances ou pour quelque autre obscure raison, il proposa de la décrocher. Mais, en l'entendant, elle ouvrit ses yeux injectés de sang et privés d'éclat, et lorsqu'elle prit la parole sa voix avait une résonance sépulcrale.

« Non, dit-elle, il n'en sera rien. Je resterai pendue ici jusqu'à ce que ma mort apporte la malédiction sur cette maison et je reviendrai de l'autre monde pour éprouver sa puissance. Au soleil ou dans l'ombre, le jour comme la nuit, je ressasserai mes sombres pensées dans cet arbre, je pèserai sur ses branches, et quand la mort, la maladie ou le malheur frapperont la famille, écoutez bien, car assurément vous entendrez le bois craquer. »

Et, sur une longue plainte, elle rendit l'âme.

Telle était la légende du tilleul que l'on nous avait racontée dans la faible luminosité du crépuscule en été ou près des feux crépitants les soirs d'hiver. Ce qui expliquait pourquoi un degré d'intérêt inhabituel était attaché à cet arbre dont les grincements emplissaient notre cœur d'une terreur surnaturelle.

* Enfin, le vent tomba et les branches du tilleul se turent, mais l'air était toujours suffisamment vif et tonifiant pour rafraîchir la joue et aiguiser l'appétit. Toute la journée nous avions guetté l'arrivée du cortège nuptial. Peut-être une bonne douzaine de fois, certains des plus jeunes avaient grimpé aux arbres, sur des clôtures et même au sommet d'une colline voisine pour tenter de l'apercevoir et signaler son arrivée. Mme Bry avait fait à moult reprises le tour des salons et des salles à manger pour s'assurer que tout était en ordre. Elle avait rassemblé les serviteurs encore et encore, posé les mêmes questions au moins cent fois et reçu au moins cent fois la même réponse : les feux étaient tous allumés dans les différents appartements, le festin était prêt à être servi et tout avait été minutieusement récuré, jusqu'aux mains et au visage des enfants.

Ils arrivèrent enfin, après que le soleil se fut couché, que la lumière du crépuscule eut décliné, que les yeux furent devenus fatigués de regarder et les oreilles lasses d'écouter. Ils arrivèrent dans la nuit froide. Les lueurs vacillantes des lampes sur leurs chariots de voyage signalèrent leur approche de loin. Une grande agitation et une grande confusion s'ensuivirent. Les lanternes furent allumées, les pièces éclairées, les portes grandes ouvertes et les chambres inspectées en hâte. La majestueuse

* [Mais comme la pluie avait cessé, le vent se calma, ni plus tôt ni plus tard que nous ne le souhaitions]

demeure ne ressemblait plus à une masse sombre et parut d'autant plus imposante à la brillante assemblée qui, descendue des voitures, se dirigea vers l'entrée. Mme Bry était toutefois contrariée par un point, tout comme les serviteurs. Elle avait prévu que l'ensemble des esclaves, tous vêtus de leurs plus beaux atours – avec mouchoirs de madras[4] flamboyants et calicots ornés de fleurs pourpres et écarlates –, se tiendraient de part et d'autre de l'allée de gravier menant à la maison, alignés en fonction de leur âge et de leur rang, afin de rendre hommage à leur maître et à leur nouvelle maîtresse. Mais à leur grande déception la tombée de la nuit ne leur permit pas une telle manifestation, et le cérémonial d'accueil fut dévolu à la seule gouvernante dont la déférence gracieuse n'eut d'égale que la politesse condescendante du maître et de la maîtresse. Celle-ci exigea aussitôt de voir ses appartements. Après s'être excusée, Mme Bry me confia le soin de porter la lampe, et la jeune mariée, escortée par son époux, s'engagea dans le couloir, gravit l'escalier de chêne et s'immobilisa enfin devant une porte sculptée et lambrissée à la mode d'autrefois.

« Cette porte donne sur vos appartements, ma chère, j'espère qu'ils seront à votre goût, dit le maître. Hannah, occupez-vous de votre maîtresse. »

La femme de chambre préférée de cette dernière avait été retardée par une maladie soudaine. J'ouvris la porte et nous entrâmes, mais mon maître, disant qu'il viendrait la chercher une heure plus tard pour le souper, se retira aussitôt dans ses quartiers. Ma maîtresse n'avait pas besoin de grand-chose et j'eus tout loisir de l'examiner. La curiosité des esclaves est proverbiale, et pendant qu'elle inspectait d'un regard hautain les meubles et les proportions des pièces, ouvrait et fermait les tiroirs de la commode, ou encore plongeait la main dans des coffrets et des écrins à bijoux[5], je l'étudiai, dressant mentalement l'inventaire de ses défauts, de ses faiblesses et de ses fantaisies en essayant de déterminer si elle se révélerait indulgente. Je ne vis rien de particulier, mais je sentis qu'il y avait un mystère en elle, quelque chose d'indéfinissable à son propos. C'était une petite femme brune à l'abondante chevelure bouclée, aux grands yeux brillants et aux traits délicats, à l'exception de lèvres trop larges, trop pleines et trop rouges. Sa mise témoignait d'un goût irréprochable et ses manières semblaient parfaites, à part cette manie gênante qu'elle avait de regarder les autres comme si elle les craignait ou les considérait en ennemis. Je remarquai en outre son brusque tressaillement lorsqu'elle entendit l'écho des pas de mon maître qui venait la chercher. Je suis superstitieuse, je l'avoue ; les gens de ma race et de ma couleur le sont presque tous, et j'imaginai aussitôt qu'elle était hantée par quelque spectre ou fantôme visible seulement d'elle-même, et peut-être encore plus effrayant pour cette raison.

En tant que servante de la maison, j'eus l'occasion de voir les invités réunis pour le souper. Il y avait des dames couvertes de bijoux et des messieurs galants. Il y avait des visages jeunes et d'autres de quarante ans qui refusaient de vieillir et tentaient de tromper le temps. Il y avait de l'éclat et de la splendeur, des sourires faux et des cœurs vides.

J'ai dit que j'avais toujours eu une manière posée d'observer les choses, et cette habitude s'était développée en moi, aiguisée peut-être par l'absence de connaissances élémentaires. Au lieu de lire des livres, j'étudiais les visages et les personnalités, et j'en tirais des conclusions d'une perspicacité qui s'apparentait à la sûreté de l'instinct animal. Or au milieu de toute cette brillante assemblée je n'avais d'yeux et d'oreilles que pour un seul homme – le moins attirant de tous. C'était un gentleman terne, d'allure miteuse et vieillotte, avec de fins cheveux gris peignés de façon à dissimuler la calvitie au sommet de son crâne et de grands yeux noirs si perçants et pénétrants que l'on se recroquevillait malgré soi sous le feu de son regard [6].

Pourtant, ce n'étaient ni ses traits singuliers ni son expression étrange qui m'intriguaient, mais plutôt ses manières envers ma maîtresse, à la fois révérencieuses et provocantes, et le comportement tout aussi curieux qu'elle adoptait en sa présence. Ils ne s'adressaient jamais la parole, sauf pour échanger des platitudes d'usage, et semblaient s'ignorer mutuellement, mais j'en arrivai intuitivement à la conclusion que chacun guettait l'autre et s'en méfiait, que chacun avait connaissance de quelque secret de grande importance concernant l'autre et que ma maîtresse en particulier eût donné cher pour savoir ce que savait le vieil homme.

Le marié était sans doute trop heureux et l'assistance trop gaie pour s'apercevoir de leur manège. Ils ne voyaient pas avec quel soin elle s'appliquait à l'éviter et comment il s'abstenait de la regarder mais, sans en avoir l'air, s'arrangeait pour toujours se trouver près d'elle et, sous des dehors ostensiblement indifférents, était en fait le plus intéressé de tous.

Enfin, le souper s'acheva et les invités se levèrent. Y aurait-il des chants, de la musique ou des danses ? Mon maître avait commandé pour son épouse un magnifique piano placé dans le salon. Y aurait-il quelqu'un pour en jouer ? Mais non. Tout le monde voulait visiter la demeure, en particulier la pièce ornée des portraits de famille.

« Eh bien, nous pourrons écouter de la musique et danser là-bas, déclara l'hôte. Ce sera une telle nouveauté ! »

Sur ce, il précéda ses élégants convives dans le vestibule, le long de couloirs et en haut de l'escalier jusqu'à ses illustres ancêtres. Je vis ma maîtresse avancer gracieusement dans sa robe de mariée, suivie comme son ombre par le vieil homme en noir. Elle s'approcha du mur pour examiner le portrait de Sir Clifford éclairé par un immense lustre. L'ancien maître du domaine posa sur elle un regard fixe, éteint. Elle se détourna en se couvrant les yeux.

Dans l'intervalle, le temps avait changé. Un voile de nuages atténuait maintenant l'éclat de la lune et le vent qui se levait gémissait déjà parmi les branches du tilleul. Puis, au moment où la pluie commençait à marteler le toit, s'éleva l'horrible craquement de sinistre augure pour la maisonnée. Les joues de mon maître pâlirent. Je m'en aperçus, tout comme je m'aperçus que sa joie en était affectée ; lorsqu'il demanda de la musique et se prépara à danser, il s'efforçait manifestement de chasser quelque souvenir obsédant ou de repousser de son esprit l'ombre menaçante des événements à venir.

Bien qu'il ne nous fût pas permis de nous mêler à une si noble assistance, nous autres serviteurs avions envahi les couloirs. Nous ne nous inquiétions pas de savoir – pourquoi en eût-il été autrement ? – si les feux s'éteignaient, si les pièces étaient en désordre ou si les reliefs du festin étaient demeurés sur la table. C'était notre privilège de regarder et d'écouter. Nous aimions la musique, nous aimions le spectacle et l'apparat, nous aimions voir les pieds agiles des danseurs et leurs mouvements gracieux. Derrière eux, pourtant, et par-delà les sons de la pluie et du vent qui se mêlaient à la musique entraînante, je distinguais * l'expression dédaigneuse de Sir Clifford et je percevais les grincements lugubres du tilleul. Enfin, il y eut une pause pour les musiciens, un répit pour les danseurs.

« D'où vient ce bruit effrayant ? s'enquit l'un des invités.

– Il est produit par les branches pourries d'un vieil arbre au bout de la maison, répondit mon maître. Je le ferai couper dès demain. »

Ces mots furent suivis par un grand fracas. Le portrait

* [le froncement de sourcils]

de Sir Clifford, que ne retenaient plus ses attaches, venait de tomber sur le sol. Qui était le responsable d'un tel sacrilège ? La main invisible du temps, présente depuis toujours, avait répandu un chancre corrosif sur la surface polie du métal qui le soutenait et fragilisé le mur auquel il était accroché. Or l'illustre ancêtre qui l'avait placé à cet endroit n'avait pas pris en compte une telle éventualité, et quand il avait frappé d'anathème celui ou celle qui oserait l'enlever, il n'avait pas pensé un seul instant au grand niveleur qui traite le maître et l'esclave avec la même rudesse et imprègne la cabane misérable ou le palais seigneurial d'une semblable pourriture.

III

Le voile se lève

Oui, l'homme se promène comme une ombre, il s'agite vainement [1].

DAVID.

Les événements futurs projettent leur ombre avant de survenir [2].

CAMPBELL.

Les journées passèrent dans un tourbillon de réjouissances et de festivités auxquelles participèrent tous les habitants du domaine. Musique et rires s'échappaient de toutes les cases tandis que la grande demeure dégageait une impression de convivialité qui semblait presque inconvenante pour une bâtisse aussi ancienne et respectable. Du matin au soir et du soir au matin s'y pressait une foule d'invités. Des calèches circulaient sans cesse dans la longue allée bordée de chênes. Des cavaliers sillonnaient la pelouse. Les volets aux fenêtres étaient tous ouverts, car aucune chambre n'était inoccupée, aucun miroir ne reflétait le vide. *

Parmi les groupes de dames et de messieurs élégants, parmi les serviteurs, les flâneurs, les familiers et les cousins de mon maître au vingtième degré allait et venait

* [Nous, les serviteurs, étions ravis. Nous aimions les divertissements et le mouvement, le spectacle, la nouveauté et les glorieux festins. Nous aimions les journées gaies et les nuits animées, même si, au milieu des rires, nous distinguions toujours les craquements plaintifs du tilleul.]

le vieux gentleman en noir. Tout le monde l'appelait M. Trappe et l'on sentait bien qu'il était là dans un but peu commun. Il semblait toujours seul. Il ne se mêlait jamais aux danseurs, ne riait jamais avec les facétieux et ne parlait jamais avec les bavards. Pourtant, tous le traitaient avec une considération respectueuse, car l'on savait que c'était un avocat possédant fortune et statut.

J'ai dit qu'il allait et venait, mais en vérité il n'était visible qu'à certains moments, appuyé en silence contre un pilier ou assis dans un coin. Parfois aussi, on le croisait dans un couloir désert ou près de la porte du salon où se trouvait ma maîtresse. Celle-ci régnait en souveraine incontestée sur tout ce petit monde. Elle était belle, intelligente, parfaite, et tous semblaient le savoir, mais j'étais toujours stupéfaite de voir son attitude changer brusquement quand le vieil homme se trouvait dans les parages. Généralement douce et aimable, elle se drapait dans une dignité insolente lorsqu'il s'approchait d'elle. En sa présence, elle multipliait coquetteries et sourires enjôleurs. Mais ces sourires et ces regards étaient-ils sincères ?

Enfin, les réjouissances et autres festivités s'achevèrent, les invités s'en allèrent et la vie reprit son cours normal. M. Trappe, cependant, élut domicile dans la famille. Il affirma avoir été le tuteur de ma maîtresse avant son mariage et, en tant que tel, se déclara en droit de prolonger son séjour. Mon maître le considérait de toute évidence comme un excentrique ignorant de certains usages en vigueur dans la bonne société, mais parfaitement distingué et respectable. Il lui attribua des domestiques, bien que M. Trappe n'eût guère recours à leurs services, et une place lui fut réservée à table, qu'il n'occupa que très rarement. Par la suite, les repas lui furent portés dans sa chambre, une pièce sobrement meublée au deuxième étage, calme et vieillotte comme lui.

Affectée au service de ma maîtresse, j'étais toujours près d'elle pour répondre à ses demandes et je compris bientôt qu'elle n'était pas heureuse. Elle ne manifestait pourtant aucun chagrin, ne pleurait jamais et soupirait rarement. Mais il émanait d'elle une impression d'agitation et d'inquiétude à l'opposé de cette placidité qui accompagne d'ordinaire un état de sérénité. Elle semblait continuellement attendre quelqu'un ou quelque chose qui n'arrivait jamais. Bien qu'elle ne me l'eût jamais dit, je savais qu'elle redoutait la visite des inconnus et que la seule réception d'une lettre suffisait à l'alarmer. En outre, elle dormait si peu la nuit que je la devinais accablée sous le poids d'un fardeau écrasant, puisque dans la lumière ou dans l'ombre je l'entendais arpenter le plancher de sa chambre pendant des heures.

Lorsque son ancienne femme de chambre nous rejoignit, nous nous retrouvâmes toutes les deux attachées à son service, et Lizzy – c'est ainsi qu'elle s'appelait – étant très loquace, j'appris toutes sortes de choses sur ma maîtresse, son ancienne vie et le lien mystérieux qui l'unissait à M. Trappe, même si sur ce point Lizzy n'en savait guère plus que moi. Du moins, elle n'avait jamais découvert leur secret ni le fond de l'histoire, mais elle me relata de nombreux événements inexplicables qui alimentèrent nos conjectures.

Lizzy était beaucoup plus instruite que moi et s'était rendue dans bien des endroits dont je n'avais même jamais entendu parler. Elle avait aussi une formidable mémoire des dates et des noms, que pour ma part j'oubliais tout le temps. C'était une quarteronne presque blanche, aux mains et aux pieds délicats, et à la silhouette dont n'importe quelle dame du pays eût été fière. Elle venait, disait-elle, d'une bonne famille et mentionnait souvent des noms prestigieux en rapport avec le sien ; quand je souriais en disant que ce n'était guère important, elle prenait un air digne avant d'affirmer qu'au contraire c'était très important même pour des esclaves d'avoir de la famille bien née, qu'un sang noble constituait un héritage pour eux et que, s'ils entendaient saluer par des applaudissements le nom d'un homme honorable ou s'ils voyaient une grande dame couverte de bijoux et de satin, la possibilité de penser qu'il s'agissait d'un parent proche était pour eux un grand privilège. Alors, je répondais « Bien sûr » pour ménager sa susceptibilité froissée.

Mais Lizzy, malgré ses relations, son éducation et sa grande beauté, s'était trouvée plus d'une fois devant le maillet du commissaire-priseur ; elle avait été vendue à plusieurs reprises et elle avait souffert de toutes les vicissitudes liées à l'existence d'esclave. Elle avait été l'animal favori d'une riche famille et la bête de somme avilie d'une autre, elle avait connu tour à tour la cruauté et la gentillesse, et même une situation extrême où elle avait fait l'expérience de l'affection d'un maître, de la jalousie d'une maîtresse et de la haine de leur fille. Elle se lançait parfois dans des récits sur l'esclavage à glacer le sang. Elle vivait avec notre nouvelle maîtresse depuis dix ans, et après toutes les épreuves qu'elle avait traversées, elle remerciait le ciel chaque jour de lui avoir accordé une place aussi bonne. Elle se rappelait le père de notre maîtresse et sa triste agonie sur son lit de mort en présence de M. Trappe qui le regardait, plus froid, silencieux et impassible que jamais. Puis ce dernier était devenu l'exécuteur testamentaire du défunt et avait eu ainsi accès à tous ses papiers dans lesquels il avait découvert quelque secret important, Lizzy en était persuadée, car il avait changé subitement d'attitude envers notre maîtresse, sans que l'on pût comprendre la raison d'un tel revirement.

« Je sais, continua Lizzy, qu'il est l'ombre jetée sur sa vie, et je suis presque sûr qu'elle a épousé ton maître afin d'échapper à ses persécutions.

– Peut-être souhaitait-il lui-même l'épouser, suggérai-je.

– Impossible, répondit-elle. Il est bien plus probable qu'il ait voulu la vendre.

– La vendre ? Que veux-tu dire ?

– Exactement ce que je viens de dire, ni plus ni moins.
– Mais notre maîtresse n'est pas une esclave !
– Je suppose que non… »

Elle s'interrompit et refusa de me donner des explications, m'assurant sur le ton de la plaisanterie qu'elle ne savait rien de plus. Mais je devinai, à la gravité de sa voix et de son expression, que son silence cachait un autre mystère.

M'est-il besoin de dire que dans sa grande bonté et gentillesse notre maîtresse nous traitait comme des amies plutôt que comme des servantes ? Elle sortait et recevait rarement, restant la plupart du temps dans ses appartements. Incapable toutefois de supporter la compagnie de ses propres pensées, elle nous priait de venir nous asseoir auprès d'elle et de la distraire par notre conversation. Parfois, elle demandait à entendre la légende attachée au portrait de Sir Clifford, qui avait repris sa place habituelle sur le mur du salon, ou de lui parler du tilleul et de ses grincements sinistres.

Elle évitait Mme Bry, à qui elle ne vouait pas une affection démesurée. Peut-être craignait-elle que M. Trappe n'eût mis la gouvernante dans la confidence ou peut-être ses réticences avaient-elles une autre origine. Personne n'aurait su le dire.

C'était maintenant le printemps. M. Trappe avait passé tout l'hiver dans la famille, demeurant presque toujours dans sa chambre, mais descendant quelquefois à la bibliothèque où il prenait ses aises parmi les livres et les papiers. Il parlait rarement et on lui adressait rarement la parole ; tout le monde était rébuté par son expression taciturne, fermée.

Notre maître était accommodant et bon, tendrement attaché à sa femme mais peu doué pour l'observation. Il ne lui vint jamais à l'esprit qu'un grand malheur accablait notre maîtresse et qu'une cause autre que la mauvaise santé pouvait expliquer son manque d'entrain, son désir de fuir toute société et ses longs séjours dans ses appartements. Il ne soupçonna jamais – comment l'eût-il pu ? –

que la silhouette de ce vieil homme avec ses habits noirs et ses yeux plus noirs encore la hantait, qu'une voix lui criait sans cesse à l'oreille : « Je suis dans le secret, j'en sais même peut-être plus que vous. Je pourrais tout révéler si je le voulais, et je le ferai au moment opportun, quand je serai sûr d'en tirer le meilleur profit. » Il n'imagina jamais la peur, le doute et l'incertitude qui étaient le lot de son épouse. Il savait qu'elle occupait une position brillante mais ignorait qu'elle n'était pas sûre de pouvoir s'y maintenir un jour de plus.

Un matin, le facteur apporta une liasse de lettres. Il n'y avait rien d'inhabituel à cela. Je les réceptionnai dans un plateau en argent et les présentai à ma maîtresse. Elles étaient adressées au maître, à elle-même et à M. Trappe. En découvrant la dernière, elle plissa les yeux comme pour en examiner l'écriture, puis avoua sur une impulsion :

« Eh bien, je donnerais volontiers la moitié de ma fortune pour connaître le contenu de cette missive.

– Je suis certaine que M. Trappe serait prêt à satisfaire votre curiosité pour beaucoup moins », répondit Lizzy.

Notre maîtresse secoua la tête et contempla le plancher sans mot dire.

« À moins que votre propre courrier ne vous éclaire sur la question, ajouta Lizzy. Vous l'avez à peine regardé. »

Docilement, elle prit les lettres, les décacheta et parut bientôt absorbée par sa lecture.

« Portez celle-ci à M. Trappe, ordonna-t-elle enfin, et que grand bien lui fasse. »

Le calme de sa voix me sembla étrange et forcé, et son regard reflétait une peur indéfinissable, comme si elle savait que le pire était à venir et qu'elle n'y était pas préparée.

Dans sa grande bonté, et à l'insu de mon maître, elle me permettait de lire chaque fois que j'en manifestais le désir. Le lendemain matin, je descendis au salon et je m'assis avec un livre derrière les lourds rideaux damassés qui masquaient la fenêtre. Ainsi installée, j'étais invisible de tous [3]. Quelques instants plus tard, l'écho d'une démarche légère résonna dans l'escalier, puis la porte s'ouvrit et ma maîtresse entra. Elle paraissait toute menue, faible et souffrante. Une nouvelle nuit de détresse absolue avait eu l'effet de plusieurs années sur son corps et son apparence. Elle se tenait courbée comme par l'âge, elle avait les yeux creusés par ses longues heures de veille et la pâleur de son teint rappelait celle de la mort.

Glissant dans son sillage, et si près d'elle qu'il aurait pu toucher sa robe, apparut M. Trappe. Tout de noir vêtu comme à l'accoutumée, les yeux brillant d'une satisfaction inhabituelle lorsqu'il prit place sur une chaise non loin du sofa où elle était assise, il lança en la regardant droit dans les yeux :

« Vous vouliez me voir, je crois.

– C'est vrai.

– Je suis très étonné par cette requête, puisque vous savez sûrement que je ne peux approuver la voie que vous avez choisie.

– Quelle voie ?

– Voilà une question bien singulière, il me semble, répliqua-t-il. Rappelez-vous notre accord et votre promesse avant l'annonce de votre mariage. Ne deviez-vous pas maintenir une façade impassible et sereine et ne pas trahir par un regard, un mot ou un geste la moindre gêne en ma présence ? Ne deviez-vous pas me traiter en toutes circonstances avec respect et déférence, et ne devais-je pas recevoir une pension mensuelle prélevée sur vos revenus ? Dans la mesure où elle ne m'a pas été versée, je suis surpris que vous ayez l'audace de me convoquer, et plus surpris encore que dans ces conditions vous vous imaginiez en droit de me demander ou d'attendre une faveur.

– Je n'en ai jamais demandé ni attendu.

– Inutile de nier ou de tergiverser, reprit-il, ignorant cette dernière remarque et haussant légèrement le ton. Vous savez aussi bien que moi que notre accord a été rompu. Nous sommes donc placés dans une nouvelle position et vous ne pouvez plus compter sur ma discrétion.

– Mais il le faut, je n'en ai jamais eu tant besoin ! Ce n'est pas ma faute si la banque qui conservait mes biens a fait faillite, me rendant incapable par conséquent de vous verser votre pension. Mais n'avez-vous pas été reçu avec tous les égards par la famille de mon mari ? Je pense que oui.

– Même mon séjour ici, ces égards, comme vous dites, auxquels j'ai eu droit, étaient une violation de notre accord. Vous auriez dû me fournir une maison et des serviteurs à la ville.

– Eh bien…

– Et après la perte de vos possessions, quand vous m'avez invité dans votre famille, j'ai accepté uniquement parce que j'avais un rôle à jouer et un trophée à remporter.

– Je ne comprends pas.

– C'est possible, et pourtant je me suis exprimé très clairement.

– Vous dites, observa ma maîtresse, que vous n'approuvez pas la voie que j'ai choisie, et de mon côté il est certain que je ne saisis pas vos motivations. Pourquoi avez-vous gardé si longtemps mon secret pour le révéler aujourd'hui ? Et pourquoi souhaitiez-vous me voir mariée pour briser le cœur de mon époux ?

– Ah ! madame… Vous êtes aussi naïve qu'une enfant. Pourquoi ai-je fait toutes ces choses ? Et votre secret, comme c'est ridicule ! Il ne s'agit pas de votre secret mais du mien, et peut-être aussi de celui de votre mari avant la fin de ce jour, car toutes les raisons que j'ai pu avoir de le taire ont cessé d'exister [4].

– Cela n'explique guère votre manque de cohérence.

– Je suis au contraire très cohérent, madame, répliqua-t-il en prononçant le dernier mot sur un ton ironique. Très cohérent au regard du projet qui me concerne. Je voulais bien entendu tirer profit du secret de votre naissance. Si j'avais dévoilé trop tôt vos véritables origines, je n'aurais rien gagné. Si je m'étais opposé à votre mariage, cela ne m'aurait rien rapporté non plus, mais comme vous m'avez offert une belle petite somme pour ne rien dire, j'ai accepté sous certaines conditions ; j'étais sûr de toute façon que votre époux, si vous en preniez un, serait prêt à me donner plus pour se protéger et protéger sa famille de la disgrâce et du malheur qui résulteraient inévitablement de mes révélations. J'ai favorisé vos noces, et maintenant, comme les héritiers et les créanciers de votre père font toujours entendre leurs revendications, et comme ils désirent ardemment déterminer s'il n'avait pas d'autres biens que ceux saisis par l'huissier, et que pour ma part je sais que de tels biens, et d'une grande valeur, existent vraiment, qui pourra m'empêcher d'utiliser mes informations si les circonstances l'exigent ? Ce serait très différent si vous étiez en mesure de remplir vos engagements initiaux ou si votre mari jouissait d'une solide fortune, mais j'ai découvert que sa propriété était hypothéquée et que malgré sa position dans la société il est en réalité sans le sou. »

Durant ce long discours, ma maîtresse était restée silencieuse et passive, se couvrant le visage d'une main. À une ou deux reprises, elle avait levé les yeux vers lui, pour les baisser aussitôt. Il la considérait comme il l'avait fait au début, avec intensité mais sans la moindre compassion. Ma propre position devenait de plus en plus gênante et embarrassante à chaque instant. Involontairement, j'avais été placée en situation de témoin d'un entretien privé et j'avais entendu une conversation censée rester confidentielle. J'avais l'impression que sans l'avoir voulu j'avais joué un rôle peu honorable, mais je ne pouvais me retirer sans dévoiler ma présence et je n'étais pas préparée à affronter une telle éventualité.

Voyant que ma maîtresse gardait le silence, M. Trappe demanda :

« Vous souvenez-vous de mes premières avances ? »

Elle se les rappelait très bien.

« Et avec quel mépris vous les avez rejetées ! Comme vous vous êtes moquée de moi en disant que vous préféreriez encore être esclave plutôt que mariée à un homme dont vous ne sauriez tomber amoureuse ! Vous en souvenez-vous ? »

Elle acquiesça d'un léger battement de cils.

« Vous qui n'avez pas épargné ce vieil homme à l'époque, imaginez-vous qu'il va vous épargner aujourd'hui ?

– Ce n'est pas moi que je désire épargner, mais mon époux et sa famille. Oh ! si seulement je ne m'étais pas mariée !

– Oui, en effet, répondit-il, toujours aussi froid et imperturbable. Évidemment, c'est à prendre en compte, mais comme il ne peut vous sauver, il s'agit seulement d'une considération secondaire qui ne saurait le moins du monde affecter le détail de nos affaires. Les intérêts pécuniaires sont trop importants pour qu'on les ignore sous prétexte que l'honneur de certaine personne pourrait être compromis. Ne voyez-vous pas les choses ainsi ? »

En guise de réponse, ma maîtresse soupira, ou plutôt émit un son semblable au râle de l'agonie.

« Il le faudra bien, reprit-il. M'eussiez-vous traité… »

Elle esquissa un geste d'impatience.

Une expression de mépris, de haine ou de passion, ou des trois à la fois, s'inscrivit sur le visage de M. Trappe, qui reprit :

« M'eussiez-vous traité de manière différente, votre destin n'aurait pas été le même… Souvenez-vous qu'il fut un temps où j'aurais pu baiser le bas de votre robe. »

Elle le regarda, les yeux flamboyant de colère, mais la flamme qui les animait ne tarda pas à s'éteindre.

« Oui, poursuivit-il en se levant pour déambuler dans la pièce. Oui, autrefois vous étiez l'étoile qui guidait ma destinée, la lumière de ma vie, mais bon, il est encore possible que je puisse vous posséder selon mes propres termes. »

Apparemment incapable de répondre, elle garda le silence.

Enfin, elle déclara :

« Je crois que cet entretien est terminé. Je n'ai plus rien à ajouter.

– Mais vous avez encore des choses à entendre.

– Dites-les, alors, répliqua-t-elle, recouvrant un peu de son ancienne combativité.

– Hier soir, j'ai reçu un message concernant certaines affaires en rapport avec vous.

– Allez-vous me révéler sa teneur ? demanda-t-elle d'une voix tremblante.

– Je ne le puis, madame. De plus, ce n'est pas nécessaire. Tout ce que je pourrais vous apprendre ne résoudra en rien le problème, mais risque au contraire de rendre votre position encore plus délicate. Ce n'est pas certain, remarquez... »

Quand il s'interrompit, elle demanda :

« Avez-vous fini de me torturer ? Si tel est le cas...

– Ce n'est pas le cas, répliqua-t-il, glacial. Ce message m'informe que je suis appelé en un autre lieu. Je m'en irai ce jour même, peut-être dans l'heure, mais je ne saurais vous dire pour combien de temps. Je ne mettrai pas votre mari au courant de la situation complexe où nous nous trouvons, parce que cela ne servirait pas mes desseins. À mon retour, en revanche, cela sera peut-être nécessaire. »

La respiration de ma maîtresse se fit plus rapide et sifflante, mais elle ne répondit pas.

« J'ai encore une chose à ajouter, reprit-il, et ensuite j'en aurai fini. Je me vois dans l'obligation de vous demander, de vous supplier ou plutôt de vous ordonner de vous ressaisir pendant mon absence. Ma chère, vous perdez toute votre beauté, vous avez l'air d'avoir vieilli de dix ans en un mois. Vous n'avez aucune raison de vous ronger les sangs, vraiment aucune. Comportez-vous envers votre mari comme du temps où il vous courtisait. Évitez de faire ou de dire quoi que ce soit qui puisse attirer l'attention ou éveiller les soupçons. Voilà, ce sont mes recommandations. Me promettez-vous de les respecter ?

– Pourquoi le devrais-je ?

– Parce que les conditions ne sont pas encore réunies pour un dénouement qui surviendra bientôt de toute façon. Alors, promettez-vous ? demanda-t-il de nouveau.

– Je refuse de m'engager envers vous », riposta-t-elle en jetant machinalement un coup d'œil au cordon de sonnette.

J'eus l'impression de lire dans son esprit. Elle songeait à un havre de paix où « ne s'agitent plus les méchants ». Les yeux de M. Trappe suivirent la direction de son regard. L'espace d'un instant, son attitude changea. S'il l'avait poussée sur la voie du désespoir et de la folie, il n'était cependant pas préparé à de telles extrémités. Il resta quelques instants à la contempler, débattant sans doute de la nécessité d'en parler.

« Vous ne porterez pas non plus la main sur vous-même », dit-il enfin.

Elle sursauta, comme surprise par la perspicacité de son interlocuteur.

« Pourquoi le feriez-vous ? poursuivit-il. La vie ne manque pas d'attraits pour une belle femme, et puis pensez à la vengeance divine… »

D'un geste dédaigneux, elle repoussa ses conseils.

« Nous séparons-nous en amis ou en ennemis ? s'enquit-il.

– L'un ou l'autre, peu importe. »

Fut-il surpris par l'ampleur de sa détresse ? Eut-il peur que pour lui échapper elle se précipitât dans l'étreinte glacée de la mort ? Ou éprouva-t-il quelque once de pitié ou de remords ? En tout cas, une expression de douceur s'inscrivit sur ses traits et modéra sa voix.

« Si la différence ne compte pas pour vous, elle compte pour moi, déclara-t-il. Séparons-nous donc en amis », ajouta-t-il, la main tendue.

Au prix d'un effort visible, elle posa ses doigts graciles dans la paume de M. Trappe. Il les pressa un moment puis les porta à ses lèvres et, sur un « Adieu » chuchoté, quitta la bibliothèque.

IV

Un mystère révélé

> Les péchés des pères rejailliront sur les enfants [1].
>
> MOÏSE.

Après le départ de M. Trappe, quand le bruit de ses pas eut cessé de résonner dans le couloir puis dans l'escalier, ma maîtresse se releva en affichant un calme apparent et se retira dans ses appartements. À l'expression profondément troublée de son regard, à son maintien et à ses manières guindés, je mesurai à quel point ce calme était forcé. J'en eus la confirmation lorsque une demi-heure plus tard je me glissai dans sa chambre, non qu'elle m'eût appelée ou que je la crusse désireuse de ma présence, ni par simple curiosité, mais parce que je ne pouvais supporter la pensée de la savoir seule avec ses tourments, sans amis pour compatir à son sort ou la consoler.

Discrètement, j'entrai dans la pièce. Ma maîtresse allait et venait, la chevelure en désordre, le front d'une pâleur mortelle, la poitrine soulevée par des sanglots étouffants, le corps tout entier agité de spasmes comme sous l'effet d'une douleur atroce. Un léger son l'informa de mon arrivée. Elle s'empourpra et articula « Hannah ». Ce fut suffisant. Je me jetai à ses pieds, lui pris les mains et les baignai de mes larmes.

« Ma chère maîtresse, si bonne, si tendre, si indulgente, dis-je. Je vous supplie de me pardonner lorsque je vous dirai que je sais tout ce que vous avez enduré et endurez toujours à cause de cet homme cruel et sans cœur. Je viens d'entendre votre conversation, non pas intentionnellement mais par le plus grand des hasards, et je vous supplie de vous confier à moi, de me révéler ce terrible secret pour que je puisse partager votre détresse. »

Je ne saurais dire quelle force me fit oublier en cet instant la différence de condition entre nous et me poussa à lui parler comme à une sœur ou à une amie très proche, mais nous sommes tous égaux devant le chagrin, l'affliction et la mort, et j'en fus d'autant plus consciente quand elle s'effondra sur le sol à côté de moi, me serra dans ses bras et, se balançant d'avant en arrière, m'implora de la prendre en pitié et de la sauver si j'en avais les moyens. Par phrases incohérentes et hachées, elle me narra l'histoire de sa vie * : comment elle avait été élevée et éduquée par un riche gentleman qu'elle appelait père et qui la présentait à la bonne société comme sa fille ; comment elle avait grandi dans l'idée que sa mère était morte ; et comment elle avait appris par M. Trappe qu'elle était en réalité l'enfant d'un géniteur inconnu et d'une esclave travaillant dans les champs de coton en Géorgie. Puis elle se tordit les mains, gémissante et en pleurs, refusant tout réconfort.

« Êtes-vous sûre que cette information est exacte, demandai-je, et qu'il ne cherche pas simplement à vous tourmenter et à vous persécuter ?

– C'est vrai, tout est vrai, j'en ai des preuves suffisantes. Il ne manque qu'une chose pour boucler la boucle : le témoignage d'une vieille femme qui, apparemment, a été la nourrice de ma mère et m'aurait placée dans le lit de sa maîtresse, alors que celle-ci était trop

* [une histoire bien sombre, dont elle n'était cependant pas responsable]

faible, malade et fiévreuse pour remarquer l'échange avec son enfant mort.

« Il semblerait que ma mère, la gouvernante ou quelque personne instruite de l'affaire ait conservé une trace écrite de ces faits et l'ait dissimulée dans les papiers de mon père. Je doute fort qu'il l'ait découverte. Ma confiance en son affection me porte à croire que dans ce cas il aurait établi un acte de manumission en ma faveur. Quoi qu'il en soit, j'étais considérée et reçue dans la bonne société comme la fille de son épouse légitime, et en tant que telle j'héritai de ses biens et n'eus aucun souci jusqu'au moment où ce vieil homme découvrit le secret de ma naissance.

– Ce vieil homme, le connaissez-vous depuis longtemps ?

– Oui, très longtemps. C'était le notaire de mon père ; il avait sa chambre à la maison mais je ne l'aimais pas. Même quand j'étais enfant, l'ombre de sa présence suffisait à me faire frissonner. Plus tard, il développa une attirance pour ma personne et tenta d'obtenir ma main, mais mon refus fit de lui un ennemi. Il était dans le secret depuis un certain temps quand il décida de m'en parler, et ce, dans le seul but de m'extorquer de l'argent. C'est ainsi qu'il avait acquis sa fortune, en traquant les secrets de famille pour les déterrer et étancher sa soif d'or.

« Je me rappelle bien le moment où il m'informa de sa découverte. J'avais remarqué un changement singulier dans son attitude à mon égard. J'avais aussi une sorte de mauvais pressentiment en sa compagnie, bien que nous fussions rarement amenés à nous rencontrer – jamais plus que ne l'exigeait la conduite de nos affaires. Un jour, contrairement à son habitude, il demanda à me voir dans sa chambre. Tremblante d'appréhension, je gravis l'escalier, longeai le couloir et me présentai devant lui. Il était assis à une table basse sur laquelle se dressait une haute pile d'ouvrages et de documents qu'il semblait particulièrement avide de consulter, au point de ne pas * remarquer ma présence. J'eus ainsi tout loisir d'examiner ses appartements, dont le mobilier se composait essentiellement de livres et de liasses de papiers. Il y avait des volumes partout – sur le plancher, dans les coins, entassés dans un vieux placard. Certains semblaient avoir été parcourus récemment et d'autres étaient recouverts d'une épaisse couche de poussière. J'en effleurai un qui tomba avec fracas, mais M. Trappe ne se retourna pas et je finis par considérer son silence comme de la négligence étudiée.

« "Je suis venue, monsieur, comme vous me l'aviez demandé, dis-je enfin, avec peut-être une pointe d'agacement.

« – Ne soyez pas impatiente, madame, répondit-il. Ce que j'ai à vous dire vous concerne de près et s'avère de telle nature qu'après m'avoir entendu vous me remercierez d'avoir différé cet entretien le plus longtemps possible."

« Sa voix, ses manières et, par-dessus tout, ses paroles étranges me bouleversèrent et je dus m'appuyer sur la table. Il remarqua sans doute mon émotion, car une lueur de pitié ou de remords brilla dans son regard. Il se leva, s'approcha du placard et en sortit une bouteille de vin dont il me servit un verre en me recommandant de le boire. Au lieu de quoi, je le pressai de m'annoncer la terrible nouvelle.

« "Pas avant que vous n'ayez bu."

« Je portai le verre à mes lèvres, puis renouvelai ma requête.

« "Eh bien, madame, dites-moi d'abord tout ce que vous savez au sujet d'une esclave ayant appartenu à votre père, dont la peau était presque blanche et qui s'appelait ** Susan. Vous vous souvenez sûrement d'elle, car elle vous était très attachée.

* [tout de suite]
** [Charlotte]

« – Oui, je m'en souviens ; elle était d'une grande beauté et mon père l'a vendue.

« – Contrairement à ce qu'elle souhaitait, j'imagine.

« – Oh ! oui. Ils ont dû employer la force pour l'emmener. Elle criait et hurlait comme une folle.

« – Et avant son départ, ne vous a-t-elle pas serrée dans ses bras, étreinte, couverte de larmes et appelée 'ma chérie' ? N'a-t-elle pas fait tout cela ?

« – Elle l'a fait, monsieur, mais est-ce important aujourd'hui ?

« – Oh ! oui, très important. Maintenant, poursuivit-il en ouvrant un tiroir secret dans la table d'où il retira un portrait, j'aimerais que vous regardiez ceci."

« Je m'exécutai.

« "Reconnaissez-vous cette femme ? demanda-t-il.

« – Elle me ressemble, et pourtant je n'ai jamais posé pour aucun peintre.

« – Sans doute pas, mais ne trouvez-vous pas qu'elle ressemble à quelqu'un d'autre ?

« – L'esclave * Susan.

« – C'est bien elle, et vous aussi, car jamais deux êtres n'ont été plus semblables. À présent, veuillez examiner ce document, je vous prie."

« Il me tendit un papier déchiré, d'aspect ancien, et jauni par le temps. Je m'en saisis et commençai à le lire. Au début, je ne compris rien. Je ne parvenais pas à donner un sens à l'horrible vérité qui apparaissait sous mes yeux. Je dus lire et relire les mots, et peu à peu le mystère s'éclaircit. Je sus alors ce que j'étais et serais à jamais. Puis je tombai sans connaissance.

– Et ensuite…

– De ce qui se passa ensuite, et durant un long moment, je n'ai que des souvenirs confus. Le chaos régnait dans mes pensées. J'étais folle de désespoir lorsque M. Trappe, qui avait causé tous ces malheurs,

* [Charlotte]

entreprit de me consoler, disant que seuls lui-même et deux ou trois obscurs personnages étaient informés de ce secret et que l'or suffirait à sceller leurs lèvres. C'est ainsi que j'achetai son silence, mais tu connais la suite, tu sais quelle terrible malédiction pèse sur mon existence. Et maintenant, que dois-je faire ? Oh ! que dois-je faire ? »

Elle se tut et ce fut mon tour de dire quelque chose. Je voyais bien que sa seule chance de salut résidait dans la fuite, une fuite immédiate et précipitée.

« Vous m'avez demandé ce que vous deviez faire, commençai-je, et bien qu'une esclave ne soit pas en position de donner des conseils, je pense pouvoir répondre à cette question.

– Comment ? Comment ?

– Vous devez fuir cette maison, cet endroit, ce pays, fuir immédiatement, ce soir même, ou sous peu. J'ai une idée. Mon maître n'est encore au courant de rien. M. Trappe est parti, vous pouvez sortir au grand jour et dans votre voiture en disant que vous allez rendre visite à des proches. »

Ce plan parut ravir ma maîtresse. Dans son désir d'échapper au sort qui l'attendait, elle se raccrocha à cette parcelle d'espoir. Elle me remercia, m'embrassa et, pour la première fois, pleura sur mon épaule.

« Viendras-tu avec moi ? demanda-t-elle.

– Je viendrai, chère maîtresse.

– Ne m'appelle plus "maîtresse". Désormais, tu seras ma tendre sœur, dit-elle en m'enlaçant de nouveau. Oh ! vivre libre, vivre libre… »

Ses transports de joie avaient quelque chose d'inquiétant. Ses yeux brillaient, son visage rayonnait. La transition était brutale, mais il en va toujours ainsi avec les natures impulsives.

« Ma chère maîtresse…

– Et voilà ! Tu m'appelles encore "maîtresse" alors que je te l'ai interdit.

– Eh bien, ma douce amie, il nous faut d'abord bien

réfléchir à notre projet. Je recommande la fuite à tout prix, mais le moment, le moyen et l'itinéraire doivent être soigneusement déterminés. Vous avez, je crois, de la famille près de l'endroit où accoste le vapeur, sur la James River ?

– J'en ai, oui.

– Nous raconterons que nous allons passer une semaine là-bas. »

Mais soudain, le désespoir l'emporta et elle éclata en sanglots.

« Mon mari... gémit-elle. Comment puis-je le trahir ainsi ?

– S'il doit découvrir la vérité, vous lui causerez moins d'ennuis en fuyant qu'en choisissant une autre voie. »

De nouveau, elle pleura et gémit pendant que je la réconfortais et tentais de la convaincre que le moment était venu de penser et d'agir, non de céder à ses émotions.

« Oh ! je vais essayer, je vais essayer, me répondit-elle. Je vais me ressaisir, mais tu ne sais pas, tu ne peux pas savoir ni même imaginer l'ampleur de mes tourments. Pardonne-moi, il faut que je pleure. »

Et d'éclater en sanglots si violents, de verser tant de larmes que j'en conçus de l'inquiétude. Au bout de quelques heures, cependant, elle recouvra sérénité et détermination. Mais si elle avait hâte de s'en aller, elle refusa de prétexter un séjour dans sa famille, en disant que son mari souhaiterait probablement l'accompagner.

« Comment faire, alors ? demandai-je.

– Eh bien, nous allons quitter la maison, tout simplement. Nous pourrons atteindre la rivière dès demain matin, je pense, si nous partons d'ici à minuit, et une fois là-bas un bateau à vapeur nous emmènera loin de nos poursuivants.

– Et Lizzy ?

– Je la laisserai ici. »

Le jour déclinait, à présent, et le magnifique coucher

de soleil estival ne m'avait jamais paru aussi beau, mais j'étais accaparée par les soucis – moins à mon sujet qu'à celui de ma maîtresse. Comment supporterait-elle cette épreuve ? Résisterait-elle à la fatigue ? Pour autant, à aucun moment je ne songeai à renoncer. Je savais que l'avilissement et la disgrâce l'attendaient si elle restait, qu'elle serait torturée par une attente angoissée plus intolérable que la pire réalité. Bientôt, sa fuite deviendrait plus difficile, voire impossible.

Ainsi raisonnai-je tandis que les ombres s'allongeaient et que la nuit tombait sur le paysage *, une nuit tranquille s'étendant sur les routes poussiéreuses, sur les bois, les jardins et les champs, que je contemplai par la fenêtre ouverte avec un sentiment proche du regret. J'avais passé toute mon enfance à Lindendale, qui m'avait aussi vue mûrir. Dans son ombre, bien qu'esclave, j'avais connu des jours heureux. J'avais été la favorite des jeunes gens du domaine, mais si je les aimais beaucoup, j'aimais ma maîtresse plus encore.

Elle invoqua une excuse pour ne pas rejoindre son mari à l'heure du souper et Lizzy fut invitée à se rendre à une fête dans le voisinage, mais nous jugeâmes nécessaire de différer nos préparatifs jusqu'au moment où le plus grand silence régnerait dans la maison. Comme les heures s'écoulèrent lentement ! Comme les serviteurs s'attardèrent dans la cuisine ! Comme le temps nous parut long avant que les lumières ne s'éteignissent dans les cases environnantes ! Mais peu à peu les voix se turent ; l'une après l'autre, les cases furent plongées dans l'obscurité. Le moment était venu.

Silencieusement, je me rendis dans la chambre de ma maîtresse. Une petite lampe brûlait sur la table, mais protégée de telle manière qu'on ne pouvait l'apercevoir du dehors. Ma maîtresse était habillée et voilée, et elle se

* [À l'heure habituelle je me rendis dans la chambre de ma maîtresse. La nuit était tranquille et belle]

leva pour m'accueillir en faisant montre d'un sang-froid plus grand que je ne l'espérais.

« Ma chère petite Hannah, dit-elle, je pense que tu ferais mieux de rester. Ta présence est très utile ici. Que deviendront sans toi les vieillards, les enfants, les faibles et les démunis ? Que...

– Et vous laisser partir seule ? l'interrompis-je. Non, jamais, ma chère maîtresse. »

Au même instant, le vent poussa un gémissement lugubre près de la maison, puis le tilleul grinça. Je frissonnai.

« Si tu viens avec moi, si tu le souhaites vraiment, reprit-elle, si tu désires la liberté, loin de moi l'idée de t'en décourager, mais nous risquons d'être poursuivies, rattrapées et ramenées au domaine. Et ensuite...

– Je sais.

– Je ne voudrais pas que tu t'en ailles à cause de moi et que tu risques un châtiment par ma faute.

– N'en dites pas plus, ma décision est prise. Nous partirons et nous nous en remettrons au ciel. »

Elle éteignit la lampe, plongeant la pièce dans l'obscurité. Main dans la main, nous écoutâmes : tout était silencieux. Nous descendîmes l'escalier sur la pointe des pieds. Le vestibule était désert. Nous ouvrîmes puis refermâmes la porte, observâmes de nouveau les alentours sans voir personne, puis nous nous tournâmes vers les vastes étendues de champs, de forêts et de prairies sillonnées par des routes, et nous nous éloignâmes en hâte [2].

V

Perdues, perdues, perdues

Quand les hommes diront : « Paix et sûreté ! »,
alors une ruine soudaine les surprendra [1].

Bible.

Nous avancions à vive allure sur la piste qui menait à la rivière. Ce n'était pas le moment de traîner ou de s'attarder en chemin ; notre liberté, notre bonheur, peut-être même notre vie étaient en jeu. Nous tremblions au moindre son, la plus légère ombre nous emplissait de crainte. Les arbres dans les ténèbres ressemblaient à des hommes, souches et buttes se transformaient en chiens de chasse bandant leurs muscles pour bondir sur leur proie. Dans les États du Sud, une personne voyageant seule la nuit, et surtout une femme, est sûre d'attirer l'attention. Deux ou trois fois, nous fûmes bien près d'être démasquées. À un moment, nous entendîmes un lointain murmure de voix et des chevaux approchant de toute évidence au grand galop. Il n'y avait pas un instant à perdre. Croiser les cavaliers sans éveiller leurs soupçons serait impossible. Certes, ma maîtresse était bien connue dans le voisinage, mais quelle excuse pourrait-elle invoquer pour justifier sa présence dehors au plus noir de la nuit ? La seule solution qui s'offrait à nous consistait à nous dissimuler. Mais où ? La campagne alentour était à découvert. Il n'y avait ni bois, ni arbres, ni barrières. Pour ne rien arranger, la lune qui jusque-là se cachait derrière un nuage apparut dans tout son éclat. Entre-temps, les voix et les claquements de sabots s'étaient encore rapprochés ; nous ne pouvions battre en retraite ni continuer de progresser sans risquer de voir anéantis tous nos espoirs. Alors, nous enveloppant la tête, le visage et les mains dans nos capes, nous nous accroupîmes sur le sol, terrorisées, déterminées à affronter le pire. Il s'avéra que nous avions été bien avisées. Les cavaliers nous jetèrent un bref coup d'œil désinvolte, nous prenant sans doute pour du bétail endormi sur l'herbe.

Plus tard, nous fûmes dépassées par un médecin appelé au chevet d'un malade, puis nous évitâmes de justesse une rencontre avec un planteur qui rentrait chez lui au terme de quelque expédition lointaine. Son limier était assis à ses pieds dans sa voiture, et, lorsqu'ils passèrent près des buissons derrière lesquels nous nous cachions, nous perçûmes les grognements sourds de l'animal et la lueur farouche de ses prunelles.

« Qu'est-ce que t'as senti, César ? » demanda son maître.

Après avoir scruté le bosquet de cèdres proche, dont il ne distingua sans doute que les grosses branches noires, il reprit à l'adresse du chien :

« T'as cru flairer un Nègre, je suppose, mais il n'y a rien là-bas. »

À notre immense soulagement, il disparut bientôt de notre vue.

Nous marchâmes encore plusieurs heures et la fatigue nous gagna. Peu avant le lever du jour – j'estimai l'heure à la position des étoiles et à la fraîcheur nouvelle de la brise –, ma maîtresse déclara qu'elle ne pouvait continuer, qu'il lui fallait se reposer.

« Mais nous sommes encore loin de la rivière, objectai-je. Nous devons l'atteindre ce matin pour prendre le bateau. Appuyez-vous sur moi si vous êtes lasse. Je suis beaucoup plus forte. »

Elle était nerveuse et surexcitée, vibrante d'espoir à certains moments, complètement abattue à d'autres, et bien que résolue à faire tout mon possible pour l'apaiser et la réconforter, je sentais mes propres forces décliner sous le poids d'un doute affreux.

Il m'était venu à l'esprit, après avoir dépassé l'endroit où les routes se croisaient, que nous avions peut-être pris la mauvaise direction. C'était de plus en plus manifeste à chaque instant, mais j'avais peur d'annoncer la pénible nouvelle à ma compagne. Peut-être l'accueillerait-elle avec un courage héroïque ou peut-être s'effondrerait-elle. Alors je décidai de faire une halte, d'attendre l'aube et d'évaluer la situation à la lumière du jour. Un bois s'étendait à proximité, dense, encore épaissi par les fourrés, et j'y conduisis ma maîtresse, lui préparai un siège de mousse et drapai ma cape sur ses épaules. Enfin, je m'assis près d'elle, attirai sa tête sur ma poitrine et la priai de dormir.

Au début, elle demeura éveillée, sursautant et frissonnant au moindre bruit. Je connaissais les effets apaisants et réconfortants des Saintes Écritures dans les moments de tourments et d'affliction, aussi commençai-je à lui réciter de magnifiques passages des Psaumes.

« Dieu est pour nous un refuge et un appui, un secours qui ne manque jamais dans la détresse. C'est pourquoi nous sommes sans crainte quand la terre est bouleversée et que les montagnes chancellent au cœur des mers. Dieu est pour nous un refuge et un appui, un secours qui ne manque jamais dans la détresse [2].

– C'est vrai », murmura-t-elle.

Et tandis que je parlais, elle sombra dans l'oubli béni du sommeil.

J'étais bien déterminée à ouvrir l'œil en attendant son réveil. Mais un corps las a des droits. Petit à petit, les scènes et les objets auxquels j'avais prêté attention dans la journée me revinrent en mémoire d'une manière confuse et indistincte, et bientôt je ne sus plus qui j'étais ni où je me trouvais.

Il faisait un temps magnifique quand j'ouvris les yeux, les feuilles chuchotaient et les oiseaux chantaient. Mon sommeil avait été si profond qu'il me fallut fournir un effort pour me rappeler les événements de la veille et prendre la pleine mesure de ma situation. Je balayai du regard les alentours à la recherche de ma compagne. Elle s'était réveillée la première et, jugeant ma position inconfortable, m'avait doucement allongée sur le sol avant de façonner un oreiller de feuilles mortes pour ma tête et de me recouvrir de nos capes. Elle me sourit, mais avec tristesse, en voyant mon expression de surprise, puis s'approcha de moi en se félicitant que j'eusse aussi bien dormi.

Une sensation de faiblesse m'envahit quand je me levai, et j'éprouvai une sorte de vertige. J'en connaissais fort bien la cause. Quoique n'ayant aucun appétit, je songeai à la nécessité de nous alimenter. Nous n'avions pas emporté de provisions, car nous comptions atteindre le bateau dans la matinée. Et maintenant, qu'allions-nous devenir ?

Avant d'aller plus loin, nous devions réfléchir. Il n'était pas question de chercher de la nourriture autre que celle spontanément offerte par la nature, et je rejetai aussitôt cette pensée. Pour l'heure, ma maîtresse semblait incapable d'agir ou de prendre la moindre décision. Elle était adossée à un monticule moussu, le visage enfoui dans ses mains, et je me doutais à son silence qu'elle nous savait égarées.

« Ma chère maîtresse, dis-je en m'approchant d'elle. Nous avons dû nous éloigner de la rivière au lieu de nous en approcher. Qu'en pensez-vous ? »

Elle hocha la tête en signe d'assentiment.

« Avez-vous une idée de l'endroit où nous sommes ?

– Non.

– Êtes-vous déjà venue par ici ?
– Jamais.
– Alors, qu'allons-nous faire ?
– Rester assises ici et nous laisser mourir ! répondit-elle d'une voix suraiguë. C'est horrible, mais après tout cela vaut mieux que d'être vendue comme esclave. »

La devinant sur le point de céder à l'une de ses crises d'excitation nerveuse, je rassemblai tout mon courage pour dire d'un ton faussement enjoué :

« Nous ne ferons rien de tel ! Je vais grimper au sommet de cette colline. De là-haut, peut-être apercevrai-je un village, une rivière ou quelque chose qui nous servira de repère. »

Elle approuva ma suggestion et je gravis la colline. Il y avait bien une maison au loin, mais pas de village. Des hommes travaillaient dans les champs adjacents et j'entendis un chien aboyer. Je cueillis quelques baies, les portai à ma compagne et la suppliai de manger. Elle refusa, affirmant qu'elle ne se sentait aucun appétit.

« Mais vous êtes faible. Mangez, ma maîtresse bien-aimée, au moins pour me faire plaisir. »

À force de suppliques, je réussis enfin à la convaincre. Elle prit une petite quantité de baies.

Ne sachant que faire, nous nous attardâmes dans les bois jusqu'aux alentours de midi. Dans notre confusion, même le soleil nous paraissait occuper une mauvaise position dans le ciel. Oh ! comme c'est horrible de perdre tout repère ! Au bout d'un certain temps, cependant, je sentis renaître ma confiance. J'étais sûre que nous avions au moins un ami, un protecteur, et qu'Il était le plus grand, le meilleur. Nous ne pouvions être totalement abandonnées, démunies et vulnérables quand Dieu était si proche. Nous n'avions commis aucun crime : qu'avions-nous à redouter ? Nous n'avions pas l'allure d'esclaves en fuite. Personne dans les environs ne pourrait deviner qui nous étions. Nous n'aurions aucun mal à atteindre la maison que j'avais aperçue, où l'on nous renseignerait peut-être.

Je fis part de ce plan à ma maîtresse. Tout d'abord, elle hésita, affirmant qu'être reconnues serait pire que la mort.

« Mais comment pourrait-on nous reconnaître ? dis-je.

– Oh ! je ne sais pas, je ne sais pas, répliqua-t-elle en se tordant les mains.

– Je ne vois pas pourquoi nous devrions avoir peur. Nous nous présenterons comme deux pauvres femmes égarées.

– Ce ne sera que la vérité, déclara-t-elle avec une énergie soudaine.

– Assurément, et c'est ce que nous dirons. Maintenant, allons-y. »

Lorsque je la pris par la main pour l'aider à se redresser, sa faiblesse apparente m'alarma au plus haut point. Je n'étais pas en mesure d'apprécier tout ce qu'elle avait enduré ; en tant qu'esclave, je n'avais jamais possédé comme elle liberté, richesse et position sociale, mais je voyais à sa prostration, à ses tremblements et à sa démarche vacillante combien leur perte l'affectait.

Bien décidée à ne pas me tromper cette fois, je gravis de nouveau la colline, déterminai la direction à suivre puis redescendis. Ma maîtresse n'avait pas bougé. Je lui offris mon bras et, tout en l'encourageant, je l'entraînai vers la plaine.

La maison se trouvait plus loin que je ne l'avais supposé de prime abord et nous fûmes obligées de traverser un petit ruisseau où de jeunes garçons pêchaient à la ligne. Ils nous regardèrent sans chercher à dissimuler leur étonnement, et l'un des plus petits cria à ses compagnons que deux folles approchaient.

« Ce n'est pas tout à fait exact, mon bonhomme, répondis-je d'un ton apaisant. Pourtant, notre situation est fort pénible car nous sommes perdues. Peux-tu nous dire où se trouve le village de Milton, d'où part le bateau à vapeur ?

– Dieu vous bénisse, madame, il ne peut pas, intervint un autre enfant. Il est trop petit. Moi, vous voyez, je suis plus grand, décréta-t-il, tout gonflé d'une importance comique.

– Eh bien, repris-je, puisque tu es plus grand, tu peux peut-être nous renseigner.

– Oh ! c'est sûr, mais la route est longue.

– Tu crois ?

– Oui, mais un peu plus loin il y a des garçons encore plus grands que moi ; ils pourront mieux vous expliquer.

– C'est possible. Mais dis-moi, qui habite cette grande maison, là-bas ?

– Ben, c'est mon père.

– Et comment s'appelle ton père ?

– Frederick Hawkins, mais des fois on l'appelle Colonel.

– Tu penses que nous pourrions nous arrêter chez ton père pour manger et nous reposer avant de poursuivre notre route ?

– Oh ! il sera d'accord. J'irai avec vous et je lui dirai que vous vous êtes perdues, que vous avez faim et que vous êtes fatiguées. »

Je regardai ma maîtresse. Elle ne dit rien, se bornant à secouer la tête. J'hésitai une minute ou deux, puis décidai qu'étant donné les circonstances mieux valait sans doute aller directement au village. Nous obtînmes les informations nécessaires et reprîmes notre marche, cheminant à travers champs et en bordure des routes pour ne pas nous faire remarquer. Mais nous progressions lentement. N'étant pas habituée à la fatigue ni à l'exercice physique prolongé, ma chère compagne était souvent contrainte de s'arrêter pour se reposer. En de telles occasions, je n'aurais su dire quel sentiment prédominait en elle, sa peur et son horreur à l'idée d'être découverte ou sa tendresse affectueuse envers moi.

« Ma chère Hannah, disait-elle, quelle source de tracas je suis pour toi ! Te voilà obligée de m'assister et de m'attendre. Oh ! si seulement j'étais plus forte, si seulement je pouvais marcher aussi vite que toi, si je pouvais supporter comme toi le froid et les privations, comme je serais heureuse ! »

Alors, je la calmais et la réconfortais, je lui répétais combien je l'aimais et combien je me plaisais en sa compagnie, que même dans notre situation je trouvais des raisons de ne pas perdre espoir et que nous devions avoir une confiance absolue en Dieu. Oh, quelle bénédiction que la foi ! Comme elle apaise et soutient l'âme en des moments de doute et d'abattement ! Comme elle soulage la détresse et atténue la douleur !

En fin d'après-midi, nous approchâmes d'une ferme à l'entrée du village. Elle dégageait une impression de sérénité rurale toute simple et, quoique dépouillée des attributs de la richesse et du luxe, elle apparaissait comme un havre de paix et un modèle d'ordre. J'en conclus que les propriétaires d'un logis aussi humble et confortable devaient être hospitaliers, qu'ils ne repousseraient pas deux faibles femmes égarées et lasses ; aussi, exhortant ma maîtresse à faire bonne figure et à se montrer courageuse, je la forçai à franchir la grille et nous nous engageâmes dans l'allée de gravier qui menait à la maison. Autour de nous, tout semblait respirer la tranquillité du bonheur domestique. Même le petit chien vint nous accueillir en remuant la queue et en gambadant comme si nous étions de vieilles connaissances. Une * dame d'un certain âge à l'air bienveillant sortit sur le perron à notre arrivée et s'enquit poliment de la raison de notre visite. Nous lui racontâmes le plus brièvement possible que nous étions deux pauvres femmes qui, en cherchant le village de Milton, s'étaient égarées. Nous étions affamées et épuisées, et n'ayant d'autre raison que

* [vieille]

notre malheur pour solliciter son hospitalité, nous lui serions grandement obligées de nous offrir l'asile pour la nuit.

« Entrez, je vais demander à père », dit-elle, et nous la suivîmes à l'intérieur.

Un vieil homme d'allure vénérable, assis près de la fenêtre ouverte, lisait la Bible. Il leva les yeux puis inclina légèrement le buste devant nous.

« Père, dit la femme en se dirigeant vers lui, voici deux malheureuses qui se sont perdues dans les bois et désirent passer la nuit chez nous. Y voyez-vous quelque objection ? »

Il nous gratifia d'un regard intrigué puis, apparemment satisfait de notre apparence, répondit :

« Pas le moins du monde. »

Un sourire radieux illumina le visage de notre hôtesse, qui nous invita à nous asseoir et à prendre nos aises. Le vieil homme se replongea dans sa lecture.

« Veuillez l'excuser, dit la bonne dame à notre adresse. Il consacre toujours l'heure du crépuscule à la lecture de la Bible. Je l'appelle "père" bien qu'il soit mon mari, car cela me paraît naturel. »

Nous répondîmes que nous serions désolées de le déranger.

La maison et ses aménagements possédaient un charme certain. L'endroit était meublé avec beaucoup de simplicité, mais aussi de goût, et il en émanait une atmosphère d'amour. C'était un sanctuaire de confort domestique [3], un lieu sacré et béni, si lumineux, accueillant et chaleureux que nous n'eûmes aucun doute sur le caractère pur et noble de ses occupants.

Notre hôtesse était de ces femmes vêtues à l'ancienne mode dont la vue ravit le cœur. Ses cheveux bruns, légèrement argentés par le temps, étaient séparés par une raie au milieu et rassemblés sous une coiffe modeste, blanche comme neige. Le joli châle également blanc qui encerclait son cou était maintenu sur un côté de sa poitrine par une broche en argent. Sa robe était en parfaite harmonie avec sa personne, ni trop claire ni trop foncée, ni trop gaie ni trop triste, et son tablier de soie noire bruissait agréablement tandis qu'elle se mouvait, légère comme une brise d'été et rayonnante comme le soleil.

L'esclavage n'avait pas droit de cité dans ce logis. Une chose aussi sombre et sinistre n'aurait pu résister plus d'un jour à une telle atmosphère.

« J'espère que nous ne vous causons pas de tracas, hasardai-je.

– Des tracas ? Oh ! non. C'est l'heure du dîner, vous devez le partager avec nous.

– Vous nous faites un grand honneur », répondis-je.

Lorsque la table fut dressée, nous y prîmes tous place.

Elle ne ressemblait pas à celle que nous avions l'habitude de voir dans la demeure de mon maître. Ici, il n'y avait rien pour flatter les goûts de luxe ou faire les délices d'un épicurien ; c'était juste un repas frugal composé de pain blanc et de beurre doré, de cerises tout juste cueillies sur l'arbre et de lait frais. Avant d'y goûter, cependant, l'homme vénérable le bénit, et lorsque nous eûmes terminé, il remercia le Seigneur.

Durant le souper, notre hôtesse se montra bavarde. Elle avait une voix très douce et faisait preuve d'une grande gaieté qui semblait inviter aux confidences. De toute évidence, elle était un peu intriguée par ces deux voyageuses égarées recueillies sous son toit. Il n'était pas surprenant qu'elle désirât connaître notre nom et obtenir des détails sur notre situation avant de nous conduire dans notre chambre et de nous accorder la jouissance de sa maison pour la nuit, et pourtant toute révélation de notre part risquait de nous mettre en danger. Nous ne pouvions satisfaire sa curiosité.

« Madame, dis-je en ressassant toutes ces pensées dans ma tête [4], je vous demande de ne pas attribuer à quelque motif inconvenant notre hésitation à vous révéler ce que vous voulez savoir. Qui que nous soyons ou ayons été, soyez sûre que nous n'avons commis aucun crime. Nous sommes frappées par le malheur, mais nous ne sommes coupables d'aucune faute. »

Une lueur d'intelligence traversa son regard, pour céder presque aussitôt la place à la plus profonde compassion.

« Je comprends, répondit-elle. Ne m'en dites pas plus, je ne veux rien savoir. »

Des voix résonnèrent soudain dans la pièce voisine. Ma maîtresse blêmit.

« Ce n'est que mon frère, précisa notre hôtesse, remarquant sans doute son expression inquiète. Il est avocat et il a sa chambre ici, mais comme il est d'un tempérament très solitaire, nous ne le voyons guère. »

Un avocat, solitaire qui plus est... Était-il possible que ce fût notre persécuteur ? Mais non, pourquoi nous tourmenter avec des craintes superflues ? Après tout, à chaque jour suffit sa peine.

La bonne dame nous conduisit ensuite jusqu'à une pièce retirée dégageant la même impression d'ordre, de confort et de goût parfait que le reste de la maison. Elle contenait un lit aux draps blancs, quelques chaises garnies de beaux coussins, une petite commode, une minuscule table de chevet et une table plus grande. Il n'y avait qu'une fenêtre, basse, étroite et à demi masquée au-dehors par des feuillages chuchotants. Malgré les brins de lavande et les pétales de roses disséminés dans la chambre, l'air me parut étouffant et j'ouvris la fenêtre pour contempler la nuit.

Le ciel était étoilé, mais une légère brume flottait dans l'air tiède et les étoiles semblaient nous regarder à travers un voile. Elles brillaient ici tout comme elles brillaient au-dessus de la splendide demeure de mon maître. Et que voyaient-elles, là-bas ? La maison était-elle sens dessus dessous, les serviteurs affolés, le maître distrait ? Les grandes pièces avaient-elles été fouillées, les couloirs explorés, le moindre recoin inspecté ? Y avait-il des allées et venues, des chevauchées dans la région, des affiches placardées et des récompenses offertes ? Peut-être. Ou peut-être que, craignant le scandale et la disgrâce, le maître avait fait taire toutes les rumeurs et dissimulé la fuite de sa femme, espérant vainement qu'elle reviendrait bientôt ; peut-être qu'en ce moment même, assis tout seul dans le salon, il pensait tristement à elle tandis que les ombres s'allongeaient et s'épaississaient autour de lui, et que résonnaient les craquements du tilleul.

Notre hôtesse revint nous apporter une lampe. Petite, recouverte d'un joli verre, elle diffusait une douce clarté qui, si elle ne suffisait pas à chasser l'obscurité, la rendait toutefois moins profonde.

Pleine de compassion, la maîtresse de maison dit en désignant le lit :

« Reposez-vous, vous ne craignez rien ici. Je vous souhaite une bonne nuit. »

Puis elle quitta la pièce, laissant les ténèbres succéder à la lumière.

Ma chère compagne, assise sur un siège bas, restait silencieuse et prostrée. Nous étions seules, et pourtant il me semblait que l'ombre d'une présence maléfique rôdait près de nous, qu'un œil mauvais suivait tous nos faits et gestes, que l'on ourdissait de sombres complots contre nous. Notre bienveillante hôtesse et son mari étaient au-dessus de tout soupçon, mais le vieil avocat solitaire m'inspirait de la méfiance. Le rideau de feuillage derrière le carreau s'agitait légèrement et cependant il n'y avait pas la moindre brise. Je tournai la tête de ce côté ; ma compagne se mit à trembler. De nouveau, un mouvement se produisit au-dehors, et cette fois je vis distinctement une forme humaine écarter et repousser les feuilles avec précaution. Les gros doigts blancs étaient ceux d'un homme. Sans conteste, ce fut aussi un visage d'homme qui apparut quelques instants plus tard et des yeux noirs et vifs qui parcoururent la pièce où nous nous trouvions. Des yeux noirs perçants et des traits anguleux dont je n'eus qu'un rapide aperçu, mais une seule personne au monde possédait un tel regard : M. Trappe.

« L'as-tu vu, toi aussi ? demanda ma maîtresse, pressant ses mains en un geste éperdu. Oh ! je t'en prie, dis-moi : l'as-tu vu toi aussi ou est-ce un mauvais rêve ?

– J'ai vu quelqu'un ou quelque chose, répondis-je.

– C'étaient ses yeux, c'était lui ! Nous sommes découvertes », dit-elle en retenant de justesse un cri de désespoir absolu.

Durant un moment, je fus incapable de trouver les mots pour la réconforter. J'aurais eu moi-même bien besoin de soutien. Ainsi, il nous observait, suivait notre piste et nous traquerait partout. Mue par une sorte de force instinctive, je me tournai vers le lit. Se coucher, dormir, se reposer sans crainte… À présent, c'était totalement impossible. Connaîtrions-nous encore le repos et la tranquillité en ce monde ? Pourrions-nous de nouveau sommeiller un jour en paix ? Apparemment pas. Nous devions une nouvelle fois nous enfuir. Cette nuit même, nous devions nous en aller, laisser derrière nous ce cottage hospitalier et ses occupants sans même avoir eu le temps de les remercier. Sous le vaste ciel, à l'air libre, au milieu de la nature et de toutes ses merveilles libres elles aussi, nous respirerions plus librement qu'ici, mais avions-nous encore un espoir de nous échapper ?

Quand ma compagne se redressa, elle avait recouvré un semblant de maîtrise. Elle était forte comme certains au moment d'être écartelés sur la roue et comme d'autres lorsqu'ils sont sujets à la fièvre, au délire ou aux affres de la souffrance.

« Qu'allons-nous faire ? Que pouvons-nous faire ? s'enquit-elle d'une voix éraillée.

– Nous coucher et éteindre la lampe, répondis-je.

– Crois-tu que je pourrai dormir ou même fermer les yeux après ce que je viens de voir ?

– Non, je ne pense pas, de même que je n'en serai pas capable non plus, mais notre seule chance de salut dépend de ce plan. Il est maintenant certain que notre ennemi se trouve en ce moment même dans la maison. Il nous a découvertes, et tant qu'il ne se sait pas démasqué, nous sommes en sécurité. Nous nous mettrons au lit comme si de rien n'était, puis nous attendrons jusqu'à une heure avancée de la nuit que tout devienne tranquille, que même son cerveau toujours actif soit terrassé par le sommeil, et ensuite nous partirons. »

J'énonçai ces mots posément car le désespoir m'avait apporté le calme. Ma compagne approuva mon idée. En silence, nous nous défîmes de nos vêtements, nous éteignîmes la lampe et nous nous allongeâmes. Ai-je besoin de préciser à quel point nous étions sur le qui-vive, à quel point nous réagissions au moindre bruit et avec quelle lenteur s'écoulèrent les heures ? À une ou deux reprises nous entendîmes distinctement une porte s'ouvrir puis se refermer, et des pas d'homme dans le couloir, mais enfin le silence fut total.

Vers minuit, je me levai pour aller jeter un coup d'œil dehors. Pas une étoile en vue. Le ciel était chargé de nuages et le vent poussait de profonds soupirs. Je songeai au tilleul dont les branches grinçaient, je songeai à tous ceux qui dans un bon lit faisaient d'agréables rêves de foyer et d'amis, et je songeai à nous-mêmes, innocentes de tout crime mais pourchassées de place en place et obligées de chercher refuge au cœur de la nuit.

Estimant le moment venu et nous en remettant au ciel, nous enfilâmes nos vêtements, ouvrîmes doucement la fenêtre, écartâmes les feuilles et franchîmes l'ouverture. Nous atteignîmes le sol sans nous blesser ni faire de bruit. Tout aussi discrètement, nous entreprîmes d'escalader la clôture basse en face de nous et nous nous retrouvâmes une fois de plus dans les vastes étendues champêtres. Cet avantage, si minime fût-il, nous procura un soulagement indicible. Nous laissions notre ennemi derrière nous et chacun de nos pas accroissait la distance entre lui et nous. Galvanisées par cette pensée, nous pressâmes l'allure. Mais vers quelle destination ? Nos plans étaient contrariés, désormais. M. Trappe nous rattraperait au village, il arriverait au bateau avant nous. Notre seule chance consistait à nous dissimuler, mais comment y parvenir ? Un bois sombre et épais se présenta à notre droite et, bravant nos craintes superstitieuses, ignorant la fatigue, aspirant seulement à échapper à notre ennemi tant redouté, nous nous y enfonçâmes. Nous passâmes par-dessus les troncs tombés sur le sol et à travers les broussailles, déchirant nos vêtements, écorchant nos pieds. Il nous fallait avancer, toujours avancer ; plus nous nous éloignerions, mieux ce serait. Enfin, ma chère compagne s'effondra près d'un énorme arbre abattu et déclara qu'elle n'en pouvait plus, qu'elle devait se reposer. Presque aussi épuisée, je m'accroupis près d'elle et nous demeurâmes ainsi, dans cette position, jusqu'au lever du jour. Alors nous plongeâmes plus loin dans le sous-bois, cueillant des fruits sauvages en guise de petit déjeuner, étanchant notre soif à un ruisselet qui serpentait parmi les ombres. Lugubre était notre marche, mais plus lugubres encore étaient nos pensées. Les serpents, les bêtes sauvages et les chouettes nous cernaient, et pourtant c'était d'un homme que nous avions le plus peur.

Aux environs de midi, les nuages se dissipèrent, laissant apparaître le soleil. Les jeunes feuilles bruissaient et chuchotaient, les oiseaux chantaient et le vent riait dans les arbres. Nous étions environnées de musique et de gaieté ; la jeunesse, l'amour et la joie régnaient partout, sauf dans nos cœurs tourmentés.

Soudain, la surprise et l'inquiétude nous gagnèrent à la vue d'une petite clairière où se dressait une vieille cabane. Quelques minutes d'observation me suffirent néanmoins à acquérir la certitude qu'elle était inhabitée. Les sentiers menant à l'entrée étaient envahis par les herbes folles, tout semblait désert et abandonné. Nous avançâmes prudemment et entrâmes tout aussi prudemment. C'était sans doute l'ancienne habitation d'un forestier et sa construction rappelait beaucoup celles des wigwams indiens. À l'intérieur, il n'y avait ni plancher, ni porte, ni fenêtre, mais juste un vieux banc dont un pied était cassé, une marmite ébréchée et des éclats de vaisselle brisée disséminés un peu partout. Dans un coin s'étalait une couche de paille humide et moisie qui avait probablement servi de lit, et dans un autre gisait un amas de vieux vêtements. Je craignais de les examiner car je les supposais, sans trop savoir pourquoi, rattachés à un meurtre. Comme il n'y avait aucune trace d'occupation récente, nous décidâmes de séjourner quelques semaines en ces lieux. Certes, l'on ne pouvait guère imaginer logis plus désolé et isolé, mais cet isolement nous convenait parfaitement ; il garantissait notre sécurité. Nous trouverions notre subsistance dans la forêt, nous étancherions notre soif au ruisseau tout proche, et au moins nous serions libres.

Nous passâmes ainsi de nombreux jours dans cet endroit. Combien au juste, je ne saurais le dire, mais les fruits et les baies encore dures et vertes * quand nous étions arrivées devinrent juteuses, tendres et finirent par disparaître avant que nous partions. Les fleurs qui étaient encore en bourgeons s'ouvrirent, s'épanouirent, se flétrirent et libérèrent leurs graines, les oiseaux qui s'activaient toute la journée, gazouillant et construisant leurs nids, pondirent leurs œufs et élevèrent leurs couvées.

Je pensais depuis longtemps que la cabane avait été le théâtre d'un crime atroce, et certaines découvertes subséquentes me confortèrent dans cette opinion. Sur le sol s'étendait une large tache sombre que je ne pouvais m'empêcher d'associer à du sang, et lorsque nous enlevâmes la litière de paille nous constatâmes que les brins étaient emmêlés, collés comme si une substance

* [à notre arrivée]

poisseuse les avait imprégnés et rassemblés en séchant. Sous la pile de vêtements, nous récupérâmes une hachette sur laquelle subsistaient des cheveux, et alors que nous cherchions des baies nous tombâmes sur les restes d'un squelette humain déterré par les chiens errants et les vautours.

À la suite de ces trouvailles, une terreur superstitieuse s'empara de ma chère compagne. Le cri d'un oiseau de nuit, le hurlement d'un loup et même le souffle du vent suffisaient à l'affoler. Elle interprétait les sons nocturnes comme autant de manifestations d'un monde invisible, et les ombres traversant son chemin comme autant de choses de l'éternité rendues perceptibles. * Ce fut en vain que je la conjurai de bannir ces appréhensions mortifères ; ce fut en vain que je tentai de la réconforter en lui répétant que, dans la mesure où nous étions innocentes de tout crime, aucun mal ne nous serait fait. Si sa raison acceptait ce que je disais, ses peurs demeuraient néanmoins toutes-puissantes.

À l'approche de l'automne, nous envisageâmes de changer d'habitation, mais pour aller où et comment, telle était la question. Nos vêtements étaient déchirés, nos chaussures usées, et nous ne pouvions espérer passer inaperçues dans un tel état de détresse. Mais affronter l'hiver ici même nous paraissait impossible. Le gel détruirait nos réserves de nourriture et nous n'avions aucun moyen de faire du feu. Toutes ces considérations furent prises en compte, et parfois, acculées par le désespoir, nous envisagions plus ou moins sérieusement de nous rendre à l'ennemi, quitte à connaître le pire.

Les difficultés de ma situation augmentaient de jour en jour. L'esprit de ma compagne était de plus en plus ébranlé. La misère, la fatigue, la peur d'être découverte et les interminables affres de la torture mentale avaient profondément affaibli sa constitution physique et affecté

* [À l'approche de l'automne]

son intellect. Elle se plaignait et geignait sans cesse, me tenait pour responsable de tous ses maux et me lançait les plus étranges accusations de complot contre elle. C'était pour moi la plus grande source d'amertume et j'étais prête à crier dans le langage du Sauveur : « Père, si c'est possible, épargne-moi cela ! » Mais en raison de son infinie bonté, je me sentais obligée d'ajouter : « Que ta volonté soit faite, et non la mienne. »

Au bout d'un moment, ma maîtresse sombra dans une forme de démence particulièrement éprouvante. Elle s'imaginait poursuivie par un être invisible qui cherchait à dévorer sa chair et à broyer ses os. Elle hurlait de terreur et, accroupie sur le sol, montrait du doigt la monstrueuse création de son imagination perturbée.

« Là ! Il est là, il arrive, empêche-le d'approcher, empêche-le, je t'en prie ! Ô mon Dieu, quelle horreur ! Il déchire ma chair, il boit mon sang. Oh ! Oh ! »

Puis, au paroxysme d'une frayeur insensée, elle s'effondrait et délirait pendant longtemps. Par intermittences, cependant, sa clarté d'esprit luttait pour percer les nuages qui l'enveloppaient et elle était capable d'avoir une conversation rationnelle, comme avant.

Un matin, je fus surprise par des aboiements et des cris. Les sons, tout proches, émanaient vraisemblablement d'un groupe de chasseurs. Quelques instants plus tard, trois hommes émergèrent du sous-bois et se dirigèrent droit vers notre cahute. Fuir, si nous en avions eu l'intention, était hors de question et, recroquevillées dans un coin, nous décidâmes d'affronter notre destin – ou du moins en décidai-je ainsi, car ma compagne semblait incapable d'enchaîner deux pensées. J'entendis les inconnus parler en approchant.

« Eh bien, c'est étrange, mais cette cabane a dû être habitée ces derniers temps. Les sentiers sont battus et que le diable m'emporte si ce n'est pas l'empreinte d'un pied ! dit l'un d'eux d'une grosse voix bourrue.

– Où ? Je ne vois rien, répondit un autre.

– Là, dans la rosée sur l'herbe. Tu ne vois toujours pas ?

– Ah ! oui. Ce sont les traces d'une femme.

– Des Nègres en fuite, peut-être. Avec un peu de chance, on les attrapera, reprit le premier avant d'appeler son chien.

– Aucun Nègre n'a jamais laissé de piste semblable.

– Je suis sûr qu'en explorant les environs on finira par les trouver, intervint le troisième. Ils n'ont pas pu aller très loin.

– Jetons d'abord un coup d'œil là-dedans », suggéra l'un d'eux.

Et, joignant le geste à la parole, il s'approcha de l'ouverture, passa la tête à l'intérieur, puis recula vivement après nous avoir aperçues.

« Qu'est-ce que tu as vu ? demanda son compagnon.

– Je n'en sais fichtrement rien. Regarde toi-même. »

Les deux autres s'avancèrent à leur tour, nous jetèrent un coup d'œil puis battirent en retraite. De fait, nous ne ressemblions plus à des êtres humains. Drapées dans nos capes, nous étions accroupies dans un coin, et nos têtes, les seules parties visibles de nos corps, disparaissaient sous une masse de cheveux emmêlés qui voilaient nos visages.

« Tire ! dit l'un des chasseurs.

– Bon sang, mais c'est une femme ! » s'exclama un autre quand ma compagne, en bougeant légèrement, révéla une partie de sa personne.

Aussitôt, je rejetai ma cape, me redressai et me dirigeai vers eux.

« Messieurs, vous avez devant vous deux malheureuses qui se sont égarées au printemps dernier. Nous nous sommes installées ici parce que nous n'avions pas d'autre logis.

– N'êtes-vous pas plutôt des esclaves en fuite ? » suggéra l'un des hommes.

Tous avaient les traits burinés et une allure assez peu recommandable. Je répondis en tremblant que j'étais, ou plutôt que j'avais été, une esclave.

« Et elle ? demandèrent-ils en indiquant ma compagne.

– C'était ma maîtresse.

– Ta maîtresse, hein ? »

Il s'esclaffa.

« Tu nous en racontes de bien belles ! Les maîtresses n'errent pas par monts et par vaux dans cet état.

– Attendez, l'interrompit l'un des membres du trio, c'est peut-être en rapport avec un mystère dont j'ai entendu parler au printemps dernier. Quel était le nom de ton maître ? »

Consciente de n'avoir aucun intérêt à la dissimulation, je le lui révélai.

« Oui, c'était bien ce nom-là. Ce qu'elle nous a dit est vrai, reprit-il à l'adresse des autres.

– Depuis combien de temps êtes-vous ici ? demanda l'un d'eux.

– Nous avons passé là presque tout l'été.

– Seigneur ! Je ne resterais pas dans cette cabane une seule nuit même si l'on m'offrait * ce qui était autrefois la fortune de ton maître.

– Puis-je vous demander pourquoi ?

– Parce qu'on raconte qu'une fille très belle a été assassinée dans le coin et que cet endroit est hanté. Tu ne t'en es pas rendu compte ? »

Je répondis qu'une bonne conscience était la meilleure des protections et qu'aucun mauvais esprit ne m'avait harcelée.

« Eh bien, qui aurait pu imaginer que notre partie de chasse nous serait aussi profitable ? Bon sang, ces filles ont plus de valeur pour nous que tout le gibier de ces bois !

– Ma maîtresse est malade et elle a l'esprit dérangé.

* [la fortune de]

Elle a tellement souffert ! dis-je. Traitez-la avec ménagement.

– Bien sûr, si elle sait se tenir », répliqua mon interlocuteur d'un ton sec.

Par chance, l'esprit de ma compagne connaissait une période de lucidité et elle conserva un calme étonnant, se bornant à observer que l'amertume de la mort appartenait au passé et que, quel que fût son destin, ses souffrances ne pourraient jamais égaler celles déjà endurées.

« Je ne fais pas appel à votre compassion, dit-elle. Mes propos ne sont dictés ni par l'horreur ni par la peur. Je ne vous demande pas d'envisager qu'un grand malheur puisse s'abattre sur vous un jour et que vous puissiez avoir besoin d'amis comme nous en avons besoin aujourd'hui. Je ne vous demande pas d'envisager tout cela, sachant bien que, même si ma raison vacille, vous resterez sourds à mes propos, que ni les larmes, ni les prières, ni les supplications ne vous détourneront de votre but, quel qu'il soit.

– Vous n'avez pas une bonne opinion de nous, madame », dit l'un des hommes.

Un sourire flottait sur les lèvres de ses camarades, peut-être à cause du terme employé pour désigner une personne d'aspect aussi pitoyable. Il leur en fit la remarque :

« Souriez tant que vous voudrez, mais cette femme a occupé autrefois un rang élevé et je la plains d'avoir connu un malheur impossible à réparer.

– Le ciel, j'en ai bien peur, s'est retourné contre nous, continua ma maîtresse d'un ton lugubre. Rien ne sert de lutter contre le destin. Quoi qu'il advienne, je suis résignée. »

La passivité d'un désespoir établi se devinait à chacune de ses paroles, à chacun de ses gestes.

« Donc, vous nous suivrez docilement ? demanda l'un des hommes.

– Jusqu'où ? s'enquit-elle en s'avançant et en fixant

sur le visage de son interlocuteur ses grands yeux tristes où brillait une faible lueur d'intérêt. Me conduirez-vous chez mon père ? Dieu sait combien je serais heureuse de le revoir. »

Elle perdait la tête.

« Non, pas chez votre père, chère madame, répondit celui qui l'avait déjà appelée ainsi et que ses compagnons nommaient Horace. Non, pas chez votre père, mais dans un endroit où l'on s'occupera bien de vous.

– Chez mon mari, alors ?

– C'est impossible.

– Pourquoi ? s'enquit l'un d'eux.

– Il est mort, annonça Horace d'une voix grave. Du moins, c'est ce que m'a raconté ce vieil avocat qui sait ou semble tout savoir. »

Lorsqu'elle entendit le mot « avocat », une expression torturée s'inscrivit brièvement sur ses traits.

« Pas lui, déclara-t-elle en s'efforçant de ne pas crier. Je ne veux pas aller chez lui.

– Il n'en sera rien, dit Horace d'un ton apaisant. J'y veillerai. »

Les trois hommes se retirèrent un peu à l'écart pour se concerter à voix basse. Il me sembla qu'Horace protestait, qu'il s'opposait à quelque proposition, mais de toute leur conversation je ne saisis qu'une phrase où il était question d'une grosse récompense. Puis ils revinrent vers nous et nous entraînèrent à leur suite tels des moutons menés à l'abattoir – dociles, résignés et incertains de leur avenir.

J'aurais tendance à penser que mon cerveau, comme celui de ma pauvre chère maîtresse, se laissait parfois envahir par la confusion. J'étais sûre que ces hommes parlaient de nous, même si je n'avais pas saisi leurs propos. Je les avais entendus. Je comprenais la signification des mots mais ne parvenais pas à établir de liens entre eux pour leur donner une cohérence. J'avais entendu Horace dire « Il est mort », et pourtant je ne m'étais pas rendu compte sur le moment qu'il s'agissait de mon maître. Puis, lentement mais sûrement, cette vérité accablante s'imposa à moi. Mais comment était-il mort ?

Nous cheminions le long d'une étroite route forestière – tous sauf ma maîtresse. Comme elle était incapable d'un tel effort physique, ils avaient fabriqué pour elle une sorte de litière grossière qu'ils portaient tour à tour, deux par deux, chargeant le troisième de prévenir toute tentative de fuite de ma part. Précaution superflue s'il en était, car même mon désir ardent de liberté, maintenant devenu le but de ma vie, n'aurait pu m'inciter à abandonner ma compagne. L'homme appelé Horace marchait à côté de moi. Il avait l'air triste, compatissant. Peut-être pouvais-je me risquer à l'interroger.

« Vous avez dit, je crois, que mon maître n'était plus de ce monde. Pourriez-vous m'expliquer comment il est mort ?

– De sa propre main, dans le salon, cette pièce ancienne où étaient suspendus des portraits de famille, répondit-il.

– Et la propriété ?

– Elle a déjà trouvé un nouveau maître, de même que les serviteurs. »

D'après ce que je pus comprendre, le lendemain de notre fuite M. Trappe était revenu à l'improviste. Libre de circuler à sa guise, il s'était aussitôt rendu dans les appartements de ma maîtresse, qu'il avait trouvés vides. En redescendant, il avait croisé Lizzy qui, dans un état d'inquiétude et de consternation extrêmes, lui avait révélé que sa maîtresse avait disparu. Qui sait s'il était préparé à une telle éventualité ou s'il s'était départi de sa calme indifférence coutumière pour trahir une certaine surprise, toujours est-il qu'il avait aussitôt demandé où était mon maître et résolu de s'entretenir avec lui.

Ce dernier se trouvait dans le salon, du côté sud, et bien sûr M. Trappe avait été admis en sa présence.

Quelle avait été la teneur de leurs propos, quels secrets avaient été dévoilés, quelles révélations faites, tout cela restera à jamais un mystère. Mais comment douter de leur caractère pénible ou de l'ampleur de la disgrâce et des vérités ainsi mises au jour ? L'entretien avait duré longtemps, très longtemps, puis M. Trappe était sorti à pas glissés. Ses habits noirs miteux et ses yeux encore plus noirs avaient accroché la lumière dans le couloir. L'écho de son pas régulier avait résonné d'abord sur le perron, et ensuite sa silhouette s'était éloignée rapidement dans la longue allée de chênes avant de s'évanouir. Le mal toujours lié à sa présence avait été accompli. Cet homme avait infligé souffrance et destruction à la maisonnée. N'était-ce pas suffisant ?

Mon maître demeure seul et silencieux dans le salon, tandis que le tilleul grince sous la fenêtre. Personne n'ose le déranger. N'y a-t-il aucune voix dans cette fastueuse demeure pour se porter à la rencontre des serviteurs qui vont et viennent et leur dire dans un souffle : « Allez le voir » ? N'y a-t-il aucun indice susceptible de laisser supposer même à Mme Bry ce qui se produit dans cette pièce, sous ce toit ? N'y a-t-il aucun sens à donner à toutes ces heures qui s'écoulent sans qu'il se montre ? Son dîner attend, un dîner somptueux servi sur un plateau imposant. Les viandes délicates dégagent des effluves délicieux, le vin miroite dans la carafe. Sa voiture est devant l'entrée, il a demandé qu'on la tienne prête pour quatre heures de l'après-midi. L'heure arrive, puis passe. Jamais il ne s'attarde ainsi dans ses appartements. Je ne me souviens pas qu'il y soit resté aussi longtemps, songe Mme Bry.

Cinq heures, et il est toujours invisible. Quelque chose ne va pas. Mme Bry sort, fait le tour de la maison et lève les yeux vers la fenêtre du salon ; les volets sont clos. Elle retourne à l'intérieur et se dirige vers la porte des appartements du maître. Celle-ci est verrouillée de l'intérieur et le trou de la serrure est bouché par des morceaux de papier froissé. Mme Bry écoute ; aucun bruit. Elle frappe ; pas de réponse. Son inquiétude grandit et gagne les autres serviteurs. Tout le monde s'agite et s'affaire, il y a beaucoup de mouvement dans les pièces. Personne ne pourrait dire ce que ces gens font ou essaient de faire. Ils n'en ont eux-mêmes aucune idée précise. Ils affirment tous que quelque chose ne va pas et donnent l'impression que, dans la mesure où des obstacles insurmontables les empêchent apparemment d'atteindre l'endroit où réside le problème, ils préfèrent aller où il ne réside pas.

Soudain, un cri s'élève dans l'une des pièces du bas :

« Mon Dieu ! Qu'est-ce que c'est ? »

Mme Bry se dépêche ; d'autres accourent pour se renseigner sur la nature de la découverte.

« Rien, c'est de l'eau, déclare un homme. Quelqu'un a renversé de l'eau.

– Vous appelez cela de l'eau ? demande celle qui a donné l'alerte en montrant son doigt taché de rouge foncé. C'est du sang, voilà ce que c'est, et là aussi, et là encore. »

Et en effet, plusieurs petites flaques d'une substance coagulée s'étalent sur le sol. Mme Bry lève les yeux vers le plafond ; lui aussi est ensanglanté. En un instant, elle comprend tout. * Affolée, elle se précipite hors de la pièce et fait venir le régisseur, qui écoute tranquillement son histoire, regarde le sang, observe que c'est en effet fort étrange, puis force la porte du salon.

Que trouvent-ils à l'intérieur ? Le maître tombé de son fauteuil, gisant à plat ventre sur le sol, ses habits et le tapis trempés par le filet pourpre qui suinte toujours de l'affreuse blessure sur sa gorge.

* [Juste au-dessus se situent les appartements]

VI

Nouveaux horizons

> Car voici, les méchants bandent l'arc, ils ajustent leur flèche sur la corde [1].
>
> Psaumes.

Laissant les bois derrière nous, nous nous engageâmes dans une vaste plaine puis empruntâmes une route très fréquentée qui traversait une région fort peuplée. Nos guides riaient et plaisantaient au sujet de notre étrange apparence à tous et de la curiosité des gens qui cherchaient à savoir qui nous étions. La nouveauté de notre situation semblait avoir produit un étrange effet sur ma maîtresse. Elle restait passive et silencieuse, se bornant à interroger les hommes de temps à autre sur notre destination et le sort qu'ils lui réservaient. Lorsqu'elle obtenait une réponse évasive, elle laissait échapper un petit rire résonnant comme un bref sanglot hystérique puis se murait de nouveau dans son mutisme.

Nous progressions lentement. Les hommes s'étaient vite fatigués sous le poids de leur fardeau, tandis que mes membres affaiblis et mon corps amaigri avaient de plus en plus de mal à fournir l'effort nécessaire à la marche, même si nous faisions de longues et fréquentes haltes. Enfin, juste au moment où la nuit commençait à noyer le paysage, le battement des ailes d'un moulin, le clocher d'une église et un bruit de voix au loin nous indiquèrent que nous approchions d'un village. Les maisons furent bientôt en vue, quelques-unes plongées dans une sorte de pénombre qui n'était ni la lumière ni l'obscurité, mais la plupart éclairées, et toutes dégageant une impression de paix et de sérénité.

L'un des chasseurs partit en reconnaissance, pour annoncer notre arrivée, supposai-je, et s'assurer qu'il y avait un endroit susceptible de nous accueillir. Or mon cœur ne savait que trop bien lequel.

L'homme revint rapidement vers nous, chuchota que tout était prêt, et nous entrâmes dans le village en empruntant la rue principale, passâmes devant une taverne où brillaient de nombreuses lampes et devant un grand rassemblement de gens près d'un magasin dont les larges vitrines richement illuminées étaient garnies d'un grand choix d'articles, puis nous nous dirigeâmes vers un vaste bâtiment qui semblait bloquer la chaussée et dont la forme sombre et sinistre contrastait avec les édifices alentour. Les trois hommes s'immobilisèrent devant, puis l'un d'eux frappa à une petite fenêtre qui, comme les autres, était garnie de barreaux. Quelques mots furent échangés à voix basse avec quelqu'un à l'intérieur, les verrous coulissèrent, une porte métallique s'ouvrit lourdement et nous pénétrâmes dans le hall d'une prison.

Il s'agissait de la salle des gardes, de taille modeste mais solidement protégée, où j'aperçus un escalier étroit et deux ouvertures donnant sur les cellules et les différentes pièces du rez-de-chaussée, toutes pourvues de verrous et de barreaux solides. Sur les murs dépouillés étaient accrochés des fers et autres instruments rébarbatifs conçus pour des desseins inhumains, voisinant avec d'impressionnants couteaux de chasse, des fusils, des pistolets et toutes sortes d'armes d'attaque et de défense [2].

En me retrouvant ainsi, sans avoir commis aucun crime, introduite dans l'une des forteresses légales d'un pays célébré dans le monde entier pour la liberté, l'équité et la magnanimité prônées par ses lois, je ne pus m'empêcher de penser aux étranges notions de droit et de justice qui semblaient avoir usurpé leur place dans l'opinion publique, puisque le seul hasard de la naissance – un fait que les hommes n'avaient pas la moindre possibilité de changer ou de modifier – constituait un motif de châtiment et d'emprisonnement.

Dès notre entrée, je lançai un coup d'œil interrogateur à ma maîtresse et à nos guides, mais la lampe du hall brillait trop chichement pour me permettre de satisfaire ma curiosité. Je n'aurais su dire si mon attitude exprimait toute l'horreur du monde ou si la leur reflétait la plus grande compassion, tant son rayonnement était faible et incertain. Enfin, le geôlier alluma une petite chandelle qu'il trouva après l'avoir longuement cherchée sur une étagère, et j'obtins une vue plus nette de ses traits grossiers et de son apparence effrayante. Ses cheveux étaient rouges comme le feu et, dégagés de son visage tout aussi rouge, se dressaient en tous sens. Il avait les yeux injectés de sang et le nez criblé de minuscules boutons rouges. Il parut comprendre parfaitement qui nous étions et fit différentes remarques à nos dépens.

« Des fugitives... peut pas se permettre de les perdre... rapporter beaucoup d'argent. Y en a une qui est malade. »

Il nous fit signe de le suivre.

« Traitez-les le mieux possible, les malheureuses », recommanda Horace.

L'homme acquiesça d'un sourire grimaçant.

« Et surveillez-les le temps que nous prévenions leurs propriétaires et que nous recevions notre récompense », ajouta un autre chasseur.

Sur un nouveau sourire tout aussi affreux, le geôlier nous précéda dans l'escalier, puis le long d'une galerie étouffante sur laquelle donnaient plusieurs portes et qui, apparemment, communiquait avec d'autres cellules et passages. Enfin, il s'arrêta et introduisit une clé dans la serrure d'une porte si basse et étroite que personne n'aurait pu la franchir sans se baisser ou se mettre de profil. Elle s'ouvrit à la volée.

« Entrez là-dedans, une seule à la fois », ordonna-t-il en nous surveillant de près.

Nous obéîmes en silence, et il allait repousser le battant lorsque je lui demandai si nous pouvions avoir de la lumière.

« De la lumière, ben tiens, et pour quoi faire ? rétorqua-t-il avec rudesse.

– Pour éclairer, évidemment. C'est très sombre, là-dedans, répondis-je.

– Y a pas grand-chose à voir de toute façon, dit-il en gloussant, et d'ailleurs je vais bientôt revenir vous apporter votre dîner. »

La porte claqua derrière lui.

Nous étions maintenant plongées dans une obscurité semblable à celles des tombes égyptiennes et une puanteur suffocante imprégnait l'air chaud. Nous ne pûmes que nous raccrocher l'une à l'autre pour tenter d'explorer la cellule à tâtons, les bras tendus.

Elle ne contenait pour tous meubles qu'un tabouret bas en bois et un lit de camp ou une paillasse très étroite et manifestement d'une saleté repoussante. Nous les repérâmes en titubant, et nous étions toutes deux assises lorsque le geôlier revint.

« Z'avez d'jà pris vos aises, à c'que je vois ! lança-t-il d'un ton mi-enjoué, mi-railleur. Bon, v'là votre dîner et j'espère que vous nous créerez pas d'ennuis ou que vous essayerez pas de vous échapper, parce que, voyez-vous, c'est pas agréable, les embrouilles, surtout avec les femmes. »

Après lui avoir dit de ne pas s'inquiéter à ce sujet, je cherchai de nouveau à le convaincre de nous laisser de la lumière.

« Ben, c'est qu'y a le règlement... commença-t-il.

– On s'en fiche, du règlement ! l'interrompis-je. Vous

êtes sûrement quelqu'un d'indépendant, c'est évident, et vous savez très bien ce qui est nécessaire pour vivre. De plus, on ne nous a pas placées ici pour être punies, mais juste pour être sous bonne garde. »

Et ainsi, à force de cajoleries et de flatteries, je réussis à le persuader de nous abandonner la chandelle, ce qu'il fit en marmonnant dans sa barbe qu'il n'était pas sûr de prendre la bonne décision.

Le repas qu'il nous avait apporté était chiche et immangeable. Il se composait de pain dur, sec et moisi, de fromage grouillant de vermine et d'eau tellement chaude et fétide que nous eûmes toutes les peines du monde à l'avaler. Nous nous contentâmes de grignoter, puis nous nous étendîmes sur notre humble couche.

On raconte que certaines personnes se sont endormies sur la roue ou même lorsqu'elles étaient exposées aux tortures insoutenables des flammes. Harassée de fatigue et d'angoisse, je sombrai dans un sommeil agité et pénible. Ce ne fut pas du repos, car je fus éprouvée et tourmentée par un rêve effrayant. Ce ne fut pas non plus l'oubli béni qui endort les sens lorsque règnent la paix et le bonheur, mais une sorte de stupeur léthargique, résultat d'un excès d'épuisement mental et physique.

Une sensation de douleur plus concrète me gagna soudain, accompagnée de l'impression qu'un animal s'attaquait à ma chair. Je me redressai en sursaut, horrifiée, et laissai échapper un hoquet de stupeur en refermant la main sur un énorme rat en train de me mordiller la joue. Quand je l'eus relâché, il courut se réfugier au plus profond de son trou que les faibles lueurs de la bougie rendaient visible dans un coin de la cellule.

Affolée par la menace de me faire dévorer vivante, je ne pus refermer les yeux ; au lieu de quoi j'entamai une pénible veille tandis que mon imagination terrifiée emplissait mon esprit des idées les plus bizarres. J'avais entendu parler de rats qui, dans les prisons et les anciens charniers, se repaissaient de cadavres ou assaillaient par milliers même des hommes et des femmes vivants, rongeant jusqu'aux os leur chair tremblante et palpitante. Un tel destin était trop horrible à envisager. En proie à une fascination morbide, je contemplai la cavité d'où, de temps à autre, je voyais la créature sortir la tête, balayer les alentours de ses petits yeux perçants puis battre en retraite[3].

Au bout d'un moment, à mon grand dam, la flamme de la chandelle qui se consumait dans son support vacilla et s'éteignit, nous plongeant de nouveau dans les ténèbres. Une sueur glacée inonda mon front et je me mis à trembler sous l'effet d'un excès d'agitation nerveuse quand il me sembla qu'une voix chuchotait * « Dieu » à mon âme ; aussitôt, telle une lumière dans l'obscurité, j'acquis la certitude réconfortante, merveilleuse, de Sa présence protectrice. « Ne crains pas de Lui confier tes soucis, car Il veille sur toi. » « Les cheveux sur votre tête sont tous comptés, vos larmes sont dans cette outre[4]. » Ces passages tirés des Saintes Écritures, ainsi que d'autres tout aussi consolateurs, me soutinrent et me redonnèrent de la force. Je songeai ensuite à notre Sauveur et à son martyre, et je puisai une consolation dans l'assurance de cet amour qu'il avait exprimé en mourant. J'avais l'impression que le Dieu d'Israël était mon refuge, que je reposerais entre Ses bras pour les siècles des siècles, et je me reprochai mentalement de L'avoir oublié pendant si longtemps, d'avoir cédé au doute, à la peur et au découragement.

J'étreignis ma tendre compagne, bien qu'elle fût profondément endormie, l'embrassai et versai quelques larmes sur notre sort, puis m'efforçai de me ressaisir. J'y parvins. Une douce somnolence scella mes paupières et je rêvai de ma mère que je n'avais jamais vue – ma mère pareille à un ange. Je me plus alors, et je me plais toujours, à imaginer qu'elle était proche de moi en ces

* [un seul mot]

instants douloureux ; qu'étant elle-même un esprit, elle influençait le mien, et que par sa présence bénie, sacrée, elle avait trouvé le moyen de me consoler.

Lorsque le geôlier arriva le lendemain matin, nous le suppliâmes de nous accorder un peu plus de lumière et de liberté. Il céda à contrecœur et mit à notre disposition plusieurs petites cellules. Elles étaient toutes aussi misérables et inconfortables, mais elles nous offrirent la compagnie d'une autre prisonnière. C'était une vieille femme menue, à la peau flétrie et desséchée, et qui présentait un aspect des plus singuliers. Son expression était cependant bienveillante et elle s'exprimait d'une voix douce, bien que le chagrin et la réclusion eussent dérangé son esprit. Elle souffrait d'hallucinations et, bizarrement, prenait les cellules miteuses pour les salons d'un palais dans lequel elle jouait le rôle d'hôtesse recevant des invitées. Ses courbettes, ses sourires et ses marques de politesse avaient quelque chose de tristement amusant et, la main tendue pour nous accueillir, elle observa avec une grande courtoisie :

« Très heureuse, vraiment, mais à qui ai-je l'honneur ? »

Le geôlier, qui était présent, me regarda, porta un doigt à son front et me glissa en aparté :

« Elle a plus toute sa tête, mais elle est parfaitement inoffensive. Comme ça, elles pourront s'amuser ensemble, ajouta-t-il en indiquant ma maîtresse.

– Vous êtes étrangères ici, reprit la vieille dame qui s'appelait Mme Wright. Je l'ai été moi-même et il m'a fallu un certain temps pour apprendre à apprécier tout le confort de ces lieux. J'ai le privilège d'y habiter, maintenant, et la vie est agréable et facile. L'État s'occupe de moi, subvient à mes besoins, me fournit un toit... Oui, l'État est bien bon, un peu comme une mère. »

Jetant un coup d'œil à ma compagne, elle demanda :

« Êtes-vous sœurs ? »

Je lui signifiai que non.

« Juste des amies.

– Des amies, répéta-t-elle. Eh bien, j'avais une amie autrefois. J'avais un soupirant. J'avais des enfants autrefois, j'avais un mari, mais aujourd'hui je n'ai plus rien, ni amie, ni soupirant, ni enfant, ni mari ; tous m'ont abandonnée lorsque je suis arrivée ici, mais j'ai toujours entendu dire que la misère résidait même dans les palais. »

Ses yeux s'égarèrent vers les murs de pierre nue et le haut plafond sombre pour les parcourir d'un regard admiratif et satisfait. J'étais étrangement curieuse de savoir quel aspect majestueux ou magnifique son imagination malade prêtait à ces pierres grossières couvertes de poussière accumulée et de toiles d'araignée.

« Ils m'ont amenée ici, poursuivit-elle, en disant que je devais rester. Je ne voyais pas pourquoi au début, mais au bout d'un certain temps j'ai... je m'y suis habituée. Aujourd'hui, j'appelle cet endroit mon palais. Cet homme qui vient ici de temps en temps est mon maître de cérémonies, et à l'occasion, comme en ce moment, je reçois des invités.

– Mais pourquoi vous a-t-on amenée ici ? demandai-je. Vous auriez sûrement préféré demeurer auprès de votre mari et de vos enfants. »

J'avais touché la bonne corde dans sa mémoire et elle me fournit une réponse parfaitement sensée :

« C'est une longue histoire. Je ne sais pas si je suis capable de la raconter en entier, car parfois j'oublie, ou je mélange les noms et les événements. »

Cela ne faisait aucune différence pour moi, lui affirmai-je ; elle n'avait qu'à me narrer son récit dans les grandes lignes, ce serait bien suffisant.

Apparemment, pour autant que je pus donner un sens à ses phrases décousues et incohérentes, elle avait joui d'une bonne position dans la société et elle était très estimée et aimée dans le voisinage. Son cœur de femme débordait d'amour et de gentillesse pour tous, mais surtout pour les faibles et les opprimés. Elle vouait une immense tendresse aux enfants en général, mais un seul d'entre eux, une petite esclave nommée Ellen, bénéficiait de toute son affection. Cette âme bienveillante et charitable n'avait jamais appris la dure réalité du monde : les esclaves sont faits pour le labeur, pas pour l'amour, et c'était gaspiller ses sentiments que de leur en prodiguer.

Durant ses premières années, avant qu'elle ne fût en âge de travailler, Ellen était autorisée à se rendre chez Mme Wright chaque fois qu'elle en avait envie et à rester aussi longtemps qu'elle le désirait. Cela faisait alors un enfant de moins sur le domaine, elle obtenait de la nourriture et bon nombre de menus présents dont sa maîtresse tenait le compte, mais lorsqu'elle eut grandi et que son aide fut requise, elle n'eut plus le droit de voir son amie. Or, une fois acquises, les habitudes nées de l'amitié ne sont pas faciles à rompre. Ellen se sentait toujours tenue d'aller chez Mme Wright, et elle y allait. À quinze ans, elle devint une jeune fille vraiment superbe au teint proche de celui des Espagnoles, aux yeux de braise et à l'abondante chevelure d'un noir de jais qui bouclait autour d'un cou et sur des épaules d'une grâce exquise.

À cette époque, un marchand d'esclaves arriva dans la région. Il choisissait et achetait de jolies filles destinées au marché de La Nouvelle-Orléans. Ellen attira son attention et il décida de tout mettre en œuvre pour l'obtenir. Son maître accepta volontiers de la céder contre une belle somme d'argent. Il n'éprouvait aucun scrupule à condamner une telle beauté à une vie de misère dix fois plus insupportable que la mort sous la torture. Il ne voyait pas en elle une femme aux manières délicates et aux goûts raffinés ; pour lui, c'était une esclave, rien de plus.

Lorsque l'annonce du sort terrible qui lui était réservé revint aux oreilles d'Ellen, celle-ci, atterrée et horrifiée, courut chez Mme Wright. La peine et la stupeur de cette brave femme furent presque aussi immenses. Il lui semblait que le devoir, l'amour, la religion, l'humanité et tout ce qu'il y avait de générosité dans le monde la pressaient de protéger la malheureuse d'un destin aussi horrible. Peut-être ne prit-elle pas assez de précautions, mais mue par la pitié et la tendresse, et surtout bouleversée par les larmes, les prières et les supplications d'Ellen, elle décida de recourir à un expédient désespéré : emmener la jeune fille hors du pays.

Sans consulter son mari ni en parler à ses enfants, elle se retira avec Ellen dans une chambre privée, lui coupa sa magnifique crinière et la déguisa en garçon. Puis, après avoir laissé un mot à sa famille, elle commanda sa voiture, s'y installa, fit asseoir sa protégée à côté d'elle et s'éloigna.

Hélas ! la fuite d'Ellen fut aussitôt découverte par son maître. Il remonta sa piste jusqu'à la demeure de Mme Wright, où il découvrit les magnifiques boucles coupées et les vêtements abandonnés. Il en déduisit que la bonne dame avait emmené un garçon dans sa voiture. Ses hommes et lui s'élancèrent à bride abattue, rattrapèrent les rebelles, ramenèrent Ellen au domaine et envoyèrent Mme Wright en prison. Elle fut accusée d'enlèvement, jugée coupable et condamnée à une longue peine d'emprisonnement.

Ainsi, la maîtresse de maison fut arrachée à son foyer, l'épouse à son mari, la mère à ses enfants pour n'avoir commis d'autre crime que d'obéir aux lois du cœur. Pendant un temps, elle sombra dans un désespoir sans nom, et pour rendre son châtiment plus pénible encore on la plaça dans une cellule isolée et on lui interdit de recevoir la visite de son mari et de ses enfants. Même les influences réconfortantes de la nature lui furent refusées. On la priva du soleil, du vent, de la vue des cieux bénis. Durant deux années interminables, elle ne contempla qu'un seul visage humain, celui de son geôlier. Dans ces conditions, comment s'étonner qu'elle n'eût plus toute sa tête, qu'une vieillesse prématurée et la sénilité eussent altéré ses facultés et qu'elle fût devenue une simple d'esprit ?

Peu à peu, cependant, le ressentiment à son égard s'atténua et elle obtint plus de lumière, plus d'air, plus de liberté. Pendant ce temps, une épidémie ravageait le pays. Son mari et ses enfants périrent, sa propriété passa en d'autres mains et personne ne parla plus d'elle, même ceux qui avaient bénéficié autrefois de sa gentillesse.

Par la force de l'habitude, * sa prison lui était devenue plus agréable. Elle la considérait comme un foyer, un foyer que l'État lui avait préparé sans regarder à la dépense ni à la difficulté, de même qu'il entretient celui qui est à sa tête.

Elle me rapporta tout cela en multipliant les courbettes et les sourires d'une façon qui aurait pu me distraire si je n'avais pas songé à tout ce qu'elle avait dû subir avant de perdre la raison.

« Autrefois, je détestais l'esclavage, dit-elle encore. Née dans un pays esclavagiste, élevée dans un pays esclavagiste, témoin en permanence de l'esclavage, je ne voyais pas la beauté d'un tel système. Pourtant, on me répétait que c'était beau, et nombreux étaient ceux qui me jugeaient idiote de ne pas voir les choses ainsi, mais je ne pouvais pas. Non, je ne pouvais pas. »

La vieille femme soupira.

« Les avez-vous jamais vues autrement ? » demandai-je.

Avec une courbette assortie d'un sourire, un mouvement particulier de la tête et un clin d'œil, comme pour m'indiquer qu'elle ne disait pas tout ce qu'elle savait, elle répondit :

« Oh ! vous ne devez pas me poser de telles questions. Non, il ne faut pas. Cela pourrait nous attirer de graves ennuis. J'ai appris ce que tous les hommes vivant sur une terre d'esclavage doivent apprendre tôt ou tard : feindre

* [sa maison était]

d'approuver même si l'on doute ; se montrer dur même lorsqu'on est tenté de s'attendrir ; et dire que tout est juste, que tout est bien et dans l'ordre des choses alors que vous savez que rien ne saurait être plus anormal et plus injuste. »

VII

M. Trappe

> J'observe la loi et la justice : ne m'abandonne pas à mes oppresseurs [1] !
>
> DAVID.

Une accumulation de malheurs, de cause et de nature différentes, est capable de distraire et d'occuper l'esprit par une sorte d'effet contradictoire. Ainsi, même un changement pénible peut se révéler bénéfique. Après notre emprisonnement, la folie de ma maîtresse bien-aimée prit un caractère plus modéré et finit par se muer en mélancolie. Elle restait assise pendant des heures à observer les mouvements d'une araignée ou à guetter l'apparition d'une souris. Je tentais bien d'engager la conversation, de susciter son intérêt ou de l'amuser, mais en vain. Un médecin fut appelé – par qui, je ne le sus jamais – pour l'aider. Il déclara que le temps et le repos la guériraient, puis ordonna au geôlier de lui accorder tous les privilèges nécessaires et de lui fournir des livres et tout autre moyen d'égayer sa solitude. Par pitié ou par calcul, l'homme obéit.

Nous disposions désormais d'une cellule plus grande dotée de deux ou trois fenêtres qui, si elles étaient munies de barreaux, laissaient néanmoins entrer l'air et la lumière, et nous autorisaient une vue limitée sur la rue. C'était une grande amélioration de nos conditions. Nous pouvions apercevoir entre les barreaux les belles étoiles paisibles. Le clair de lune quadrillait parfois le sol et le vent nous apportait le parfum des fleurs venu des bosquets et des champs.

Jusque-là, M. Trappe ne s'était pas manifesté. Pourtant, à une ou deux reprises, j'avais cru distinguer un manteau noir miteux, et l'idée qu'il pût rôder autour de nous, raffinant le degré de nos tourments et attendant le moment propice pour frapper, s'était profondément ancrée dans mon esprit. Puis quelqu'un nous fit parvenir de menus présents et de bons vêtements nous furent fournis, mais nous ne sûmes pas d'où ils venaient et sur l'ordre de qui nous restions en prison. Je résolus donc d'interroger le geôlier. Cet individu était devenu plus sociable et même bavard. Malgré son apparence répugnante, il y avait quelque chose de chaleureux et d'intelligent chez cet homme. À force de côtoyer l'infamie et d'assister à toutes les manifestations possibles de la dépravation, il avait développé des manières grossières et gauches, un langage rude et parfois même brutal, une attitude qui exprimait tout sauf la douceur, et pourtant, sous cette façade peu engageante, telle la perle dans la coquille inélégante de l'huître, se dissimulait un tempérament profondément gentil et obligeant. Un jour, il nous apporta une petite corbeille de fruits et de friandises.

« C'est vraiment délicieux, observai-je. Nous autoriserez-vous à en faire profiter Mme Wright ? »

Il secoua la tête d'un air énigmatique.

« Et pourquoi, s'il vous plaît ? demandai-je.

– Parce que ce serait contraire aux ordres.

– Puis-je au moins savoir de qui vous les avez reçus ?

– Quoi ? Les ordres ou les cadeaux ?

– Les deux. »

Nouveau mouvement de dénégation.

« Eh bien, monsieur, répondis-je, je peux vous décrire cet homme avec précision. Il est assez âgé, bien qu'il paraisse seulement mûr. Ses yeux sont noirs et perçants. Il porte un costume noir tout aussi vieux que lui, mais bien entretenu. Il avance à pas prudents, comme s'il tâtait le sol devant lui, et il est avocat. »

L'homme se fendit d'un sourire et déclara :

« En plein dans le mille !

– C'est lui aussi qui nous a envoyé ces vêtements, poursuivis-je. Il est toujours en train de rôder dans les parages et il vient à la prison au moins une fois par jour.

– Par semaine, rectifia le geôlier. Il s'est fait un sang d'encre pour l'autre. Il a dit qu'on pouvait la soigner, qu'elle devait être soignée, sinon il en serait pour deux mille dollars de sa poche. Il l'a dit au docteur, c'est pour ça que je l'ai entendu.

– Le monstre ! marmonnai-je presque à mon insu.

– Il a peur qu'elle perde sa beauté, reprit le gardien. Du coup, elle aurait beaucoup moins de valeur. »

Comment le cœur d'un homme pouvait-il receler une telle bassesse ? Toutes ces petites faveurs susceptibles de passer pour une marque de considération n'étaient le fruit que de la manœuvre la plus égoïste et détestable. À la merci d'un tel individu, nous n'avions plus aucun espoir.

Je ne saurais dire au juste combien de temps nous restâmes en prison, ou à quelle saison ma maîtresse commença à montrer des signes d'amélioration. Lentement, progressivement, les nuages dans son esprit se dissipèrent et elle recouvra la pleine possession de ses facultés mentales. Le passé lui apparaissait comme un affreux cauchemar qui la faisait pleurer et frissonner, mais son âme même se révoltait à la perspective de son avenir.

Un matin, le geôlier annonça :

« Bonne nouvelle. »

Mme Wright, souriant et s'inclinant comme à l'accoutumée, demanda si c'était pour elle.

« C'est pour ces deux-là, répondit-il en nous montrant d'un geste. Préparez-vous à quitter la prison.

– Où allons-nous ?

– Où votre maître le voudra, évidemment. »

Néanmoins, je fus ravie à l'idée de me retrouver à l'air libre, de me laisser caresser par le vent et de profiter de cette infime parcelle de liberté que même les esclaves possèdent. Machinalement, ma compagne se leva. Pour nous faire ses adieux, Mme Wright entama tout un cérémonial de courbettes, de révérences et de poignées de main. Elle nous donna sa bénédiction, nous souhaita d'être très heureuses et finit par déclarer à quel point elle se sentirait honorée de recevoir notre visite un jour prochain.

« Oh ! ça suffit, dit le gardien. Vous êtes fatigante, à la fin. Venez, venez ! »

Nous suivîmes des couloirs, descendîmes lentement l'escalier en colimaçon et débouchâmes dans le hall de la prison.

« Les voilà ! » lança le geôlier à un homme au regard perçant qui nous examina avec attention pendant quelques instants.

« Ce sont donc elles, alors ? Hé ! sûr qu'elles sont jolies », fit-il en s'approchant de nous avec des démonstrations de familiarité.

Nous reculâmes d'un pas ou deux.

« Je vois, reprit le nouvel arrivant, qu'elles ne sont pas disposées à se montrer gentilles. Eh bien, mesdames, laissez-moi vous expliquer la situation. Je vais vous emmener hors de cet endroit, conformément aux ordres de votre maître actuel. J'aimerais procéder sans cris ni problèmes d'aucune sorte. Je ne tiens pas à employer la violence, sous n'importe quelle forme. Inutile d'avoir peur, donc, car on ne vous fera aucun mal, sauf si vous tentez de vous échapper, auquel cas je me servirai de ceci, ajouta-t-il en brandissant la crosse d'un revolver.

– Elles sont raisonnables, objecta le geôlier. Vous en aurez pas besoin.

– On ne sait jamais, répliqua l'homme. Mieux vaut

parer à toute éventualité. Et maintenant, mesdames, veuillez vous asseoir sur cette marche.

– Pourquoi ? s'enquit ma compagne.

– Parce que je vous le demande. Je souhaite vous traiter convenablement si vous me laissez faire. J'aimerais si possible rester courtois. Tout dépend de vous. Alors, je vous ordonne de vous asseoir là.

– Vous vous trompez, Hayes, intervint le geôlier. J'ai une petite expérience du genre humain et des caractères, et j'ai toujours constaté que la plus simple requête avait plus * d'effet que l'ordre le plus catégorique. Quand une femme se montre têtue ou obstinée, adressez-vous à elle comme si vous sollicitiez une faveur, cajolez-la, flattez-la, et je vous donne ma parole qu'elle sera plus malléable que de la cire entre vos mains.

– D'une façon ou d'une autre, elles doivent m'obéir », répondit le dénommé Hayes.

Pour moi qui avais toujours été esclave, l'idée de me soumettre à ses ordres ne me paraissait pas intolérable, mais elle heurtait au plus haut point la fierté de ma compagne. Je vis à son expression qu'elle était prête à se rebeller, mais la prudence finit par l'emporter et elle se résigna.

« Et vous aussi », ajouta Hayes à mon intention.

Je m'assis.

« Voilà, c'est beaucoup mieux, dit-il. Et juste pour vous aider à résister à la tentation de fuir, et pour m'éviter d'avoir à vous abattre, je dois vous mettre ces fers aux pieds. Avancez-les un peu et tenez-vous tranquilles. Je ne vous ferai pas de mal. »

Ma compagne fut submergée par un mélange de honte, d'horreur et d'indignation.

« Grands dieux, calmez-vous ! dit Hayes. Ce n'est rien, rien du tout. J'ai souvent vu des femmes aussi belles et

* [de pouvoir]

fières que vous soumises à des traitements bien pires. Maintenant, tendez-moi vos mains. »

De nouveau, nous nous exécutâmes, puisque toute résistance eût été vaine, voire dangereuse.

Il referma les menottes sur nos poignets.

« Levez-vous. »

Nous nous redressâmes de concert.

Le geôlier ouvrit la porte de la prison et Hayes nous dirigea vers un chariot, nos chaînes cliquetant à chaque pas. Une fois assises au fond du véhicule, nous nous murâmes dans un silence morose. Que nos pensées fussent des plus lugubres, nul ne saurait en douter. Comme le dit le prophète, « ce que nous redoutions tant nous était arrivé[2] ». Notre situation nous interdisait même tout espoir, ce baume pour bien des chagrins, mais nous avions néanmoins une certitude réconfortante. Nous savions que Dieu était avec nous et que, si amis et protecteurs terrestres nous abandonnaient, nous trouverions en Lui un refuge sûr.

« Êtes-vous bien ? demanda Hayes en se tournant brusquement vers nous. Je veux dire, avez-vous froid, soif ou faim ? »

Ainsi rappelée à la réalité, et comme ma compagne ne soufflait mot, je répondis pour nous deux que nous n'avions ni faim ni soif.

« Mais vous avez froid, vous êtes transies. Bon, enveloppez-vous là-dedans, dit-il en nous jetant une grande peau de bison. Oh ! attendez. Je vais le faire pour vous », ajouta-t-il en se remémorant soudain nos mains entravées.

Avec une apparente sollicitude, il nous recouvrit des chaudes fourrures en nous recommandant de garder courage et de ne pas nous inquiéter pour des broutilles.

« J'ai reçu l'ordre de veiller à votre bien-être et j'ai l'intention de m'y conformer si possible. »

Mais nous ne pouvions pas nous sentir bien, ainsi

prises entre un passé terrible, un avenir redoutable et un présent encore plus sombre et amer.

Si nous avions été moins bouleversées, le voyage aurait pu être agréable. L'air était froid, vif et tonifiant, et le soleil avait déjà un petit air d'été. De plus, la campagne que nous traversions était fort riante avec ses meules de foin, ses fermes, ses charrettes, ses enseignes, ses abreuvoirs pour les chevaux, ses arbres, ses champs, ses clôtures et les mille et un détails d'un paysage champêtre. Notre guide s'arrêta une ou deux fois pour regarder les affiches collées au bord des routes sur des panneaux de belles dimensions qui, avec leurs grandes lettres noires sur fond jaune ou rouge, avaient un aspect particulièrement criard.

Je voulus savoir ce qu'elles indiquaient et Hayes m'informa qu'une grande vente d'esclaves se tiendrait dans la région le lendemain.

« Oh ! inutile de pâlir et de trembler, ajouta-t-il. Je ne vous emmène pas là-bas. »

En plusieurs occasions, il fit une halte dans de petites auberges de campagne, entra dans la salle, plaisanta, bavarda, commanda à boire et, presque toujours, ressortit avec quelque chose de chaud pour nous, un grog ou une boisson anisée qu'il nous invitait à avaler en portant le verre à nos lèvres et en nous disant combien nous nous sentirions mieux après. Et chaque fois de conclure :

« J'ai l'ordre de veiller à votre bien-être. »

Les menottes à nos poignets nous faisaient très mal et nous le suppliâmes de les ôter.

« J'ai des ordres, répondit-il.

– On vous a demandé de nous enchaîner et de nous mettre les fers comme aux pires criminels ? s'enquit ma compagne.

– Pas exactement, mais presque. »

Enfin, après que nous eûmes usé de toute notre force

de persuasion, il consentit à ôter nos fers et nous nous engageâmes solennellement à lui obéir docilement.

Il devait être une heure au soleil lorsque nous aperçûmes à travers des arbres une blanche demeure au sommet d'une colline qui se dressait devant nous. Notre guide la désigna de son fouet en disant :

« C'est là que se termine votre voyage. »

Puis, lançant les chevaux au petit galop, il nous conduisit vers notre destination à vive allure bien que la pente fût raide et les pauvres bêtes fatiguées par le long trajet. La maison apparaissait, disparaissait, apparaissait de nouveau ; enfin, nous tournâmes dans une allée bordée de cèdres et nous arrêtâmes devant un joli cottage. Notre cœur se mit à battre la chamade quand un vieil homme boitillant, soutenu par une béquille, s'approcha du chariot. L'âge sied merveilleusement bien à certains. Un corps voûté par les ans, des cheveux sombres parsemés de fils d'argent confèrent parfois à leur propriétaire une allure plus intéressante que tout l'éclat de la jeunesse et de la beauté. Ne souriez pas lorsque j'affirme que bien des vieillards sont aimables. Mais celui qui venait vers nous n'était pas de ceux-là. Son front était dégarni, ses yeux larmoyants, très grands et ronds, et sans la présence de cils pour les adoucir ils ressemblaient vraiment à ceux d'un ogre. Il avait un nez proéminent, des pommettes hautes et d'affreuses dents noires saillantes qui produisaient un effet des plus répugnants quand il entrouvrait les lèvres pour parler. Mais ce fut surtout son expression qui me fit frissonner et me tasser sur moi-même. Sombre, sinistre et méprisante, elle révélait la malveillance, la haine et l'antipathie pour les personnes belles, bonnes et justes. Il ne pouvait y avoir ni soleil ni amour dans cette âme.

« Que Dieu nous garde si cet homme est notre maître », murmura ma compagne.

C'étaient les premières paroles qu'elle prononçait depuis longtemps.

« Ce n'est pas votre maître, expliqua Hayes, mais plutôt son régisseur, une sorte d'intendant qui s'occupe de ses affaires lorsqu'il est absent. »

Après avoir ôté nos entraves, Hayes nous pria de descendre. Nous lui obéîmes.

« Faites savoir à votre maître, dit-il au vieillard, que j'ai suivi ses instructions à la lettre. J'ai d'abord garanti la sécurité de ces femmes, puis j'ai veillé à leur bien-être, je les ai amenées ici et enfin je vous les ai confiées. Elles sont maintenant sous votre garde. »

Le vieillard répondit à ce discours par des paroles obséquieuses. Bien entendu, on pouvait toujours compter sur M. Hayes pour accomplir son devoir, et quant à notre bien-être il n'avait pas à faire de cérémonies avec nous. Lui-même n'en faisait jamais avec ce genre de bétail.

« En avez-vous beaucoup en ce moment ? demanda Hayes.

– Il n'y en a plus. La dernière fille est partie avant-hier. Elle a rapporté un joli profit au maître : il l'avait achetée aux enchères pour cinq cents dollars et il l'a revendue pour quinze cents.

– C'est ce que j'appelle faire des affaires, déclara Hayes. Mais emmenez donc ces femmes à l'intérieur, et tout comme moi veillez à leur bien-être. Elles ont froid, je vous le garantis. Allez, hue ! »

Cette dernière remarque s'adressait aux chevaux, qui parurent la comprendre aussitôt et s'éloignèrent rapidement.

Sous l'escorte du vieillard, nous nous dirigeâmes vers la maison et entrâmes par une large porte lambrissée qui se referma en claquant avec une telle force et éveilla tant d'échos qu'il me sembla un instant que toutes les autres portes se refermaient aussi. Il faisait encore grand jour mais tous les volets étaient clos derrière les hautes fenêtres, conférant aux pièces un aspect lugubre, inhabité.

Nous fûmes introduites dans un vaste appartement qui, meublé avec plus de goût, eût été magnifique. Un grand feu brûlait dans la cheminée, répandant une chaleur et une lumière hospitalières.

« Veuillez considérer cette pièce comme la vôtre jusqu'à nouvel ordre, dit le vieillard en regardant tout autour de lui. Cette porte là-bas, près de l'âtre, mène à une autre qui peut servir de chambre. Si, à n'importe quel moment, vous avez besoin de quelque chose, tirez ce cordon de sonnette. Je ne serai jamais loin. »

Je hochai la tête en signe d'assentiment, et il se retira pour revenir quelques instants plus tard nous demander s'il devait nous apporter un souper. Je répondis par l'affirmative, et il disparut de nouveau en prenant soin de verrouiller la porte derrière lui.

Il était évident que nous avions été transférées d'une prison à une autre. Toutes les portes communiquant avec le reste de la maison étaient verrouillées de l'extérieur. Les volets aux fenêtres se fermaient de la même manière. De fait, les mesures de sécurité prises dans cette demeure semblaient conçues pour susciter l'appréhension. Nous fûmes stupéfaites par le silence total qui régnait alentour. Pas le moindre bruit de voix, pas le moindre écho de pas. N'y avait-il personne à part nous ? Nous fûmes tentées de poser la question au vieillard lorsqu'il reparut avec notre repas, mais son expression fermée n'incitait pas à engager la conversation et, après avoir posé un plateau avec des rafraîchissements sur une petite table en noyer, il s'en alla sans souffler mot.

Et là, en ces lieux ternes, nous restâmes un mois. Même si je le voulais, je ne pourrais décrire la fastidieuse monotonie de notre existence ni les tourments dans lesquels nous plongeait une attente éprouvante. Certes, nos besoins étaient satisfaits. On nous apportait des mets délicats, des livres et des ouvrages de broderie, et à en juger par les apparences nous aurions pu être heureuses. Mais ceux qui s'imaginent que les plus grands maux de l'esclavage résident dans la souffrance physique n'ont pas une idée juste ou rationnelle de la nature humaine. L'âme, l'âme immortelle, aspire à mille et une choses indissociables de la liberté. Et puis la peur, l'appréhension, l'horreur et l'angoisse sont toujours liées à cette condition, à un degré plus ou moins important. On ne peut jamais avoir de certitudes ni de confiance absolue même lorsque tout va bien. Le maître indulgent peut mourir ou faire faillite. Le foyer heureux peut être dépouillé de ses plus précieux trésors et la conscience de cette perte remplit alors d'amertume tous ses membres.

Durant tout ce temps, nous ne vîmes d'autre visage humain que celui du vieillard. Il allait et venait tel un automate, sans jamais sourire, ne disant presque rien. À nos larmes et à nos suppliques il demeurait insensible. À nos questions il ne répondait pas. Eût-il été sourd qu'il n'eût pas manifesté de plus grande indifférence à nos paroles. Enfin, nous devinâmes qu'une autre personne logeait dans la maison. Nous entendîmes distinctement des voix, comme si deux personnes conversaient en chuchotant. Nous perçûmes d'autres pas que ceux du vieillard dans le couloir, à la fois différents et semblables car tout aussi précautionneux et glissés, révélant un effort de discrétion. De manière générale, il nous sembla qu'il y avait plus de bruit autour de nous. Des portes s'ouvraient et se fermaient plus fréquemment, on montait et on descendait l'escalier plus souvent, divers sons résonnaient, révélateurs de vie. Quelqu'un était de toute évidence arrivé, et sans trop savoir pourquoi nous devinâmes que cet événement avait un rapport avec nous.

Ce soir-là, quand le vieillard nous apporta notre souper, une lueur d'intelligence éclaira pour la première fois son regard impassible lorsqu'il dit :

« Votre présence est requise dans une heure.

– Par qui ?

– Le maître.

– Mais qui est ce maître ? »

Il secoua la tête, porta un doigt à son oreille – sa manière habituelle de feindre la surdité lorsqu'il ne voulait pas répondre à nos questions –, puis répéta « N'oubliez pas, dans une heure » avant de s'éclipser. Nous n'avions plus qu'une heure à attendre, et ensuite le mystère serait percé.

Une heure plus tard – nous avions en fait l'impression que deux ou trois s'étaient écoulées –, le vieillard revint dans nos appartements et nous invita à le suivre. Il nous considéra avec une certaine surprise car nous n'avions ni changé de robe ni arrangé notre coiffure. Nous allions à cette entrevue sans fard ni parures, n'espérant pas demander de faveurs ou en recevoir. Ma compagne tremblait, aussi estimai-je nécessaire de la soutenir lorsque nous gravîmes l'escalier. Le vieil homme, qui nous précédait avec sa lampe, s'arrêtait de temps à autre pour nous jeter un coup d'œil par-dessus son épaule. Peut-être craignait-il que même en un moment pareil nous tentions de fuir. Arrivés sur le palier, nous nous engageâmes dans un couloir étroit jusqu'à une porte légèrement entrebâillée. Le vieillard s'immobilisa mais n'entra pas, et nous hésitâmes.

« Avancez, avancez », dit-il en nous faisant signe.

Nous nous exécutâmes, pénétrâmes dans la pièce et nous retrouvâmes en présence de M. Trappe. Il était assis à côté d'une table sur laquelle brûlait une petite lampe. Près de son coude étaient posés une carafe de vin vieux et un verre qui venait de servir. Il nous gratifia d'un regard posé, quoique scrutateur, et je vis s'inscrire sur ses traits une expression à la fois complaisante et satisfaite. En aucun cas il ne parut exulter ou triompher. Il avait trop de retenue pour manifester ses sentiments [3], quels qu'ils fussent – même s'il se fendait parfois d'un petit rire quand il avait conclu une bonne affaire –, mais à présent il devait avoir une conscience plus aiguë de sa puissance, de son importance et de la force de sa détermination, puisque notre destinée reposait pour le moment

– ou devrais-je dire pour l'éternité – entre ses mains. Il avait l'air content de lui, comme quelqu'un qui aurait accompli une œuvre d'envergure. Peut-être était-ce d'ailleurs ce qu'il pensait, je ne saurais le dire.

Tenant avec insouciance ses lunettes vertes d'une main et caressant de l'autre les pages du volume qu'il lisait, il semblait attendre que ma compagne prît la parole. Découvrant qu'elle n'était pas décidée à rompre le silence, il s'en chargea lui-même en disant :

« Cela faisait bien longtemps que nous ne nous étions vus. »

Elle inclina la tête et répondit « Oui », mais d'une voix à peine audible. Le passé l'avait rattrapée, ramenant à sa mémoire des vagues de souvenirs remuées par la présence de cet homme. Elle se souvint de tout ce qu'elle avait été et pensa avec horreur à ce qu'elle était aujourd'hui. Lui aussi avait changé d'attitude à son égard. Il la considérait de toute évidence comme un ver à ses pieds – une créature à écraser ou à protéger. À une certaine époque, il lui eût avancé une chaise avec une politesse obséquieuse, mais en l'occurrence il ne l'invita même pas à s'asseoir.

« Cela faisait bien longtemps que nous ne nous étions vus, répéta-t-il. Puis-je vous demander en toute amitié si vous vous êtes bien amusée ? »

Elle le fixa d'un regard intense, le teint très pâle, le corps parcouru de tremblements nerveux.

Il lui retourna un regard non moins intense, et les muscles de sa bouche tressaillirent légèrement sous l'effet de la satisfaction.

« Avez-vous trouvé une bonne maison et une compagnie plaisante, plus désirable que celle que vous avez abandonnée si résolument, contrairement aux souhaits que j'avais exprimés ? C'était une mauvaise idée, une très mauvaise idée de votre part ; elle a hâté les choses, bousculé les affaires et eu les conséquences les plus désastreuses pour votre mari. Votre fuite l'a précipité dans la tombe, et vous, en esclavage. »

Ma compagne, toujours tremblante, laissa échapper un hoquet de stupeur. Je jugeai nécessaire de la soutenir jusqu'à un siège. Je la guidai vers un sofa ancien placé dans une petite alcôve. Elle s'y effondra et se cacha le visage dans les coussins. M. Trappe, incapable de compassion ou de pitié – l'amour de l'or ayant changé son cœur en pierre –, et habitué depuis si longtemps au spectacle de la souffrance humaine qu'elle ne l'émouvait plus, poursuivit d'un ton froid :

« Inutile de réagir ainsi. Vous savez déjà à quelle condition votre naissance vous condamne et vous devriez maintenant avoir accepté cette idée. Seigneur, ce n'est tout de même pas si terrible ! Nous sommes tous esclaves de quelque chose ou de quelqu'un. Un homme parfaitement libre serait une anomalie, une femme libre le serait encore plus. La liberté et l'esclavage ne sont que des mots attachés à certains états, souvent de manière impropre. Ce ne sont que de simples ombres, l'envers de la réalité [4], et cela étant, si l'on y réfléchit bien, elles n'ont qu'un effet insignifiant sur le bonheur individuel. »

Il prononça ces mots calmement, comme si ma maîtresse n'était qu'une machine qu'il analysait et commentait.

Elle émit un hoquet et un sanglot, mais demeura silencieuse.

« Vous me blâmerez sans aucun doute, reprit-il, vous me maudirez, vous me considérerez comme un ennemi, comme celui qui a gâché votre existence et arraché à vos lèvres la coupe du plaisir, mais sachez que vous vous montrerez injuste. Blâmez plutôt le monde qui a fait de moi ce que je suis, et de vous une victime des circonstances. Ce n'est pas ma faute mais plutôt le résultat du hasard qui m'a révélé votre ascendance. En effet, j'avais des soupçons depuis longtemps – des jours, des semaines, des mois et même des années –, mais qui peut prévenir des soupçons ? Je ne suis pas responsable des paroles échappées ici et là ou de certains regards qui ont contribué à les alimenter, et lorsque j'ai décidé d'en avoir le cœur net et de connaître le fin mot de toute cette affaire, je l'ai fait parce que c'était de mon ressort.

– Je ne comprends pas ce que vous voulez dire, répondit-elle au prix d'un immense effort.

– Je veux parler de ma profession. Vous n'êtes pas la première dame noble dont j'ai remonté la lignée jusqu'à un fils noir d'Afrique et dont le destin s'est retrouvé entre mes mains comme le vôtre l'est maintenant. Combien de secrets de famille ai-je démêlés comme une femme démêle un écheveau ? Pensez-en ce que vous voulez, parlez de profession indigne si tel est votre désir, mais croyez-moi, elle permet de gagner de l'or, de l'or brillant.

– Mais rend-elle votre conscience plus heureuse ou lui apporte-t-elle cette sérénité qui dépasse l'entendement ?

– Ma conscience ne me tourmente jamais, répliqua-t-il avec une expression qui, chez d'autres natures plus impulsives, eût passé pour du mépris. Non, elle ne me tourmente jamais. Les circonstances entourant la naissance de certaines personnes ne sont pas de mon fait. Ni les lois qui me procurent un avantage sur elles. Si une belle femme doit être vendue, c'est la faute de la loi qui le permet et non la mienne. Moi, je me contente d'en profiter. Si elle se vend pour un prix modéré, mon droit de l'acheter est incontestable ; et si je choisis de la garder un moment, de lui accorder des privilèges ou de trouver un moyen d'augmenter ses attraits, puis de la céder, c'est aussi mon droit incontestable. Je reste dans les limites de ce que la loi autorise et de ce que l'opinion publique encourage ; lorsqu'elles disent stop, je ne vais pas plus loin.

« Vous, madame, poursuivit-il après une brève pause, vous devriez être la dernière à me blâmer pour la tournure prise par les événements. Vous étiez bien mariée. J'approuvais cette union, et pour moi le bonheur de votre mari n'était pas négligeable. Pas négligeable, mais pas crucial non plus. Lorsque j'ai parlé de lui dessiller les yeux, c'était seulement pour vous mettre à l'épreuve. Je n'avais pas la moindre intention de lui nuire et je ne l'aurais jamais fait si votre fuite précipitée n'avait pas rendu nécessaire cette démarche. Mais je voulais vous voir vous traîner à mes pieds comme je m'étais traîné devant vous. Je voulais vous donner le sentiment que vous vous teniez au bord du gouffre et que seule ma main pouvait vous pousser vers la destruction ou vous ramener en sécurité. »

Absorbée dans ses pensées, elle l'écoutait néanmoins, et de temps à autre ses lèvres remuaient comme pour répondre, mais aucun son ne s'échappait de sa bouche. Il était clair qu'elle l'avait entendu, qu'elle répétait ses paroles en esprit et comprenait leur sens, et pourtant elle ne semblait pas percevoir leurs implications ni établir de lien avec sa situation.

« Mais il n'est pas utile de s'attarder sur le passé, reprit M. Trappe. Nous devons maintenant nous occuper du présent et je vais vous en parler. Je ne compte pas vous exposer sur un marché aux esclaves mais plutôt vous céder lors de négociations privées, puisque je suis maintenant votre propriétaire légal. Demain matin, vous recevrez la visite d'un gentleman qui propose, si votre apparence lui convient, de devenir votre acheteur. Vous devez paraître sous votre meilleur jour dans la mesure où il est particulièrement pointilleux. Vous devez aussi… »

Il fut interrompu par un léger cri de sa victime, et un instant plus tard je m'aperçus que les coussins du sofa étaient tachés du sang qui perlait sur ses lèvres. Rapide comme l'éclair, je me précipitai auprès d'elle et soutins sa tête affaiblie. Son agitation excessive avait provoqué la rupture d'un vaisseau sanguin, et elle approchait rapidement de ce lieu où les méchants ne s'agitent plus et où les cœurs las trouvent le repos[5]. M. Trappe se leva de sa chaise, s'avança lentement et sursauta en la découvrant mourante. Je crus presque voir une ombre passer sur ses traits, son regard s'éteindre un instant.

Mais était-ce le signe d'une conscience brutalement réveillée ou la perspective d'une perte financière qui assombrissait ainsi son expression ?

« Ma chère petite Hannah… »

Le sang jaillit de plus belle, tachant mes mains et mes vêtements quand je me penchai pour étreindre ma compagne et embrasser son front livide mouillé par la rosée de la mort.

« Que Dieu te bénisse et te soutienne, articula-t-elle avec la plus grande difficulté.

– Ne parlez pas, ma douce, cela ne fera qu'aggraver les choses. »

Une lueur de joie brilla dans son regard. Il y eut encore un hoquet, un soubresaut, un léger frémissement dans ses membres, et enfin elle fut libre.

VIII

Un nouveau maître

> Lève-toi, ô Éternel ! Ô Dieu, lève la main !
> N'oublie pas les malheureux [1].
>
> DAVID.

Ma tendre compagne, ma maîtresse vénérée, je ne sais où ils l'inhumèrent. Je ne sais si elle fut mise en terre consacrée, si le saint rituel de la religion fut accompli auprès de sa dépouille ou si elle fut portée sans cérémonie et sans qu'on en fasse grand cas dans une tombe des plus humbles. Le triste privilège de pleurer sur son corps sans vie me fut refusé, et comme pour ajouter à ma détresse je reçus l'ordre de retourner dans l'appartement où nous avions logé toutes deux. Se pouvait-il que les événements des quelques dernières heures ne fussent pas seulement un rêve horrible ? Tout avait une apparence familière, les chaises, la table, les murs, le plafond, le lit, les livres qu'elle avait lus, la broderie sur laquelle nous avions travaillé ensemble, mais j'étais seule. Aucun visage plein de gentillesse et de compassion ne se penchait vers moi, aucune voix familière et douce ne résonnait à mon oreille, et pourtant, bien que ma solitude totale m'arrachât larmes, soupirs et gémissements, je sentais au fond de mon cœur que cela valait mieux pour elle. Elle avait échappé au malheur, à l'oppression, aux affronts et à l'avilissement. La mort lui avait permis de vaincre l'ennemi, de s'élever triomphalement au-dessus de ses machinations, et j'aspirais à suivre son exemple. Condamnée à l'esclavage, à une servitude totale et sans espoir, soumise au pouvoir d'un homme aussi cruel qu'implacable, j'en arrivai à implorer la mort et priai le Créateur de me rappeler à Lui dans Son infinité bonté. Mais mes jours de probation n'étaient pas destinés à connaître une fin aussi rapide et heureuse. J'avais encore d'autres épreuves à endurer, d'autres scènes de souffrance et d'angoisse à affronter, sans doute pour accomplir quelque sage dessein dont le mystère me serait révélé dans l'autre monde.

Après avoir passé une nuit blanche épuisante à tenter en vain d'apaiser mon esprit et de me résigner au destin qui m'attendait probablement, je me levai au matin nauséeuse, nerveuse et abattue. Le vieux serviteur m'apporta mon petit déjeuner. C'était appétissant mais je ne pus rien avaler. Mon anxiété excluait toute satisfaction des sens et je me détournai avec horreur du pain blanc et du beurre doré. J'avais l'impression que l'on me préparait au sacrifice.

« Vous feriez mieux de manger, déclara-t-il, car un long voyage vous attend aujourd'hui.

– Quel genre de voyage ?

– Pardi, vous êtes vendue ! répondit-il, manifestement étonné que je ne fusse pas au courant d'un changement de situation aussi important.

– À qui ?

– Pardi, à Saddler, le marchand d'esclaves, mais peut-être n'aurais-je pas dû vous le dire.

– Vous en êtes sûr ?

– Certain. »

Ébauchant alors une sorte de sourire diabolique, il emporta le plateau du petit déjeuner.

Il y a quelque chose d'horrible dans l'idée d'être achetée et vendue ; un frisson me serra le cœur, un tremblement me parcourut tout entière jusqu'au cerveau.

Durant un moment, j'en eus le tournis, mais durant un moment seulement. J'avais connu trop difficultés et de malheurs pour me sentir accablée par la nouvelle. Et puis je me disais que si l'on pouvait disposer de mon corps mortel, on n'avait en revanche aucune prise sur mon âme. Jamais on ne parviendrait à étouffer mon désir d'immortalité, à ébranler ma foi et ma confiance totale en Dieu ou à anéantir ma conviction que le sang du Seigneur n'avait pas été versé pour rien.

Le vieillard, cependant, s'était trompé. Je n'étais pas encore vendue, bien que tout concourût à ce dénouement. Vers midi, je distinguai un bruit de roues et un martèlement de sabots près de la maison. Leur succédèrent les pas d'un homme puis des murmures dans la pièce voisine, et soudain la porte communiquant avec la mienne s'ouvrit à la volée tandis que quelqu'un disait d'une voix forte :

« La voilà ! »

Je savais que c'était M. Trappe, mais ce fut un inconnu qui répondit :

« Ma foi, Trappe, je croyais vous avoir entendu dire qu'elle était belle ; à mes yeux, elle est excessivement quelconque.

– Mais vous n'avez pas encore pu admirer tous ses atouts, répliqua Trappe. Entrez et jugez par vous-même de ses attraits qui, vous en conviendrez, ne sont pas négligeables. »

Quand les deux hommes pénétrèrent dans la pièce, j'allai me recroqueviller dans un recoin éloigné.

« Non, Hannah, ce n'est pas bien, dit M. Trappe. Viens ici et montre-toi. Je ne pense pas que M. Saddler ait jamais vu une fille aussi jolie. Viens, je te dis. »

J'obéis à contrecœur.

« Bon, je vais vous expliquer quelque chose, reprit M. Trappe. Vous ne trouverez pas un tel morceau de choix à acquérir pour pareille somme dans toute cette bonne vieille Virginie. Regardez donc ce pied si menu et délicat. Et quelle cheville ! Je me demande comment, en toute conscience, vous pourriez imaginer que j'en veuille moins. Bon sang, vous en tireriez une petite fortune.

– Comme vous y allez ! J'ai souvent acheté de plus jolies filles pour moins cher. Et elle est craintive, ce qui fait toute la différence. Cela dit, puisque je constitue un lot, je ne serais pas mécontent de l'avoir. Mais vous ne m'aviez pas parlé de deux esclaves ? Où est l'autre ?

– Morte. »

Saddler, l'air profondément surpris par la nouvelle, répéta :

« Morte.

– On ne peut plus morte, confirma M. Trappe.

– Pourquoi ? Comment ? Où était le problème ? demanda Saddler. Si ma mémoire ne me fait pas défaut, vous m'avez assuré qu'elle allait bien il y a seulement deux ou trois jours.

– Ce n'est pas la maladie qui l'a emportée mais la rupture d'un vaisseau sanguin. J'estime mes pertes à deux ou trois mille dollars.

– Quel malheur ! dit Saddler. Mais les filles meurent, c'est vrai. Il m'est arrivé de penser qu'elles étaient plus fréquemment victimes d'accidents que les hommes. J'ai moi-même perdu beaucoup d'argent pour cette raison, peut-être plus de dix mille dollars. Si les affaires en général n'avaient pas été aussi lucratives, de tels incidents m'auraient mis sur la paille depuis longtemps. Voyez-vous, je fais surtout commerce de jolies filles, et elles sont bien plus difficiles à aborder que les hommes, plus craintives et promptes à s'affoler. Et puis, mieux vaut ne pas trop les contrarier, sinon elles en font toute une histoire, se cassent le cou ou se laissent dépérir jusqu'à devenir des squelettes. J'en ai perdu six en une saison dans un seul lot. J'avais reçu des commandes pour La Nouvelle-Orléans, toutes pour de jeunes et belles femmes sans enfants. Il n'est déjà pas facile de trouver une esclave de dix-huit ou vingt ans sans enfants, alors je ne vous parle pas de cinquante ou de cent.

– Ce n'est pas facile, en effet, admit M. Trappe. J'ai moi-même connu ce genre d'expérience. »

Tremblante de peur, je me blottis de nouveau dans mon coin tandis que les deux hommes, qui s'étaient assis, poursuivaient leur conversation. M. Trappe me surveillait cependant du coin de l'œil.

« Enfin, j'ai décidé, continua Saddler, d'emmener des femmes avec ou sans enfants et de me débarrasser de la marmaille d'une manière ou d'une autre, en fonction de ce qui se présentait. Mais grands dieux, que de problèmes elles ont causés ! L'une d'elles, qui s'appelait Louise, la plus fraîche et la plus blanche de la troupe, a sauté dans la rivière quand elle a découvert que son enfant avait disparu pour toujours[2]. Une autre s'est échappée pour se précipiter à l'endroit où elle supposait qu'on avait emmené son fils. Le régisseur fut le premier à s'apercevoir de sa présence et, comme elle lui était inconnue, il l'a traquée avec ses chiens. C'étaient de vrais démons, féroces, impatients et fougueux. Ils l'ont horriblement déchiquetée, gâchant toute sa beauté, la rendant inapte à la vente. Alors j'ai dû m'en séparer pour trois fois rien. Mais pour en revenir à celle-ci, comment s'appelle-t-elle ?

– Hannah.

– Merci. Et Hannah…

– N'a pas d'enfant, affirma M. Trappe.

– Elle n'a pas d'enfant, ce qui est un avantage considérable, mais elle me semble encline à fuir.

– Pas du tout, répliqua M. Trappe. Personne n'est plus serein et satisfait qu'elle. Cette fuite, c'est l'autre qui en a eu l'idée, Hannah n'y aurait jamais songé toute seule.

– A-t-elle bon caractère ?

– Dieu du ciel ! Le meilleur du monde. Elle est douce, fiable et croyante.

– Bah ! je ne pense pas que la religion puisse lui faire grand bien ou la rendre plus soumise aux désirs de mes employeurs. Au fond, je préférerais qu'elle ne soit pas croyante, * car la religion façonne aisément des esprits bornés. Elle donne aux fidèles des notions de devoir, l'idée que telle chose est bien, telle autre mal. Ils sont ensuite dans de telles dispositions que vous les entendrez même affirmer que tous les hommes sont faits d'un même sang et égaux devant Dieu.

– Il y a peut-être du vrai là-dedans, observa M. Trappe.

– Il y en a même sûrement beaucoup, poursuivit Saddler. Mais présentez-moi plutôt une fille superbe, agréable et accommodante, désireuse de se plier aux circonstances et avide de plaire, sans la moindre notion de vertu, de religion ni rien de la sorte. Ce sont de loin les plus négociables du moment qu'elles ont la santé, la jeunesse, et qu'elles savent se montrer à leur avantage.

– Oh ! Hannah sait se montrer à son avantage, répondit M. Trappe. Reviens ici et traverse la pièce. Elle ne désobéit pas, remarquez bien. »

Je m'avançai.

« Voilà une fort jolie démarche, déclara Trappe. Rares sont les femmes qui marchent d'une façon élégante. Et elle a un port de tête gracieux, vous ne trouvez pas ?

– Acceptable, convint Saddler.

– Elle a une silhouette menue, des dents saines, des cheveux magnifiques et un teint clair ; elle est jeune, en bonne santé, d'humeur enjouée et de caractère aimable. Ma foi, quinze cents dollars, ce n'est rien, rien du tout quand on les met en balance avec une telle femme. Elle vous en rapportera facilement deux mille.

– Je n'en suis pas si sûr. C'est possible, mais pas certain. Tout dépend de la façon dont elle supportera le voyage. Elle risque de paraître vieille, usée et fanée, et je

* [mais je suppose qu'ils pourront l'en guérir]

ne pourrai alors obtenir que la moitié de cette somme. Cependant, je suis prêt à courir le risque pour douze cents dollars.

– Mettons treize cents et elle est à vous.

– Désolé, répondit Saddler, mais douze cents, c'est déjà trop. Pensez à ce qu'il m'en coûtera de l'emmener sur le marché, sans parler des risques. Je pense qu'il serait sage de prendre une assurance sur la vie de ces filles.

– Oh ! vous ne craignez rien avec elle sur ce point. Rien du tout. Faites-la monter dans votre chariot, passez-lui les menottes, et elle ne vous créera pas le moindre problème.

– Et vous acceptez douze cents ?

– Je n'ai pas le choix, je suppose, même si je ne doute pas que ce soit insuffisant. »

Saddler retira de sa poche un portefeuille en cuir, compta lentement l'argent et, en le déposant sur la table, demanda à M. Trappe de vérifier la somme. Celui-ci examina les billets, déclara que tout était en ordre et entreprit de rédiger un bon d'achat. Cela fait, il s'approcha de l'endroit où je pleurais.

« Pourquoi diable pleures-tu ? demanda-t-il. Tu es donc si triste de me quitter ?

– Non, monsieur, pas du tout », bredouillai-je.

Saddler éclata de rire comme s'il prenait ma réponse pour une bonne plaisanterie.

« Alors, qu'est-ce qui ne va pas ?

– Oh ! peu importe, lança Saddler. Ces femmes avec leurs fantaisies, leurs caprices, leurs larmes et autres sottises sont le pire fléau qui soit. Bon sang, elles iront jusqu'à pleurer dix fois par jour sans que vous ayez la moindre idée de ce qui les chagrine. Elles m'ont dérouté pendant longtemps, jusqu'au moment où je me suis aperçu que la meilleure tactique consistait à les ignorer. Si elles ont envie de pleurer, qu'elles pleurent ! Inutile d'y prêter attention. »

Il s'esclaffa de nouveau. Pas M. Trappe. Lui ne riait jamais. On aurait pu tout aussi bien l'accuser de tendresse ou de sentimentalisme que de gaieté. Son expression n'était que rarement adoucie par un sourire. Ses lèvres se retroussaient avec mépris, son front se plissait de colère, ses yeux lançaient des éclairs, mais il ne riait pas.

Il s'adressa de nouveau à moi d'un ton froid, ironique :

« Tu sais bien, Hannah, que c'est le travail d'un avocat de donner des conseils.

– Ça l'est assurément », approuva Saddler.

Pour ma part, j'avais perdu l'usage de ma voix.

« En outre, reprit M. Trappe, je propose de lui accorder pour cinq dollars de cadeaux d'adieu qu'elle pourra garder comme souvenirs. »

Ses manières plus que ses paroles me vexèrent et m'irritèrent. Il semblait tellement satisfait, tellement content de lui. La révolte me donna la force de parler.

« Je ne veux pas de vos présents. Si c'était possible, j'oublierais sur-le-champ votre nom et votre existence, car je sens que votre image hantera pour toujours ma mémoire. »

Une nouvelle fois, j'éclatai en sanglots.

Un léger tressaillement contracta peut-être son front, et une fugace lueur de haine ou de malveillance brilla dans ses yeux, mais il se ressaisit très vite et son expression devint semblable à un lac gelé éclairé par la lune, froide, impassible et inaccessible à tout sentiment de compassion.

« Je ne t'apprendrai rien qu'à ton âge tu ne saches déjà, déclara-t-il. Le bon sens t'a sûrement enseigné depuis longtemps que l'obéissance était cruciale pour une personne de ta condition, que tu ne devais jamais rêver d'exprimer une volonté, que tu n'avais ni esprit, ni désir, ni projet personnel. Tu trouveras peu de nouveaux maîtres comme M. Vincent, et là où tu vas, d'autres devoirs et d'autres travaux que ceux accomplis dans cette famille seront exigés de toi, mais n'oublie jamais, ne serait-ce qu'un instant, que la soumission et l'obéissance sont l'alpha et l'oméga de tous tes actes [3]. »

Bien que ses recommandations fussent sans doute appropriées à une femme dans ma position, du moins si j'avais été capable d'oublier Dieu, la vérité, l'honneur et ma propre âme, elles ne témoignaient en aucun cas d'une bonne intention. Cet homme aimait plonger jusqu'au plus profond du cœur humain et contempler ses souffrances. Il désirait varier les modes de ma torture mentale et m'amener à comprendre que dans mon corps comme dans mon âme j'étais bien une esclave.

Je me détournai de son regard glacial et il poursuivit :

« Mais quoi que tu fasses, quoi que tu deviennes ou quelles que soient les épreuves que tu auras à endurer, tu ne dois jamais penser à fuir. Il n'en sortirait rien de bon, de toute façon. Tu serais très certainement rattrapée, et si tu ne l'étais pas, tu serais assurée de périr misérablement, peut-être chassée et déchiquetée par des chiens, ou peut-être dévorée vivante par des vautours une fois réduite à l'agonie par la faim et les privations. Tu dois supporter ce que tu as à supporter, et c'est tout ce que j'ai à te dire. »

En prononçant ces paroles, il avait l'air vraiment content, mais j'avais beau être une esclave malheureuse, impuissante et presque désespérée, il me semblait que ma situation, au regard de l'éternité sinon du moment présent, était préférable à la sienne, et pour rien au monde, pas même pour cette liberté bénie, je n'aurais échangé ma place contre la sienne, car la liberté sans Dieu ni religion n'eût été qu'un bien sans valeur.

« Bon, il faut que je parte, dit Saddler après un court silence. Hannah, veux-tu bien venir avec moi ? »

Il s'était exprimé avec beaucoup de gentillesse.

« Je pense, monsieur, que je n'ai pas le choix, répondis-je.

– Mais ne veux-tu pas partir de ton plein gré ? Ne

veux-tu pas t'en aller d'ici ? Après tout, tu ne sais pas quelle bonne fortune ton sort te réserve. Certaines de mes filles ont brillamment réussi. J'en ai acheté une ici la saison dernière, je l'ai emmenée à La Nouvelle-Orléans, mise sur le marché et vendue à un homme riche qui s'est tellement enthousiasmé pour sa personne et ses talents que depuis il lui a accordé sa liberté et l'a prise pour femme [4]. Ce qui s'est produit une fois peut se reproduire, et je ne serais pas autrement étonné si quelque heureuse surprise du même genre t'attendait en chemin.

– Est-ce ainsi que vous flattez vos filles ? lança M. Trappe.

– Je commence toujours par cajoler et flatter, et si ce n'est pas efficace, j'ai recours à des mesures plus sévères.

– Et c'est efficace ?

– La plupart du temps, oui. Admirablement. Je n'ai pas de difficultés particulières, sauf lorsqu'il y a un enfant dans l'affaire. Mais je parie qu'Hannah sera aussi docile qu'un agneau.

– Vous feriez mieux de lui passer les menottes, conseilla Trappe. Veillez d'abord à prévenir toute tentative de fuite, et ensuite seulement souciez-vous de son bien-être.

– Non, Trappe, ce n'est pas dans ma manière d'agir. Je ne passe jamais les fers aux femmes à moins qu'elles ne se rebellent. Mais tu seras docile, n'est-ce pas, Hannah ?

– Oui, monsieur, sanglotai-je.

– On n'est jamais sûr de rien, insista M. Trappe.

– Mais si, répondit Saddler. Je crois qu'on peut faire confiance à Hannah. Je le vois à son expression, et mes yeux se laissent rarement abuser par un visage. »

IX

Le marchand d'esclaves

Souviens-toi, ô Éternel, de ce qui nous est arrivé ; regarde, vois notre opprobre [1] !

JÉRÉMIE.

Je suivis mon nouveau maître jusqu'au petit chariot à l'entrée de la cour. Dès que nous fûmes installés, il fit avancer le cheval. Mon esprit était trop préoccupé, mes pensées trop confuses et agitées pour me permettre d'observer avec attention les paysages que nous traversâmes et quelle direction nous prîmes. Je me rappelle cependant qu'il avait plu, car les routes étaient très glissantes et quelques petites flaques d'eau ou même parfois des grosses emplissaient les ornières et les creux. Dans l'air frais, revivifiant, flottait un parfum de végétation et de fleurs précoces.

Je me souviens aussi de ma surprise en constatant que le printemps était aussi avancé et de la sensation de plaisir suscitée en moi par le réveil de la nature, qui atténua peu à peu mon angoisse et ma peine. Les agneaux gambadaient près de leur mère, dans les arbres résonnait un concert de gazouillis tandis que les oiseaux s'affairaient à bâtir leurs nids. Nous les voyions passer et repasser en tenant dans leur minuscule bec des plumes, des crins de cheval ou des brindilles, et j'eus presque les larmes aux yeux en pensant combien ils étaient libres, combien ils devaient être heureux. Puis je me rappelai les paroles de Notre-Seigneur : Dieu remarquait même la chute d'un passereau et le plus insignifiant de ses disciples avait plus de valeur qu'un grand nombre d'entre eux[2]. Apaisé par cette certitude réconfortante, mon esprit recouvra son calme et je sombrai dans une sorte de rêverie où passé, présent et futur se mêlaient indistinctement. Je songeai au manoir majestueux de Lindendale, à son maître qui était aussi le mien, au portrait de Sir Clifford, au tilleul avec ses grincements de sinistre augure ; je songeai à ma maîtresse, belle, jeune et entourée d'amour le soir du dîner nuptial, et par la suite usée, lasse et à moitié morte d'inquiétude, à tout ce que nous avions ressenti et enduré ensemble dans la forêt et dans la prison, à sa mort soudaine, et je fondis en larmes, non parce qu'elle avait enfin échappé à son persécuteur, mais parce que j'ignorais où elle était enterrée. Cela m'eût tellement soulagée de pouvoir associer l'idée de sa dernière demeure à quelque lieu verdoyant caressé par les ombres et agrémenté de fleurs sauvages ! Puis, sans transition, je songeai à l'endroit où l'on m'emmenait, aux gens que j'allais rencontrer et servir, à ce qu'ils allaient dire, et je me demandai si nous allions nous aimer mutuellement. Je fus ramenée à l'instant présent par un brusque écart du cheval et par la voix de Saddler criant de faire attention. Je faillis tomber, ce qui le fit rire, et il me demanda à quoi je pensais.

« À bien des choses en rapport avec mon existence passée, répondis-je.

– C'est fort dommage d'avoir interrompu de telles réflexions, répliqua-t-il. Depuis combien de temps étais-tu au service de M. Trappe ? »

Je lui expliquai que je ne l'avais jamais été.

« C'est bien ce que je me disais, déclara-t-il. Trappe ne garde pas longtemps ses serviteurs. Il n'achète qu'à titre spéculatif. C'est l'un des hommes les plus étranges, les plus mystérieux et les plus insondables qui soient. Je n'avais jamais vu quelqu'un comme lui auparavant, et ce n'est pas faute d'avoir croisé des durs à cuire. Bon sang ! il n'a pas plus de cœur qu'un morceau de ferraille. Une tortue manifesterait autant de sentiments.

– Le connaissez-vous depuis longtemps ? demandai-je.

– Oh ! oui, depuis une éternité, mais nous n'avons jamais eu de rapports hors de nos affaires. À mon avis, ma compagnie n'est pas assez raffinée pour ses goûts aristocratiques, et pourtant je suis sûr que mon métier est aussi respectable que le sien.

– * C'est fort possible, dis-je.

– On m'appelle marchand d'esclaves, ce que je suis, et je sais que ça n'a pas bonne réputation, mais je m'en fiche. J'essaie d'exercer honnêtement mon métier et d'agir au mieux. Je préférerais encore être trompé plutôt que de tromper mon monde. L'opinion publique est arbitraire et injuste, je n'y attache aucune importance. Des gens très convenables, des gentilshommes tout à fait honorables, des sénateurs solennels et même des présidents républicains achètent des esclaves. Valent-ils mieux que moi, qui les vends ?

– Sans doute pas, mais quel est le rapport avec M. Trappe ? »

Ignorant ma question, il poursuivit :

« Bon, au sens strict du terme, on ne peut pas considérer Trappe comme un marchand d'esclaves, et pourtant ses activités se rapprochent beaucoup de ce commerce. Et puis, en sillonnant le pays comme il le fait, en s'immisçant dans les secrets des uns et des autres pour tenter sa chance, il a souvent l'opportunité de traiter d'excellentes affaires. Combien de fois lui ai-je racheté à bon prix une jeune fille qu'il avait obtenue pour presque rien grâce à quelque manigance et que j'ai revendue plus cher ensuite, tirant un beau profit de l'opération ?

* [Je ne vous comprends pas]

Pourtant, rares sont ceux qui le savent impliqué dans ce genre de spéculation, et plus rares encore sont ceux qui connaissent son véritable caractère, son intransigeance et sa cruauté.

– Eh bien, je ne suis plus en son pouvoir, maintenant, observai-je, exprimant mes pensées à voix haute.

– Et tu n'as rien à regretter. Tu ne peux pas tomber aux mains d'un individu plus égoïste et insensible. Mais tu dois avoir faim, j'imagine. Tiens, regarde, j'ai là quelque chose de bon. »

Tout en parlant, il enfouit une main dans la grande poche de sa veste et en retira un paquet enveloppé de papier qu'il jeta sur mes genoux.

Je l'ouvris, pour découvrir à l'intérieur un gâteau fort appétissant recouvert d'un glaçage au sucre.

« Mange, c'est délicieux », m'encouragea Saddler.

Malgré mon manque d'appétit, j'en grignotai un petit morceau pour ne pas paraître indifférente à sa gentillesse.

« C'est bon, hein ? » lança-t-il.

Je lui répondis par l'affirmative.

« Maintenant, essaie de me faire plaisir en ayant l'air plus gaie et enjouée. Tu te sentiras mieux et moi aussi. Tu ne souris donc jamais ? »

Je fis non de la tête.

« Plus depuis longtemps, murmurai-je.

– C'est regrettable, répondit-il. J'aime beaucoup entendre mes gens chanter ou rire, et les voir contents et joyeux. »

Nous en étions là de notre conversation quand un autre chariot approcha et tenta de nous doubler. La manœuvre contraria Dan, le cheval de Saddler, qui, agitant la tête comme il avait coutume de le faire, s'élança au grand galop sans tenir compte des rênes ou des ordres de son maître. Ma surprise céda vite la place à la peur tant son allure était rapide. Les arbres, les maisons et les clôtures semblaient défiler à la vitesse du vent. J'entendais des cloches sonner, des gens crier et des chiens aboyer. Parfois, des hommes couraient vers nous, et parfois nous apercevions des femmes et des enfants qui, postés devant des portes ou des fenêtres, levaient les bras au ciel. Les gens, les voix et le bruit semblaient effrayer encore plus le cheval et, bien que couvert d'écume des flancs aux naseaux, il acquérait apparemment une vigueur nouvelle à chaque foulée. Nous gravîmes et descendîmes une colline, longeâmes des haies, franchîmes des ponts comme si nous volions. Au début, l'animal resta sur la route, puis, alors que nous approchions d'un pont reliant de hautes berges, certaines de ses attaches se brisèrent et il commença à se cabrer et à ruer. J'ai le souvenir confus de planches jaillissant dans toutes les directions, d'un fracas épouvantable, d'un mouvement tournoyant, et enfin ce fut l'obscurité. Lorsque je repris connaissance, l'environnement avait changé et je doutai presque de mon identité. J'étais dans un bon petit lit chaud au milieu d'une pièce sombre, et plusieurs personnes que je ne me rappelais pas avoir vues auparavant circulaient autour de moi. Il y avait en particulier une dame à l'expression si chaleureuse que mon cœur se porta vers elle comme si elle était ma mère – cette mère que je n'avais jamais connue. Elle était assise à mon chevet et, voyant que j'avais ouvert les yeux, elle pencha son doux visage vers le mien pour murmurer :

« Restez tranquille, ma chère enfant, restez bien tranquille. Vous avez été gravement blessée mais vous êtes ici chez des amis. »

Je voulus répondre, mais j'eus alors conscience d'une faiblesse accablante qui engourdissait tous mes sens. Une montagne semblait peser sur ma poitrine et je ne pouvais pas bouger.

« Doucement, mon enfant, reprit-elle. Ne vous inquiétez pas et évitez de vous fatiguer. Vous saurez tout le moment venu. »

Je m'aperçus que mon bras était bandé comme si l'on m'avait retiré du sang. Je découvris également que mes membres étaient entravés comme si j'avais des os brisés. La dame bienveillante sortit de la chambre, mais elle revint très vite m'apporter un cordial nourrissant dont j'avalai quelques gorgées et qui me fit le plus grand bien. Il me semblait que plusieurs personnes se tenaient dans la pièce voisine et je les imaginai en train de parler de moi, de mon maître et de notre cheval qui s'était enfui. Cette pensée ramena à ma mémoire le souvenir du passé et je frissonnai et sentis de nouveau mes forces décliner.

La dame à l'air bienveillant se trouvait toujours auprès de moi.

« Ne craignez rien, ma douce », dit-elle d'une voix agréable.

Puis, joignant le geste à la parole, elle ajouta :

« Buvez encore un peu. »

La boisson était rafraîchissante. J'aurais volontiers remercié ma bienfaitrice, mais * les mots moururent sur mes lèvres.

J'aurais aimé aussi lui demander des nouvelles de mon maître, car la dernière fois que je l'avais vu, il était blanc comme un linge et agrippé aux rênes tandis que le cheval donnait des coups de pied et se cabrait, et que les planches du chariot volaient juste au bord d'un précipice. Je tentai encore de prendre la parole, et cette fois je parvins à articuler :

« Où est mon maître ? »

La dame bienveillante, dont je devais découvrir plus tard qu'elle s'appelait Mme Henry, parut surprise et, se penchant de nouveau vers moi, me recommanda de garder le silence. Mais j'avais désormais suffisamment recouvré mes esprits pour éprouver l'angoisse la plus intense et rien n'aurait pu me dissuader de poser la question.

* [mes lèvres refusèrent de]

« Où est mon maître ? » répétai-je d'une voix plus forte.

Les autres personnes présentes chuchotèrent entre elles. C'étaient des gens de couleur, à l'exception de Mme Henry. L'un d'eux vint lui murmurer quelque chose à l'oreille et elle hocha la tête en signe d'assentiment.

J'avais déjà compris qu'il nous était arrivé un accident terrible et j'en voulais connaître les détails, même les pires.

À cet instant, une porte s'ouvrit brusquement et, tournant machinalement les yeux dans cette direction, j'aperçus une forme blanche et raide qui ressemblait à la dépouille d'un homme mort. J'interrogeai du regard Mme Henry. Elle répondit à ma sollicitation muette :

« Faites-vous allusion au gentleman qui vous accompagnait ? » dit-elle en s'approchant de mon lit.

J'acquiesçai de la tête.

« Était-ce un parent proche ? »

Je lui signifiai que non.

« Un ami cher, alors ? »

Il me vint soudain à l'esprit qu'elle ignorait notre véritable relation de maître et d'esclave. Devais-je entretenir l'illusion ou avouer franchement mon humble condition ? La tentation fut forte, mais ma nature honnête l'emporta.

« Juste un ami ? me pressa-t-elle.

– C'était mon maître, madame, bredouillai-je.

– Votre maître, répéta-t-elle lentement. Vous étiez donc…

– Une esclave, oui. J'appartiens à cette classe misérable.

– Votre maître est mort, dit-elle. Le cheval, semble-t-il, s'est emballé.

– Je sais.

– Et vous avez été précipités au fond d'un gouffre. Votre maître s'est brisé le crâne sur un rocher. Les apparences laissent supposer qu'il est mort sur le coup.

– Et le cheval ?

– Il agonisait quand nous l'avons découvert. Votre survie tient presque du miracle. Vous étiez étendue sans connaissance sous les décombres du chariot fracassé. Je passais dans ma voiture au moment où l'on vous en a retirée. Vous étiez une femme, une inconnue qui plus est, et j'ai donné des instructions pour vous faire transporter jusque chez moi.

« Nous avons trouvé des papiers sur ce gentleman, continua Mme Henry, qui comportaient son nom et son adresse, mais rien de plus. Et maintenant, ma chère enfant, puisque j'ai satisfait votre curiosité, tâchez de vous détendre et de dormir si vous le pouvez, en gardant à l'esprit que la Providence veille sur les plus humbles comme sur les plus puissants. Vous arrive-t-il de prier ?

– J'essaie, madame. J'avais une prière sur les lèvres et dans mon cœur au moment de cette chute terrifiante.

– Elle a été entendue, assurément, et exaucée. N'est-ce pas une bénédiction que la prière ? Mais il ne faudrait pas oublier l'obligation de rendre grâce. »

Percevant le reproche implicite dans ses propos, je remerciai Dieu de tout mon cœur.

J'avais craint un moment que Mme Henry, ayant découvert ma condition abjecte, ne me privât de ses sourires bienveillants et je scrutai ses traits en quête d'un changement. Mais, Dieu soit loué, je n'en perçus aucun, même si j'imaginais à plusieurs reprises que son regard était devenu plus tendre et compatissant, et sa voix plus douce et apitoyée. Il était évident qu'elle n'éprouvait ni haine ni mépris pour un malheur dont je n'étais en rien responsable.

Je parlerai peu de cette période d'alitement, car je risquerais d'en donner un récit fastidieux et incompréhensible. Je n'étais pas malheureuse, même si l'horizon devant moi n'était que ténèbres. Peut-être était-ce l'apathie de mon système nerveux qui me rendait incapable d'éprouver des émotions intenses, ou peut-être était-ce le

Sauveur qui me guidait en esprit à travers les verts pâturages et près des eaux paisibles de la vérité et de la paix[3] ; quoi qu'il en soit, un long repos me fut accordé, qui succéda à mes récentes épreuves – un repos du corps et de l'esprit –, une période si calme, si tranquille et uniforme que *, même si l'on m'avait annoncé que j'étais mourante ou que j'allais être exposée sur le marché le lendemain, la nouvelle n'eût suscité en moi qu'une confiance encore plus grande, un abandon plus total entre les mains du Tout-Puissant.

En outre, mes blessures, bien que m'interdisant tout mouvement ou exercice physique, n'étaient pas douloureuses. Je profitais de longues, très longues heures d'un sommeil réparateur rendu plus agréable encore par des rêves plaisants. Je ne pouvais m'occuper de moi, mais je voyais les autres me veiller et me soigner. Je voyais Mme Henry, si tendre et attentionnée, superviser les serviteurs qui remettaient de l'ordre dans la chambre ou parler doucement à ses enfants qui jouaient sous la fenêtre, leur demandant de faire moins de bruit. Je m'expliquais mieux l'atmosphère de quiétude qui régnait dans la maison et elle témoignait d'une telle prévenance de la part de ses habitants, d'une telle sollicitude que j'en avais presque les larmes aux yeux. Qui étais-je, après tout ? Une esclave, et pourtant personne ne semblait le savoir ou me traiter avec moins d'égards pour cette raison. Qu'avais-je fait pour mériter tant de bienveillance ? Rien. Rien du tout. Je ne pouvais que reconnaître en elle la main de notre Père. Peu à peu, mes forces me revinrent et mes membres meurtris furent de nouveau capables de se mouvoir. À peine au début, puis un peu plus chaque jour, jusqu'au moment où je pus me tenir assise dans le lit, et au lieu de rester allongée toute la journée en regardant les allées et venues d'une infirmière et de me conformer docilement à ce qu'elle estimait nécessaire pour mon bien, je commençai à

* [même après toutes les vicissitudes de ces dernières années]

retrouver la possibilité et l'envie de satisfaire moi-même à mes besoins.

Je me souviens si bien de cette soirée où je quittai ma chambre pour la première fois afin d'aller apprécier la convivialité d'un repas de noces ! Mme Henry, apparemment envoyée en ce monde pour répandre la gentillesse et le bonheur, adorait accorder à ses serviteurs toutes sortes de plaisirs innocents compatibles avec leurs obligations. Son esclave préférée, une magnifique quarteronne, devait épouser ce soir-là un jeune homme appartenant à une propriété voisine, et son aimable maîtresse avait décidé de mettre cette occasion à profit pour donner un congé à tous les domestiques. Bois et champs furent explorés à la recherche des premières fleurs printanières et des violettes pour décorer le salon. Tous les serviteurs, jeunes et vieux, petits et grands, furent invités, et l'on servit des gâteaux, des friandises et du vin en abondance. Des vieillards à l'allure étrange dont le visage noir, desséché et ridé contrastait avec la chevelure et la barbe blanches, des femmes corpulentes dont le teint d'ébène était mis en valeur par des turbans d'un rouge flamboyant, des garçons, des filles et quantité de bébés assistèrent aux festivités, tous vêtus de leurs plus beaux atours aux couleurs de l'arc-en-ciel et faisant de leur mieux pour paraître à leur avantage. La promise et son promis, ainsi que leur suite, étaient habillés avec élégance. M. Henry, le maître, officiait aussi comme pasteur et prononça la bénédiction nuptiale. La cérémonie fut suivie par un échange de félicitations et par tant de bonne chère, de rires, de bavardages et de réjouissances que j'en eus le tournis et ne sus plus quelle contenance prendre. Mme Henry était toute à l'esprit de la fête. Elle semblait réellement transportée par tant de bonheur autour d'elle. Un sourire radieux aux lèvres, les yeux pétillants de plaisir, elle circulait dans la pièce, caressait les enfants, saluait les mères, prodiguait de petites attentions ici et là aux vieillards et aux infirmes. Tous les regards convergeaient vers elle et je suis sûre que tous les cœurs la bénissaient.

Quand la soirée fut bien avancée, l'assistance prit congé, mais la musique et les danses au-dehors se prolongèrent jusque tard dans la nuit. De la fenêtre de ma petite chambre, qui donnait sur la pelouse, je voyais des groupes rassemblés sur l'herbe, des danseurs se poursuivre au rythme de la musique, des gens rire et bavarder dans une joyeuse animation. En les regardant, je me demandai soudain s'ils étaient vraiment aussi gais qu'ils le paraissaient, s'ils n'étaient jamais hantés par l'ombre d'un malheur à venir. Puis je pensai au jeune couple qui venait de prononcer ses vœux et d'accepter les responsabilités du mariage – des vœux et des responsabilités étrangement effrayants étant donné leur condition d'esclaves [4]. L'avenir leur semblait-il radieux et sans nuages ? Espéraient-ils la félicité domestique et de longues années d'amour quand leur existence, leur corps et même leur âme étaient soumis à la volonté d'autrui ? Quand le mari n'avait pas la possibilité de fournir un toit à sa femme ni la femme de pourvoir aux besoins de son mari ? Et quand, vivant séparés sous deux jougs différents, ils ne pouvaient se voir au mieux que de temps en temps et risquaient de ne plus se voir du tout si telle était la décision prise par d'autres ?

La nuit était belle et douce, le clair de lune avait déposé un voile argenté sur le paysage, mais un nuage se forma soudain, et juste au moment où la mariée, bien visible dans sa robe blanche, rejoignait le groupe des danseurs, il passa devant l'astre dont il masqua l'éclat, puis un grondement de tonnerre annonça un orage imminent. Brusquement, et sans autre avertissement, le vent se leva, les nuages obscurcirent le firmament, et il n'y eut plus que les ténèbres, les éclairs et la pluie à l'endroit où cinq minutes plus tôt triomphaient la jeunesse, la beauté, l'amour, la lumière et la joie.

Ce changement préfigurait-il la destinée du couple ?

X

La famille Henry

La grâce est trompeuse, et la beauté est vaine. La femme qui craint l'Éternel est celle qui sera louée [1].

SALOMON.

C'était en mai, je crois ; du moins, je me rappelle que les premières roses s'épanouissaient lorsque je récupérai enfin mes forces, ce qui me permit d'aller et venir à ma guise, de me familiariser avec les nombreux objets intéressants alentour et de créer divers liens avec cette famille aimable.

Chaque maison, avec son environnement, possède sa propre individualité. Chez certaines, elle est plus développée que chez d'autres, et pourtant elle est toujours présente à un degré ou à un autre. Forget Me Not*, la bien nommée, était de ces vieilles bâtisses riches de lambris et de fresques dont l'architecture tout entière témoigne d'un lien avec le passé [2]. Comment ne pas être charmé par ces anciennes demeures aux pièces délicieusement irrégulières agrémentées de moulures et de sculptures pittoresques, brunies par l'âge et réveillant dans l'esprit mille réminiscences de modes et de temps révolus ? De telles constructions privilégiaient l'utilité et la solidité plutôt que l'apparat, aussi utilisait-on des

* Littéralement : « Ne m'oublie pas. » *(N.d.T.)*

matériaux résistants et des poutres massives, mais on y trouve néanmoins une grande variété de styles et d'ornements ouvragés. On ne peut les embrasser d'un seul regard ni comprendre tout de suite leur fonction, comme pour ceux de facture plus moderne. Mais en déambulant d'une pièce à l'autre, en gravissant un escalier, on remarque une profusion de couloirs étroits, d'entrées et de passages menant Dieu sait où. Chaque pièce elle-même est une source d'émerveillement avec sa cheminée séculaire, ses petites fenêtres entourées de treillis sur lesquels poussent en abondance le chèvrefeuille et le jasmin. Sans parler du grand nombre de petites portes dissimulées derrière des lambris et ouvrant sur des placards, des penderies et des espaces pourvus d'étagères et de crochets pour ranger ou suspendre certaines choses, ainsi que d'autres aménagements pratiques et utiles dont la liste serait trop fastidieuse à énumérer.

Telle était Forget Me Not. * L'intérieur était meublé dans un style en parfaite harmonie avec la maison. Les meubles eux-mêmes n'étaient pas vieux, mais plutôt démodés, dépareillés et de proportions joliment irrégulières. L'une des chambres ressemblait à un parterre de fleurs – des fleurs naturelles et artificielles : fleurs en cire et en papier, cousues ou brodées, fleurs de chintz, de velours et de brocart. Pourtant, il n'en émanait aucune impression d'uniformité car ces beautés des champs et des jardins, quelle que fût leur texture, étaient de formes et de couleurs si variées, et arrangées avec tant de goût, qu'elles créaient un effet surprenant et joyeux. Le mobilier de cette pièce était léger, aérien et merveilleux, dans le style des chaises et des bancs de jardin, et comportait en outre une petite table ornée d'une guirlande sculptée qui s'enroulait autour des pieds et des côtés pour venir se rassembler en un bouquet de feuillages sur le plateau.

Une autre chambre était décorée de coquillages, une

* [Le mobilier s'harmonisait parfaitement avec le style de la maison]

autre encore d'images d'oiseaux – toutes différentes, mais si belles et réalistes que je ne me lassais jamais de les regarder. Ici, les oiseaux de paradis s'enfonçaient dans les profondeurs parfumées d'un bosquet de canneliers ; là, des nuées de splendides aras survolaient les magnifiques palmiers des tropiques. La grande chouette blanche du Nord dans ses déserts de neige n'était pas oubliée. De fait, tous les pays de la terre étaient représentés à travers ces dessins.

Dans d'autres pièces se trouvait un mélange d'objets uniques et singuliers formant néanmoins un assemblage hétéroclite plaisant. Des portraits d'hommes, d'anges et d'animaux domestiques voisinaient avec des paysages brodés ou des esquisses au pastel de rochers, de falaises et de rivières.

Les tables et les chaises présentaient une grande diversité de formes et de styles. On n'en voyait pas deux semblables. Il y avait de grands fauteuils rembourrés recouverts de riche brocart et de petites chaises garnies de chintz, des sièges à dossier haut et des sièges à dossier bas, certains en bois tourné, d'autres sculptés, quelques-uns à bascule ou à roulettes, d'autres encore tout simples.

La même diversité pittoresque régnait partout et en toutes choses. Elle caractérisait les tapis, les tentures et les verres, et même les flacons de parfum et les pelotes à épingles sur les tables de toilette. Rien n'allait avec rien, mais tout évoquait le raffinement et la perfection.

Les logements des serviteurs et tout ce qui touchait au domaine offraient aux regards cette même diversité. Il y avait un jardin pour les fleurs, un autre pour les légumes et un troisième pour les fruits. Il y avait une source à un endroit, un puits dans un autre et une fontaine dans un troisième. Je ne pouvais qu'admirer l'ordre et l'harmonie de ces dispositions combinant tant d'éléments différents en un tout parfait.

De même, méthode et régularité prévalaient partout

sur la propriété. Le régisseur était affable et doux, les esclaves industrieux et obéissants, non par peur du châtiment, mais parce qu'ils * aimaient et respectaient un maître et une maîtresse affables et bienveillants. De ces derniers, surtout du maître, je n'ai pas beaucoup parlé jusque-là, mais quoi qu'il en soit je n'ai pas l'intention de brosser leurs portraits. Je ne pourrais pas le faire même si je le voulais. Certes, il me serait toujours possible de décrire leur taille et leur silhouette ou de préciser la couleur de leurs yeux et de leurs cheveux, mais par quels mots rendre l'expression ineffable d'un visage respirant l'intelligence et la bonté ? Comment donner une idée juste d'un comportement raffiné par l'éducation, poli par la fréquentation de la bonne société et embelli par cette pure courtoisie chrétienne qui vient du cœur ?

M. Henry était un homme d'Église ; son amabilité et sa gentillesse naturelles avaient été encore adoucies et tempérées par la bienveillance de la religion. Tôt dans la vie, il avait trouvé une partenaire en tous points semblable à lui-même, sage, pieuse et douce, et de leur union étaient nés deux enfants dociles, un garçon et une fille prénommés respectivement Charley et Anna.

Il me serait bien difficile de dire quelle position j'occupais au sein de cette famille charmante. Je n'étais pas considérée comme une domestique, je n'étais pas non plus traitée en invitée, même si je bénéficiais d'autant d'attention et de considération. Leur attitude envers moi témoignait d'une familiarité agréable qu'ils n'auraient sans doute pas eue avec une visiteuse, teintée cependant de cette réserve qui me rappelait continuellement que je n'étais pas des leurs. Dieu sait pourtant combien j'eusse aimé qu'il en fût ainsi.

Un jour, Mme Henry désira me parler dans le salon. J'éprouvai alors une appréhension étrange, comme si elle devait me communiquer une mauvaise nouvelle, et mes

* [estimaient de leur devoir]

doutes se confirmèrent lorsque je vis son regard compatissant. Aussitôt, les larmes me montèrent aux yeux.

« Ma chère Hannah, assieds-toi et ne pleure pas, dit-elle. J'ai des nouvelles importantes pour toi. Le gentleman à qui nous avons appris le décès de ton maître et qui, semble-t-il, était son parent, et donc son héritier, déclare dans cette lettre (elle la retira de sa poche) qu'il sera ici la semaine prochaine pour établir son droit de propriété sur toi. Il suppose que cela ne créera pas de difficultés. »

J'avais eu beau craindre et anticiper un tel événement, la terrible réalité me frappa avec la force d'un coup de tonnerre. Je demeurai silencieuse un moment puis me jetai aux pieds de ma bienfaitrice.

« Madame Henry, dis-je, vous pouvez me sauver. Je désire tellement rester avec vous... Vous êtes si bonne, si parfaite et charitable que je ne serais que trop heureuse d'être votre esclave, votre servante ou...

– Ma chère Hannah, m'interrompit-elle, tu ne dois pas parler de cette façon ni t'agenouiller devant une mortelle. Maintenant, lève-toi et discutons calmement de cette affaire. »

Elle me tendit une main blanche, fine et douce.

« Non, madame Henry, continuai-je, laissez-moi rester à genoux devant vous tant que vous ne m'aurez pas promis de me prendre en pitié et de me sauver. Ma condition est si humble, je suis tellement seule et démunie, et vous êtes par nature et par rang tellement au-dessus de moi que vous ne vous doutez peut-être pas de ce que je ressens à l'idée du sort qui m'attend. Oh ! chère madame, songez à ce que j'ai souffert et à ce que je dois encore souffrir, ainsi transférée de l'un à l'autre, et sauvez-moi. Vous le pouvez.

– Non, Hannah, je ne le puis, répondit-elle, refoulant l'émotion qui menaçait de l'étouffer.

– Ne décidez rien tout de suite. Permettez-moi d'espérer encore un peu. Je ne vous demande pas de m'acheter et de m'affranchir. Je ne sollicite ni faveurs ni avantages supplémentaires. Laissez-moi m'occuper des tâches ingrates de la maison, laissez-moi me rendre dans les champs pour y travailler, employez-moi comme bête de somme ou fille de cuisine, peu m'importe, j'accepterai la situation avec la plus grande gratitude ; tout ce que je demande, c'est de sentir et de savoir avec certitude que j'ai un foyer, que quelqu'un se soucie de moi et que je suis hors de portée de ces spéculateurs et marchands d'esclaves sans pitié.

– Hannah, Hannah, ne me tente pas…

– Mais pourquoi ? Pourquoi n'essayerais-je pas de vous convaincre d'accepter les services d'une personne qui serait si fidèlement dévouée, et si empressée à vous servir tous les jours ? Qui ferait de son mieux dans tous les domaines possibles ? Vous ne le regretteriez pas, vous ne pourriez pas le regretter, parce que nous serions toutes les deux plus heureuses. »

La compassion et la tendresse que je lisais dans ses yeux m'encouragèrent à poursuivre. J'avais l'impression que tout ce qui faisait pour moi la valeur de la vie était en jeu, aussi m'exprimais-je avec fougue, oubliant les règles du savoir-vivre dans mon impatience à la convaincre.

« Vous n'imaginez pas, poursuivis-je, vous n'avez aucune idée du comportement irréprochable que j'aurai ni de l'importance que j'attacherai à me conformer à tous vos vœux. »

Elle me souleva du sol, m'étreignit contre son cœur et s'apitoya sur mon sort. Elle pleurait, et nos larmes se mêlèrent.

« Je dois te raconter mon histoire, Hannah, dit-elle, et alors tu comprendras qu'il m'est absolument impossible de faire selon tes désirs à moins de me parjurer. Cette maison, ce domaine et ces serviteurs appartenaient tous à mon père. C'était un homme de bien et d'expérience, mais durant la longue maladie qui finit par l'emporter sa conception de la propriété changea. J'étais fille unique, et par conséquent sa seule héritière. J'avais épousé M. Henry contre sa volonté, mais confronté à la perspective de la mort et de l'éternité il ravala sa colère et me fit appeler à son chevet pour que je reçoive son pardon, ses dernières recommandations solennelles et sa bénédiction. Il ne pouvait parler qu'entre des périodes de grandes souffrances. Oh ! quelle triste agonie ce fut ! Oui, quelle bien triste agonie ! »

Submergée par l'émotion, elle marqua une pause.

« Je ne voudrais pas décrire cette scène même si je le pouvais, et je ne le pourrais même pas si je le voulais, continua-t-elle au prix d'un immense effort pour se ressaisir, mais ses ultimes instants parmi nous furent rendus plus pénibles encore par les remords. Il avait fait commerce de chair et de sang, de vies et d'âmes humaines, et sa conscience rassemblait toutes ses victimes contre lui. Comme l'esprit vengeur de César convoquant Brutus à Philippes [3], elles lui enjoignaient de venir au tribunal de Dieu pour répondre de ses actes.

« Durant ces moments affreux, il exigea de moi la promesse solennelle que jamais, en aucune circonstance, je n'achèterais ou vendrais un serviteur, car devant la réalité du jugement et de l'éternité qui l'attendaient cela lui paraissait le plus grand crime dont un être humain fût capable, disait-il. Il me supplia, si je voulais connaître une fin paisible et une éternité bienheureuse, d'éviter ce trafic hideux sous toutes ses formes.

– Et vous avez promis ?

– J'ai promis, Hannah. Oui, j'ai donné ma parole à un tendre parent à l'agonie en présence des ministres du culte et avec la conscience douloureuse de la gravité de l'heure et de la scène. Ce serment, je ne le violerai jamais. Ma main droite peut oublier son habileté ou ma langue se coller à mon palais, mais cet engagement, pris en un tel moment, est trop important, trop sacré pour être rompu.

– Mais…

– Mon père, pour montrer sa sincérité et réparer autant que possible le mal qu'il avait fait, mit de côté une certaine partie du domaine qui doit accumuler des intérêts tout au long de ma vie avant d'être réparti à parts égales entre tous les serviteurs, qui seront émancipés. Et maintenant, chère Hannah, souhaites-tu vraiment que je renie ma promesse ? »

Je ne pouvais répondre par l'affirmative, et pourtant mon cœur se rebellait contre cet homme qui, dans un pays où régnait l'esclavage, avait pu exiger un tel serment. Car dans un grand nombre de cas, le plus grand service qu'un homme ou une femme charitable puisse rendre aux membres de la race servile des parias est de les acheter. J'en venais presque à considérer qu'il m'avait infligé une blessure personnelle, un tort irréparable.

Peut-être lut-elle dans mes pensées. Avec une expression attendrie, et pourtant teintée de reproche, elle me demanda s'il n'y avait pas d'autre moyen pour elle de m'aider, et ainsi de prouver combien elle prenait à cœur ma condition désespérée.

Je répondis que je n'en savais rien.

« J'ai des amis et parents éloignés en Caroline du Nord, m'apprit-elle. Leur nom est Wheeler et on les dit bons et magnanimes envers leurs esclaves. Ils doivent venir ici cet été et Mme Wheeler m'a informée qu'elle s'assurerait volontiers les services d'une femme de chambre au cas où elle en trouverait une dont les capacités et l'expérience répondent à ses désirs. Si ton futur maître est indulgent et n'a pas d'autres projets te concernant, je pense qu'il acceptera sans problème de te céder à Mme Wheeler. »

Elle me regarda, attendant manifestement une réaction. En cet instant, j'eus l'impression que peu importait ce qu'il adviendrait de moi. Je me sentais découragée, déçue, privée d'espoir en ce monde et de ma confiance en l'avenir. Je ne lui répondis pas avec la patience, la résignation et la gratitude requises, mais selon ce que me dictaient mes sentiments : j'étais démunie, seule et désespérée, et je n'avais pas d'autre choix.

« Hannah... »

Elle avait prononcé mon nom d'un ton réprobateur empreint d'une telle tristesse que je levai les yeux vers elle. Si son intonation était éloquente, son expression révélait une compassion plus grande encore. Je pris aussitôt conscience de l'injustice et de la méchanceté de mes remarques. Je me rappelai les soins attentifs qu'elle m'avait prodigués, à moi, une inconnue et une esclave. De nouveau, je m'agenouillai devant elle et lui fis part, dans un langage rendu véhément et passionné par la force de mes sentiments, de toute l'étendue de ma gratitude envers elle, de ma sensibilité à la gentillesse de sa famille et de l'assurance que je n'attendais rien de plus.

« Mais tu peux attendre plus, Hannah, répliqua-t-elle. Tu peux me demander n'importe quelle faveur, à l'exception de celle-ci. Et après tout, ce n'est pas si terrible. Tu seras peut-être plus heureuse auprès de quelqu'un d'autre que tu n'aurais pu l'être avec moi. Tu ignores quelles bonnes surprises te réserve la Providence. Tu ne dois pas oublier le Seigneur et Sa grâce infinie. »

Et ainsi, elle m'apaisa, me réconforta et me consola, et grâce à sa douce influence je revins à de meilleures dispositions.

Dans le couloir menant à ma chambre, je croisai la petite Anna. Comme d'habitude j'étais la favorite des enfants, et, tendant ses jolis bras blancs vers moi, elle réclama un baiser. Mes joues étaient mouillées de larmes, ce dont la tendre fillette ne tarda pas à s'apercevoir.

« Je ne comprends pas pourquoi tout le monde est si malheureux, dit-elle avec ingénuité.

– Parce que d'autres le sont ?

– Eh bien, tu pleures, et Lotty aussi, et je ne sais pas qui encore.

– Lotty pleure », répétai-je.

C'était la jeune mariée, elle aurait dû être heureuse.

« Oh ! oui, répondit-elle. Elle refuse de me dire ce qui la tourmente, et quand je l'interroge en l'embrassant et en la câlinant, elle pleure encore plus.

– Tu en as parlé à ta maman ?

– Non, Lotty a dit que je ne devais pas, que ça rendrait maman malheureuse, et je ne veux pas la rendre malheureuse. »

Je songeai que Charlotte avait sans doute une autre raison de vouloir cacher ses larmes à sa maîtresse, mais je ne pouvais concevoir laquelle. Jeune, instruite, elle bénéficiait en outre de nombreux avantages. Sa maîtresse était bonne et indulgente. Elle n'avait pas à accomplir de tâches ingrates mais juste à s'occuper des enfants. Combien de personnes, noires ou blanches, auraient envié cette situation dans laquelle elle se trouvait si malheureuse ?

Hélas ! ceux qui ne considèrent l'esclavage qu'au regard de la souffrance physique ou des besoins fondamentaux de la nature humaine ne mesurent pas l'ampleur de ses maux.

XI

Fugue

Ô, Éternel, délivre-moi [1] !

DAVID.

Et en hâte, en toute hâte, ils s'éloignèrent, le plus vite possible.

BURGHER.

J'ai toujours pensé qu'en état de servitude le mariage est au mieux un avantage discutable. Il renforce et complique nécessairement la relation entre maître et esclave, ajoute de nouveaux liens à ceux déjà établis et s'avère être la cause de nombreux ennuis et chagrins qui, dans d'autres conditions, pourraient être évités. L'esclave, si elle ou il désire la satisfaction, devrait toujours rester célibataire. Si tel était mon dessein, je pourrais invoquer de nombreuses raisons pour étayer ce point de vue, mais le simple bon sens enseigne forcément à l'observateur de l'humanité que toute situation comportant des responsabilités telles que celles du mariage n'apporte profit, honneur et avantage qu'aux êtres libres.

L'information transmise par la petite Anna aurait pu paraître anodine et bénigne, mais elle avait pour moi du poids et de l'importance. Non qu'il fût extraordinaire pour la gent féminine, même de la meilleure condition, de verser des larmes de temps à autre, mais pareilles crises de chagrin que l'on cherchait à dissimuler, survenant en outre à un moment considéré comme le plus heureux dans la vie d'une femme, pouvaient paraître suffisamment mystérieuses pour susciter les conjectures d'une personne encore moins curieuse que moi.

Je me souvins alors que depuis plusieurs jours j'avais observé quelque chose de singulier dans le comportement de Charlotte. À plusieurs reprises, en surprenant son regard intensément scrutateur fixé sur moi, j'avais imaginé qu'elle souhaitait me demander un entretien privé mais n'osait pas le faire. De plus, j'avais découvert qu'elle consacrait souvent ses nuits à d'étranges activités. J'avais vu des lumières briller derrière les fenêtres de sa chambre à des heures inhabituelles, j'avais remarqué que des ombres se faufilaient au clair de lune vers des endroits discrets. Simultanément, les serviteurs étaient devenus nerveux et de curieuses rumeurs s'étaient mises à circuler au sujet d'un visiteur surnaturel. Certains affirmaient l'avoir vu souffler du feu et de la fumée tandis qu'il rôdait dans les couloirs et les passages. D'autres prétendaient qu'il y en avait deux et non un seul, et d'autres encore étaient d'avis que cet esprit avait le pouvoir d'apparaître unique ou dédoublé.

Au début, M. et Mme Henry avaient choisi de traiter toute l'affaire par un mépris silencieux, mais bientôt celle-ci posa de graves problèmes. Plus aucun domestique ne voulait quitter la maison après la tombée du jour, même en cas d'urgence. Les lampes brûlaient toute la nuit dans leurs chambres car ils craignaient que « l'fantôme[2] » ne s'introduisît chez eux par surprise, et lorsqu'un nourrisson malade depuis longtemps mourut brusquement un soir, sa mère préféra rester couchée auprès du petit cadavre raide et froid jusqu'au matin plutôt que de se lever et d'alerter la maisonnée.

Pour ma part, cependant, * je me laissais rarement impressionner par des terreurs imaginaires. Je trouvais les

* [je ne me laissais jamais]

dures réalités de la vie suffisamment troublantes et déconcertantes pour ne pas aller au-delà des frontières du temps à la rencontre de nouvelles sources d'appréhension ; aussi reposais-je calmement avec l'assurance que, fût-ce un esprit ou un homme, un ange ou un démon, ou encore ni l'un ni l'autre, il ne s'agissait en aucun cas d'une force qui pourrait changer ma destinée ou affecter le moins du monde mon bonheur ou mon malheur. J'avais l'habitude de veiller tard ; cela, tout le monde dans la maison devait le savoir. L'angoisse éprouvante n'est pas amie du sommeil. En outre, j'aimais profiter de la tranquillité nocturne pour réfléchir. Deux semaines s'étaient écoulées depuis que mon futur maître avait annoncé son arrivée et il n'était toujours pas venu. Ce fait contribuait à augmenter mon malaise plutôt qu'à le dissiper, car le pire est toujours préférable à l'attente du pire.

Un soir, la cloche venait juste de sonner le douzième coup de minuit lorsqu'un léger bruit dans la pièce voisine me fit sursauter. Très léger, à vrai dire, et s'il ne m'avait pas paru inhabituel il n'eût sans doute même pas attiré mon attention. La nuit est propice aux sons mystérieux. Les volets tremblent alors qu'apparemment il n'y a pas de vent. Des chocs sourds évoquant la chute d'objets lourds vous tirent du sommeil, sans compter que par leurs cavalcades souris et rats éveillent mille échos surprenants, mais ce bruit n'était pas de ceux-là. Il ressemblait en réalité à une toux humaine réprimée. Je tendis l'oreille. Je distinguai des pas assourdis puis le grincement étouffé d'une porte ouverte avec précaution. Mon cœur battait à tout rompre. Devais-je me lever, ouvrir ma propre porte et tenter de percer le mystère ? Il y avait peut-être un voleur dans la maison ou une personne animée de mauvaises intentions. Mais soudain, alors que je n'avais même pas encore eu le temps de prendre une décision, le vieux Jo, un Nègre qui aimait par-dessus tout le brandy, fit irruption chez moi dans un état de terreur des plus ridicules. Ses yeux agrandis et brillants semblaient lui sortir de la tête, ses dents s'entrechoquaient et tout son corps tremblait comme s'il avait eu de la fièvre. Sans me laisser le loisir de lui reprocher cette entrée brutale, il cria :

« Oh ! mam'selle, l'fantôme, l'fantôme, sauvez-moi du fantôme !

– Le fantôme ? Où est-il ? »

Le vieil homme était trop effrayé pour formuler des propos cohérents, mais en essayant de donner un sens à son récit je compris que Jo, saoul comme à l'accoutumée, s'était endormi devant la porte menant à la chambre de Charlotte, et qu'il avait été brusquement réveillé par de la lumière et une sensation de douleur, car « l'fantôme », pour reprendre son expression, lui avait écrasé les orteils et pesait « drôlement lourd ».

« Et, mam'selle, l'était si affreux...

– À quoi ressemblait-il, Jo ?

– J'pourrais pas l'décrire, mais affreux, tellement affreux que je m'suis redressé plus vite qu'mes vieux os me l'permettent depuis bien longtemps. Il a voulu d'abord me sauter d'ssus quand j'suis passé, et après il a disparu.

– Je n'en suis pas si sûre, Jo. »

Lorsqu'il se fut partiellement remis de sa frayeur, je le persuadai de me laisser et d'aller se coucher, car je souhaitais rester seule.

Ce jour-là, nous avions entendu dire que le mari de Charlotte, après avoir été sévèrement – et, d'après lui, injustement – puni par son maître, s'était échappé, qu'il était parti depuis plusieurs jours et que tous les efforts pour le débusquer avaient échoué. Il me vint aussitôt à l'esprit qu'un lien existait sans doute entre sa fuite et l'apparition du fantôme. L'homme et le fantôme ne faisaient-ils qu'un ? C'était une supposition un peu folle, et pourtant elle n'avait rien d'improbable. Je décidai sur-le-champ de résoudre l'énigme sans me demander un seul instant si l'honneur et la justice exigeaient un tel effort de ma part, ni de quel droit je me mêlais des secrets d'une maison où je n'étais admise que par tolérance. Tout en réfléchissant à la meilleure façon de procéder, j'enfilai cape et bonnet, puis sortis sans bruit de ma chambre et passai par un couloir étroit pour gagner la porte d'entrée. Je l'ouvris et la refermai en silence, contournai la maison en restant dans son ombre imposante et m'arrêtai juste sous les fenêtres de la chambre de Charlotte. Elles étaient d'ordinaire protégées par des rideaux blancs si fins et délicats que l'on distinguait aisément la lumière à travers, mais il me semblait que par sécurité, si son mari en fuite était réellement dissimulé à l'intérieur, le recours à des draperies plus épaisses et sombres s'imposait. Je ne fus pas déçue sur ce point. De grands morceaux de papier étaient accrochés par-dessus les rideaux blancs, bien que le bas de l'un d'eux, légèrement enroulé, révélât la lueur d'une lampe à l'intérieur. Cette constatation, au lieu de satisfaire ma curiosité, ne fit que la piquer davantage. Dans quel but le mari était-il là ? M. Henry était-il au courant ? Approuverait-il la décision prise par Charlotte de le cacher ici et ne s'ensuivrait-il pas de graves conséquences si cela se savait ? Toutes ces questions affluèrent en même temps dans mon esprit et je résolus de faire part de mes soupçons à M. Henry dès le lever du jour.

Mais aussitôt je me dis que je n'avais aucune preuve, qu'il s'agissait d'une simple supposition fondée sur des impressions que je serais bien en peine d'analyser, et qu'après tout il serait peut-être plus sage de garder le silence.

De mon poste d'observation je ne pus rien découvrir de plus, mais je savais très bien que la chambre de Charlotte ne comportait qu'une porte et que son visiteur ne tarderait pas à sortir. En effet, il serait forcément découvert s'il tentait de se cacher dans cette pièce durant la journée, car les enfants se l'étaient appropriée. Au moment où je rentrais dans la maison sans bruit, j'aperçus deux personnes qui se faufilaient dehors par une autre porte. J'étais certaine qu'elles ne m'avaient pas remarquée et, ayant reconnu la silhouette d'un homme et d'une femme, je devinai sans peine leur identité. J'hésitai un moment, puis décidai de les suivre en restant cependant à bonne distance pour ne pas me faire repérer.

Après avoir emprunté les allées de gravier, les deux formes s'arrêtèrent un instant seulement devant le petit portail qui donnait sur un sentier étroit bordé de part et d'autre par la forêt et des arbres fruitiers. Le portail s'ouvrit et se ferma comme de lui-même, et le couple disparut dans les ombres profondes. Jusque-là, la nuit était claire et étoilée, mais un nuage se formait et les cieux s'assombrissaient d'instant en instant. Le vent soufflait de plus en plus fort dans les branches et la lueur des éclairs, accompagnée par intermittences de lointains grondements de tonnerre, annonçait un orage imminent. Je sentis mes résolutions vaciller. Non que la nuit, l'obscurité et la tempête me fissent peur ; j'aurais pu les braver pour une bonne cause, mais je commençais à m'interroger sur l'utilité, la nécessité et même l'opportunité d'espionner les actes d'une personne en tous points mon égale, peut-être même ma supérieure. Pourquoi devrais-je essayer d'élucider un mystère qui ne me concernait en rien ou de me mêler d'affaires dont je ferais mieux de rester une simple observatrice ? L'ignorance ne serait-elle pas préférable pour ma tranquillité d'esprit ? Comment pourrais-je ne pas accuser ma conscience de cruauté et d'injustice si, à cause de mes découvertes et de mes informations, le bonheur de Charlotte était anéanti, si son mari était condamné une seconde fois à la servitude [3] ?

Toute à ces pensées, je retournai dans la maison, puis dans ma chambre, un peu honteuse d'avoir autorisé ma curiosité à franchir les limites de la bienséance.

Le jour se levait lorsque Charlotte revint, mais je ne dormais pas encore.

Le lendemain matin, la vieille gouvernante chercha Mme Henry pour se plaindre à elle. Les rats, disait-elle, avaient dévoré ses tartes et fait un triste carnage de ses gâteaux. Charlotte, qui était présente, s'empourpra et évita mon regard. Jo déclara que c'était forcément le fantôme qui les avait mangés, mais plusieurs autres serviteurs versés dans ces questions lui assurèrent que les fantômes ne mangeaient pas. De cette divergence d'opinions naquit une querelle qui s'acheva par des coups de poing, et M. Henry fut obligé de régler le problème en interdisant toute allusion à ce sujet.

Plus tard ce jour-là, Charlotte réussit à me glisser discrètement un message dans la main. Je le fourrai dans ma poche et me retirai sous un prétexte quelconque pour le lire. Il disait :

« Peux-tu avoir la bonté d'accorder à une malheureuse un entretien privé ce soir sous la tonnelle au fond du jardin ? Retrouve-moi à minuit. Charlotte. »

Elle me gratifia d'un regard interrogateur lorsque je me trouvai de nouveau en sa présence. Je hochai légèrement la tête, son visage s'éclaira, et peu après elle quittait la pièce.

Je passai du temps en vaines conjectures sur les intentions de Charlotte. Qu'elle voulût m'entretenir d'un sujet en rapport avec son mari, je n'en doutais pas, mais si elle avait besoin d'aide, pourquoi ne pas se confier à Mme Henry ou à quelqu'un de moins démuni que moi ? De quelle utilité pourrais-je leur être et pourquoi devraient-ils me faire porter le poids d'un secret que je devinais bien lourd ? Enfin, il me vint à l'esprit que j'attachais trop d'importance à cette affaire et qu'il serait sans doute plus sage de chasser ces questions de mon esprit.

C'était un dimanche, et ce jour-là M. Henry avait coutume d'enseigner à ses serviteurs les vérités de l'Évangile. Cette tâche n'occupait cependant que les heures de la matinée ; l'après-midi, il organisait des réunions de prières et d'exhortations auxquelles pouvaient assister tous ceux qui le souhaitaient.

Ma participation à ces exercices religieux fournit une agréable diversion à mes pensées. Les appels lancés vers le ciel, s'ils n'étaient pas formulés avec grâce et élégance, ne manquaient cependant ni d'ardeur ni de ferveur, et je ne doutais pas qu'ils trouveraient leur place dans ces coupes d'or remplies de parfums que l'ange de l'Apocalypse disposait devant le trône de Dieu.

Après le repas du soir, je fis avec Mme Henry une promenade très agréable parmi les habitations des Nègres et nous admirâmes leurs petits potagers et jardins, tous bien entretenus à en juger par l'absence de mauvaises herbes et la luxuriance des diverses plantations de légumes et de fleurs destinés à la cuisine ou à l'ornement. Divers groupes de personnes, jeunes ou vieilles, toutes imprégnées apparemment du caractère sacré de la journée et emplies de respect pour leur maîtresse, étaient assis sur de petits bancs devant les portes pour apprécier la beauté de la soirée. Tout le monde se leva à notre passage et nous fûmes invitées à cueillir autant de fleurs que nous le désirions. Je n'oublierai pas de sitôt la plaisante impression émanant de leur attitude dévouée, affectée peut-être pour certains, mais sincère chez la plupart, qui calmait la gaieté bruyante des jeunes, les amenant à échanger leurs opinions de façon plus tranquille mais non moins intéressante, et faisait taire les querelles véhémentes entre les aînés.

En approchant d'une des cases, située un peu à l'écart dans un endroit pittoresque bien ombragé, nous fûmes surprises d'entendre la grosse voix bourrue de Jo rapportant à un groupe d'auditeurs perplexes le récit de sa rencontre nocturne avec le visiteur spectral. Évidemment, la narration insistait sur les aspects étranges ou merveilleux, et l'expression ridicule des uns et des autres, tour à tour envahis par la peur, l'étonnement et l'appréhension, eût suffi à amener un sourire sur les lèvres d'Héraclite. Leurs remarques étaient d'autant plus comiques qu'aucun d'eux ne songeait à attribuer cette apparition à une cause naturelle.

« Que Dieu lui vienne en aide, à c'pauvre fantôme, dit une vieille femme au visage desséché, comme fumé, d'un noir d'ébène [4]. M'est avis que quelqu'un a été tué, même si je vois pas à quoi ça sert de hanter tout l'monde comme ça. »

D'autres émirent de semblables opinions tandis qu'un pli soucieux barrait le front de Mme Henry.

« C'est très curieux, observa-t-elle quand nous retournâmes vers la maison. Mes serviteurs n'avaient jamais été portés à la superstition *, j'ai toujours essayé de leur apprendre à ne pas accorder foi à ce genre d'histoires absurdes et infondées. Jo était certainement ivre, mais puisque tous les serviteurs connaissent cette faiblesse chez lui, ils ne devraient pas l'encourager à débiter toutes ces sornettes.

– Pourtant, madame Henry, il y a peut-être un fond de vérité dans tout cela, répondis-je.

– Allons, Hannah, ne me dis pas que toi aussi tu es superstitieuse ? répliqua-t-elle en me regardant avec sévérité.

– Pas du tout, madame. Mais je peux vous affirmer avec certitude que cette maison a reçu un visiteur cette nuit.

– Qui ? Un esprit ?

– Pas un esprit séparé de son corps, en tout cas. »

Je lui racontai alors de la façon la plus concise et précise possible tout ce que j'avais observé la veille.

D'un air à la fois chagrin et intrigué, elle m'écouta jusqu'à la fin sans dire un mot. Lorsque je me tus, elle déclara qu'il s'agissait là d'une affaire bien délicate et qu'il eût mieux valu n'en rien savoir. Malgré nos yeux, nous n'aurions pas dû voir, et malgré nos oreilles, nous n'aurions pas dû entendre. Elle espérait que le bon sens de Charlotte l'empêcherait de commettre une folie ou de prendre une initiative précipitée qui plongerait tout le monde dans l'embarras et, quoi qu'il en soit, elle-même se chargerait de lui donner quelques conseils de prudence.

« Maintenant ? demandai-je.

* [Je ne pense pas qu'avant aujourd'hui ils aient jamais nourri ce genre de craintes]

– Non, pas tout de suite. Il est naturel qu'elle veuille protéger et aider son mari. Elle peut le faire sans avoir conscience de contrevenir à la loi de ce pays. Le même acte de notre part serait cependant considéré comme une infraction. Par conséquent, il ne doit pas venir ici. Je les plains tous les deux, mais lui je ne peux pas l'accueillir chez moi. »

Nous écoutâmes de la musique et récitâmes des prières familiales à l'heure du coucher. Tous les serviteurs – du moins, tous ceux qui travaillaient dans la maison – étaient présents, à l'exception de Charlotte. Elle s'était excusée sous un prétexte que j'avais jugé futile sur le moment, mais comme les domestiques n'étaient pas obligés d'assister à ces services, son absence ne suscita aucun commentaire. La famille de M. Henry avait pour habitude de se lever tôt, et l'horloge sonnait seulement minuit, bien qu'un silence de mort eût régné depuis quelque temps déjà dans la maison, lorsque, après avoir coiffé un bonnet et drapé un petit châle sur mes épaules pour me protéger de la rosée, je sortis rapidement de la maison, puis suivis l'allée du jardin et m'arrêtai devant la tonnelle où Charlotte m'avait donné rendez-vous.

Un silence total régnait, mais en me dirigeant vers l'entrée je distinguai quelqu'un à l'intérieur. Mon arrivée ne passa pas inaperçue. Une voix grave chuchota :

« Hannah.

– C'est moi, oui. »

La silhouette se redressa, et malgré l'épaisseur des ténèbres je reconnus la stature et les traits d'un homme. Un instant plus tard, Charlotte me rejoignit.

« N'aie pas peur, murmura-t-elle, ce n'est que William.

– Et que fait-il ici ? demandai-je.

– Oh ! Hannah, il faut que tu l'écoutes raconter son histoire et tout ce qu'il a enduré. Après, tu le plaindras, j'en suis sûre. Il ne pourrait en être autrement.

– Sans doute, mais ma pitié ne vous sera d'aucune utilité. »

À présent, nous étions assis tous les trois sous la tonnelle.

« Ne parle pas ainsi, reprit Charlotte. Nous sollicitons ton aide, mais aussi ta présence. Hannah, n'aimerais-tu pas être libre ?

– Oh ! bien sûr, bien sûr, mais…

– Quoi ?

– Les dangers, les difficultés, les obstacles en chemin…

– Tous s'évanouiront devant la détermination et la persévérance, déclara William.

– Sur ce point, vous vous trompez, répliquai-je. J'ai essayé de fuir, un jour. Je sais ce qu'il en est. Je sais ce que c'est d'avoir faim et soif, d'être vulnérable. Je sais ce que c'est de redouter la vue d'un homme, de chercher refuge dans les bois et les cavernes, et, que Dieu me protège, je ne veux plus jamais connaître de semblables épreuves.

– Mais nous aimerions que tu viennes avec nous, dit Charlotte.

– Avec vous ? Est-ce que tu pars aussi ?

– Oui, répondit-elle courageusement. Je pars avec mon cher mari, mais Hannah, j'aurais aimé qu'une amie nous accompagne, une femme vaillante et bonne capable d'affronter les dangers sans peur, dont les conseils pourraient nous guider en cas d'urgence, qui serait sincère, courageuse et fidèle. C'est toi que mon cœur a choisie.

– Et à juste titre, confirma William. Tu es déjà presque libre. Ton ancien maître est mort. Il a eu le sort qu'il méritait. Jusque-là, personne ne t'a réclamée, et personne n'a le droit, même d'après les lois de ce pays maudit, de t'empêcher d'aller où bon te semble. J'ai dit à Charlotte de solliciter cet entretien, et maintenant nous te demandons, nous te pressons de partir avec nous. Nous avons des amis à quelques kilomètres seulement d'ici. Une fois sur place, nous serons en sécurité et nous pourrons défier nos ennemis. »

Que je fusse grandement surprise par une telle proposition, et absolument pas préparée à y répondre, nul ne saurait en douter. Pourtant, je n'hésitai pas à leur dire que leur entreprise me semblait hasardeuse et périlleuse, et que je redoutais une issue malheureuse.

Charlotte soupira.

« Allons, Hannah, ne décourage pas ma chère femme, dit William en l'attirant tendrement contre lui. Notre décision est prise ; nous ne changerons pas d'avis parce que nous n'avons pas d'autre solution. Nous devons être séparés ou fuir, et à ton avis, que doit faire une épouse éprise de son mari ? Mon maître m'a vendu à un marchand du Sud, par pure cruauté, je crois, et parce qu'il a dit que j'étais fier de mon mariage. Il se trouve que j'ai entendu la négociation. Peu m'importe de changer de maître, car il est impossible de tomber entre les griffes d'un homme plus odieux que lui, mais l'idée d'une séparation aussi prématurée d'avec Charlotte a bien failli me faire perdre la tête. Ce soir, je suis venu ici pour tout lui raconter et elle a proposé que nous nous échappions ensemble vers une terre de liberté. Comme mon cœur a bondi en entendant ce mot béni ! »

Durant ce long discours, j'avais eu le temps de me ressaisir, et je répondis clairement que s'ils avaient des raisons justes, recevables et nécessaires de fuir, il n'en allait pas de même pour moi, que je ne pouvais sacrifier à la légère l'opinion de Mme Henry et de sa famille, qui avaient tous été tellement bons pour moi, ni leur donner l'impression d'avoir participé à un projet dont la réalisation constituerait un affront pour eux, de même qu'une source de tracas et d'angoisse. Le devoir, la gratitude et l'honneur me l'interdisaient.

« Donc, à un sens de l'honneur exagéré tu sacrifies volontairement la perspective de la liberté, conclut William. Eh bien, étreins tes chaînes si tel est ton désir. Pour moi, c'est la liberté ou la mort.

– Tu refuses de venir avec nous, alors ? demanda Charlotte.

– Il le faut.

– Mais tu ne nous trahiras pas ? Nous avons placé notre secret entre tes mains.

– Et il sera bien gardé, mais ne m'en dites pas plus. Laissez-moi demeurer dans l'ignorance la plus totale des détails de votre fuite, ne me donnez aucune information sur le moment, le moyen, l'itinéraire ou la destination.

– Pourquoi ? s'enquit William.

– Parce qu'il est préférable pour tout le monde que je ne sache rien. »

Ce fut ainsi que s'acheva notre brève conversation.

Le lendemain matin, Charlotte avait disparu. Elle ne se présenta pas pour aider Mme Henry à sa toilette. Une enfant fut envoyée la chercher, qui revint en disant qu'elle ne l'avait trouvée nulle part. Sa chambre était impeccable, son lit parfaitement fait et les tiroirs de la commode soigneusement fermés. S'ensuivit une grande agitation, des claquements de portes, des appels dans toutes les pièces et autour de la maison. M. Henry fut le premier à suggérer qu'elle était peut-être partie avec son mari, et il demanda si ses vêtements étaient rangés à leur place habituelle. Mais une fois examinée, sa penderie se révéla pratiquement vidée de son contenu.

Mme Henry pleura. Charlotte avait été pour elle comme une fille, mais plus encore que la perte d'un être cher elle déplorait la misère, les privations et les épreuves que l'infortunée amoureuse allait devoir affronter.

« Et pourtant, je n'ai pas le cœur à la blâmer, observa cette femme si charitable. J'aurais dû anticiper cette fuite, mais je ne l'ai pas fait. L'enseignement des Écritures est aussi vrai aujourd'hui qu'il y a six mille ans : "Tes désirs se porteront vers ton mari." Pour son époux, Charlotte a abandonné sa maison et ses amis de longue date. Que le ciel les protège, qu'il se montre digne de leur confiance et leur permettre d'atteindre sains et saufs la terre de liberté. »

Ce même jour, nous fûmes quelque peu surpris par l'arrivée du maître de William, un certain M. Cropp. Il était accompagné d'un groupe de Nègres, de plusieurs limiers et du marchand d'esclaves mentionné précédemment. C'était de toute évidence un homme dur, sévère, dont le cœur ignorait la pitié. Le marchand me considéra avec attention. Il avait entendu parler de mon histoire et demanda si j'étais à vendre. M. Henry répondit qu'il en doutait, ce qui chagrina son interlocuteur. M. Cropp exposa alors clairement et sans détour l'objet de sa visite. Les serviteurs, dit-il, avaient rapporté que la maison de M. Henry était visitée la nuit, par un esprit supposaient-ils, mais étant lui-même un homme rationnel peu porté à croire aux visiteurs surnaturels, il estimait plus probable que son esclave en fuite eût cherché à se rapprocher de Charlotte, et peut-être même à obtenir son aide et du ravitaillement. Il ajouta que William avait été aperçu le soir précédent sur la propriété de M. Henry et finit par s'enquérir de Charlotte. Mme Henry devint pâle comme la mort.

Il répéta la question d'un ton où perçait une certaine sécheresse.

« En vérité, monsieur, déclara M. Henry en s'avançant, nous ne pouvons rien vous dire sur Charlotte. Elle était là hier, elle n'est plus là aujourd'hui.

– Donc, elle s'est enfuie dans la nuit, intervint le marchand.

– Et ils sont partis ensemble, renchérit Cropp. C'est encore mieux que je ne l'espérais, nous allons pouvoir lancer les chiens sur une piste toute fraîche, ils ne manqueront pas de retrouver leurs traces. »

Les molosses au corps allongé, émacié et souple paraissaient incroyablement féroces, et leur air carnassier me fit trembler.

M. Henry demanda à Cropp si ces animaux lui appartenaient.

« Hélas ! non, répondit-il. Ils appartiennent à mon beau-frère, qui vit à soixante-dix kilomètres d'ici.

– Et vous avez envoyé quelqu'un les chercher ?

– Oui, car j'ai considéré que la capture de Billy

compenserait largement la dépense et le dérangement. Il vaut dans les quinze cents dollars, sans parler de la nécessité de faire un exemple. Si l'un de ces gaillards réussit à filer, un autre ne tardera pas à le suivre, et encore un autre, jusqu'au moment où les plus capables d'entre eux auront tous disparu. Mais s'il y a bien une chose qu'ils ne supportent pas, c'est d'être rattrapés et ramenés, et avec ces chiens, de vrais cubains, les meilleurs limiers du pays [5], je pense pouvoir les rattraper.

– Laissez-les partir, implora Mme Henry.

– C'est ça, laissez-les partir ! répéta Cropp en échangeant un coup d'œil avec le marchand.

– Compatissez-vous tellement à leur sort, madame ? » demanda ce dernier.

M. Henry * craignit les conséquences d'une imprudence de son épouse.

« Permettez-moi de répondre à sa place, dit-il. Il est dans sa nature de s'apitoyer sur tous les êtres faibles et vulnérables, mais je crois qu'à cet égard toutes les femmes sont pareilles.

– Oh ! loin s'en faut, répliqua Cropp. Tenez, ma femme est d'une sévérité diabolique avec les esclaves, encore plus que moi. Elle a même provoqué la mort de deux ou trois des meilleures filles que j'aie jamais eues. Elle les a tuées à la tâche. Je lui ai dit que ce n'était pas bien, sans compter la perte financière, évidemment.

– D'accord, Cropp, intervint le marchand. Votre femme est dure, sans aucun doute, et aspire à défendre ses intérêts, ce qui me semble juste, mais il y a un point sur lequel je ne suis pas d'accord avec vous. Je ne crois pas qu'aucun Nègre se soit jamais tué à la tâche. En attendant, je pense que nous ferions mieux d'y aller. »

Ils se levèrent tous les deux, sortirent sur la véranda et conversèrent quelques minutes à voix basse. Enfin,

* [croisa le regard de son épouse avant qu'elle ne formulât une réponse et secoua la tête de façon éloquente]

M. Cropp revint, passa la tête dans l'entrebâillement de la porte et demanda si M. Henry voyait une objection à laisser entrer les chiens dans la chambre de Charlotte.

« Les fuyards sont ensemble, c'est certain, ajouta-t-il. Et si Tiger, là, parvient à flairer leur piste, leurs chances de nous échapper seront pratiquement réduites à néant. »

Mme Henry leva involontairement les yeux au ciel tandis que son mari abandonnait son siège pour conduire les hommes jusqu'à la chambre indiquée.

Les chiens tournèrent en rond dans la pièce, humant et flairant le tapis. Enfin, Tiger poussa un aboiement furieux.

« Il a senti leur odeur, observa Cropp. Vas-y, cherche, Tiger, trouve-les. Oui, c'est bien, tu es un bon chien. »

Ainsi encouragé, l'animal bondit vers la porte d'entrée. Elle était ouverte. Il se rua dehors, parcourut en un éclair l'allée du jardin et pénétra sous la charmille en aboyant comme un fou. Nous préférâmes ne pas les suivre, mais une heure plus tard j'entendais toujours des cris et des aboiements frénétiques dans la forêt.

Ce soir-là, les prières de M. Henry revêtirent un caractère particulièrement solennel, et il demanda notamment au ciel d'accorder sa bénédiction et sa protection aux voyageurs qui n'avaient nul endroit où poser leur tête.

XII

Une nouvelle maîtresse

Moi, je suis malheureux et souffrant [1].

DAVID.

Deux jours s'écoulèrent sans que nous eussions de nouvelles de Charlotte ou de son mari. Mme Henry était dans tous ses états, elle n'avait plus d'appétit, le sommeil fuyait ses paupières et son imagination enfiévrée engendrait des visions d'affreux malheurs. Elle songeait à sa belle protégée traquée de place en place comme une bête sauvage, privée de nourriture et de refuge, forte seulement de son amour, ou, pis encore, se la représentait déchiquetée par les chiens et expirant sans une amie pour essuyer la rosée de la mort sur son front ou diriger son âme vers la croix du Calvaire.

Mais le troisième jour, M. Henry, se conformant aux sollicitations pressantes de sa femme, se rendit à cheval jusqu'à la ferme des Cropp afin d'apprendre le résultat de la chasse. Pour notre plus grande joie, il nous annonça à son retour que les fugitifs avaient réussi à s'échapper. Par quelque mystérieux procédé, ils avaient trompé le flair des chiens, semé leurs poursuivants, et se trouvaient probablement sur le chemin de la liberté et du bonheur. Le marchand avait cependant continué sa route, pensant les intercepter au moment où ils traverseraient une rivière, tandis que Cropp rentrait sur ses terres, aigri par la déception et prêt à se venger de cette perte sur les innocents et les faibles.

Nous étions maintenant en * été et la nature avait revêtu ses atours les plus gais, mais mon futur maître n'était toujours pas venu. Il avait écrit une autre lettre disant qu'il était retenu par la maladie d'un proche et m'ordonnant de rester où je vivais actuellement. Les événements ayant tendance à se bousculer, le jour où nous reçûmes cette missive Mme Wheeler arriva pour sa visite estivale. Mme Henry l'accueillit avec la plus charmante courtoisie et la conduisit dans les appartements réservés à son usage. Il me serait difficile de décrire toutes les choses coûteuses, élégantes et magnifiques qu'ils contenaient, les tiroirs ouvragés, les ravissants coffrets et boîtes à bijoux ainsi que d'autres fantaisies, et aussi les tables mises en valeur par des fleurs et du tissu damassé, les fauteuils de velours et de brocart, le lit si blanc, si frais et moelleux qu'il ressemblait à la neige des Alpes. Je me rappelle avoir pensé à l'époque quelle bénédiction ce devait être non seulement d'avoir des amis mais aussi d'être capable de leur offrir un tel luxe.

Mme Wheeler se plaignait de sa santé défaillante et réclamait une attention de tous les instants. Ses deux femmes de chambre s'étaient enfuies vers le Nord, et elle n'en avait toujours pas trouvé d'autre à sa convenance. Maintenant que Charlotte était partie, Mme Henry n'avait plus la possibilité de satisfaire les exigences de son invitée, sauf si j'acceptais de me mettre à son service. J'y consentis volontiers, non seulement pour obliger la dame mais aussi pour montrer ma gratitude envers Mme Henry. Le lendemain matin, Mme Wheeler m'envoya chercher dans ma chambre. Drapée dans un léger peignoir de jour, elle était allongée, languissante, sur un sofa garni de coussins moelleux. Elle fit un effort

* [juin, le mois le plus chargé d'occupations]

pour sourire lorsque je me présentai et demanda d'une voix particulièrement douce, atone et suave si je pouvais remplir les obligations d'une femme de chambre.

« Je peux toujours essayer, madame, répondis-je.

– Je ne veux pas que tu essaies mais que tu réussisses, répliqua-t-elle. Sais-tu arranger les cheveux ?

– Je l'ai déjà fait.

– T'y es-tu bien prise, et comme il se doit ?

– Personne n'a trouvé matière à s'en plaindre.

– Eh bien, de façon à me permettre de juger tes dons pour cet art à la mode, je souhaite que tu me coiffes ce matin.

– Mais madame...

– Oui ?

– Il existe de nombreuses manières d'arranger les cheveux.

– Certainement. Alors dispose les miens dans le style le plus gracieux seyant à une tenue matinale.

– Bien, madame. »

Aussitôt, je me mis à l'ouvrage avec l'aide de peignes, de brosses et de pommades.

« Fais attention ! s'exclama-t-elle. Mes cheveux sont sans doute excessivement emmêlés car ils n'ont pas été peignés depuis plus d'une semaine.

– En effet, madame. *

– J'étais trop mal en point pour me lancer moi-même dans une telle entreprise, et comme Jane s'est enfuie, je n'avais personne à qui confier ma tête jusqu'à ce que Mme Henry te recommande chaudement.

– J'en suis reconnaissante à Mme Henry.

– Jane était très habile dans presque tous les domaines, continua-t-elle. Il est rare de trouver une esclave aussi douée, mais elle était mécontente et insatisfaite de sa condition, et croyait obtenir mieux dans un

* [Cela faisait bien plus d'une semaine, je m'en rendis compte.]

pays de liberté, alors je peux t'assurer que je la surveillais de près. Hé ! doucement, tu tires ! »

Le peigne s'était coincé dans un nœud.

« Pardonnez-moi, madame, mais je n'ai pas pu faire autrement ; vos cheveux sont extrêmement emmêlés.

– Oh ! Seigneur, voilà ce que j'endure depuis que j'ai perdu Jane, mais à mon avis elle souffrira sans doute encore plus. L'idée de l'emmener à Washington ne me plaisait guère, remarque bien. Tout cela, c'est la faute de M. Wheeler. Il voulait que je vienne, et compte tenu de ma faiblesse je ne voyais pas comment me passer d'elle. As-tu réussi à éliminer la plupart des nœuds ?

– Je crois, oui.

– Mon mari, comme tu le sais sans doute, occupe une position élevée dans la ville fédérale, ce qui nous donne accès à la meilleure société de la capitale. Pendant mon séjour là-bas, j'ai consacré l'essentiel de mon temps à faire et à recevoir des visites, à assister à des réceptions et à me rendre dans des lieux de distraction. Comme je n'ignorais pas que Washington grouille d'ennemis de notre institution domestique, j'ai dit à Catharine, ma seconde femme de chambre, de garder un œil sur Jane, et si des inconnus venaient la voir pendant mon absence ou si elle recevait des messages d'eux, de m'en informer aussitôt. Hannah, Hannah, je ne peux supporter une telle brutalité !

– Je fais de mon mieux, madame, mais vos cheveux sont dans un état épouvantable.

– Je n'en doute pas, mais tâche d'avoir la main plus douce », me recommanda-t-elle.

Et de poursuivre son récit sur le comportement de Jane.

Ceux qui s'imaginent que les dames du Sud gardent leurs distances avec leurs servantes et leur adressent à peine la parole ou juste pour leur donner des ordres se trompent du tout au tout. Entre la maîtresse et l'esclave existe une liberté qu'on ne trouve probablement nulle part ailleurs[2]. Une femme du Nord eût sans doute frémi à la seule idée de confier une histoire personnelle à un représentant de ma race et de ma condition, alors qu'une telle pensée n'effleura même pas Mme Wheeler. J'étais près d'elle. Elle n'appréciait guère le silence quand elle avait une auditrice à sa disposition, et pour ma part je me réjouissais de son apparente sociabilité.

« Catharine, poursuivit-elle, a manqué à sa parole, mais j'avais un petit page, un garçon de course, qui découvrit quelque chose d'insolite. Il vint me voir un jour pour m'informer que Jane et Catharine avaient toutes les deux reçu une lettre.

« "Qui les a expédiées ? demandai-je.

« – Je n'en suis pas certain, mais j'ai une idée, dit-il en se grattant la tête.

« – Et quelle est ton idée ?

« – Eh bien, madame, pour tout vous dire, l'homme de l'Hio s'est présenté souvent ici, et Jane a raconté que c'était son frère, mais je ne l'ai pas crue ; alors elle m'a demandé de ne pas vous en parler, mais j'ai répondu que c'était mon devoir. Aujourd'hui, il était encore en train de rôder dans le coin, elles ont toutes les deux reçu une lettre, et c'est tout ce que je sais."

– Qui était cet homme de l'Hio ? m'enquis-je.

– Le sénateur de l'Ohio[3], dont j'ai oublié le nom, m'expliqua Mme Wheeler, mais qui professe un grand respect pour les esclaves et les Nègres, peut-être parce qu'il est lui-même noir comme la nuit tandis que son serviteur mulâtre est le plus clair de peau et le plus séduisant des deux. Cet individu est d'ailleurs soupçonné d'avoir l'accord de son maître pour convaincre les domestiques d'abandonner leurs obligations. On dit même que le sénateur en personne en a aidé certains à s'échapper.

– Sont-ils nombreux à avoir fui ?

– Je pense, oui. Presque toutes les familles ont perdu deux esclaves ou plus, et en général c'étaient les plus précieux qu'elles possédaient. J'ai dit à mon mari que quelque chose se préparait, mais il s'est ri de moi avant de répondre que nos serviteurs ne nous quitteraient pas, qu'ils étaient trop bien traités et le savaient. Et c'est ainsi qu'un soir où j'assistais à une réception chez le ministre russe, les deux filles en ont profité pour partir.

– Avez-vous essayé dc les rattraper ?

– Oh ! non. M. Wheeler a affirmé que cela ne servirait à rien. De plus, il n'avait pas envie de crier haro au sujet d'esclaves fugitifs dans la capitale fédérale, aussi n'avons-nous pas ébruité l'affaire.

– Eh bien, madame, votre coiffure est achevée. Pouvez-vous me dire si elle vous convient ? demandai-je en lui apportant un miroir. Pour ma part, je la trouve bien.

– Moi aussi, Hannah. Je dois absolument te prendre à mon service. »

Je m'inclinai, mais sans souffler mot. Malgré sa sociabilité et sa liberté de conversation, il y avait quelque chose dans son attitude qui ne me plaisait pas. Elle s'exprimait d'une voix douce mais d'un ton qui me paraissait forcé, peu naturel. Ses manières étaient excessivement plaisantes et aimables, mais je ne pouvais m'empêcher de craindre qu'elles ne fussent affectées. La lueur qui brillait dans ses yeux et le tremblement qui la parcourait tout entière lorsqu'elle devenait nerveuse révélaient ses efforts pour réprimer de fortes émotions.

Tout en l'aidant à sa toilette, je m'amusai grandement des potins et scandales de Washington qu'elle me raconta, et pourtant mon cœur ne se porta pas vers elle comme il l'avait fait envers Mme Henry, et je devinai qu'elle devait être moins charitable.

Ses préparatifs matinaux terminés, elle se retira pour prendre sa collation dans un ravissant petit boudoir agrémenté d'une immense fenêtre en saillie entourée de rosiers grimpants. Là, elle fut rejointe par Mme Henry, et elles prirent ensemble leur premier repas de la journée.

« Vous avez trouvé Hannah habile, n'est-ce pas ? demanda Mme Henry.

– Oui, en effet, et j'envisage sérieusement de dicter une lettre à ce gentleman dès aujourd'hui, si vous voulez bien me donner son nom et son adresse. Je dois absolument m'assurer ses services. Elle pourrait prendre sans problème la place de Jane.

– Elle ferait même plus, souligna Mme Henry. Hannah est une gentille fille, elle a des principes et c'est une bonne chrétienne, je crois. Ce qui n'était pas le cas de votre Jane.

– Oh ! sur ce point, cela ne fait guère de différence. Je ne me soucie jamais de savoir si mes filles ont des principes ; tout ce que je leur demande, c'est d'être obéissantes. »

Après la collation du matin, Mme Henry sortit donner aux domestiques leurs instructions pour la journée tandis que Mme Wheeler me demandait de lui faire la lecture [4]. Je n'avais pas parcouru deux pages qu'elle me réclama des oreillers à disposer autour de sa personne afin de lui faciliter le repos ; puis elle voulut savoir si j'étais musicienne, ajoutant que Jane avait l'habitude de l'endormir au son de la guitare. J'avais joué un peu de harpe, lui dis-je. Elle me pria d'aller chercher l'instrument et de jouer doucement, très doucement, pour ménager ses nerfs. Après s'être confortablement installée parmi les oreillers, mais de façon à ne pas déranger sa coiffure, elle se prépara à faire un petit somme. Ma musique, cependant, ne lui agréa point. C'était tantôt trop vif, tantôt trop plat, trop terne ou trop insipide, à l'opposé de ce qu'elle souhaitait.

Je fus navrée de mon incapacité à la satisfaire et lui présentai mes excuses dans les termes les plus élégants auxquels je pus penser.

C'était étrange, mais il y avait quelque chose d'impérieux dans son attitude. Ses requêtes, bien que formulées de la voix la plus douce, étaient empreintes d'autorité.

Elle n'obtenait pas l'obéissance par la force mais par l'intimidation.

Cet après-midi-là, elle me dicta une lettre. Celle-ci était adressée à mon futur maître et le sujet en était moi-même. Elle commençait, comme tous les courriers d'affaires, par des tournures brèves et concises. Puis elle continuait en disant qu'elle (Mme Wheeler) séjournait chez Mme Henry, qu'elle m'avait vue, que j'étais très quelconque, et pis, une vraie grenouille de bénitier ; que je pleurais et tremblais à l'idée d'être conduite chez lui alors que je m'étais profondément attachée à elle et que mes instances pressantes l'avaient amenée à proposer de m'acheter, bien qu'elle ne voulût pas payer un prix trop élevé car elle était sceptique quant à ma capacité de la servir correctement et estimait, compte tenu de mon histoire, que je risquais de m'enfuir à la première occasion.

Personne ne doutera que j'hésitai à rédiger une telle description de moi-même. Mme Wheeler s'en aperçut.

« C'est tout l'art de la négociation, ma chère, dit-elle en me gratifiant de son plus beau sourire doucereux. Je te trouve tout à fait jolie mais d'autres peuvent ne pas partager cet avis. Tu es incontestablement bonne, et cependant d'aucuns pourraient juger tes idées en matière de religion et de vérité inconvenantes chez une personne de ta position. Et puis, bien entendu, tu préfères entrer au service d'une dame plutôt qu'à celui de ce monsieur qui t'obligerait probablement à sacrifier ton honneur et ta vertu. En somme, ma chère, cette lettre est destinée à te rendre un grand service, sûrement bien plus grand que tu ne l'imagines. N'es-tu pas d'accord ? »

Je répondis que oui, sans doute.

« Et puis, poursuivit-elle, bien que tu ne m'aies pas demandé de t'acheter, Mme Henry l'a fait, ce qui revient au même. Quant à ma dernière remarque laissant entendre que je ne suis pas entièrement satisfaite de tes manières, comme personne ne peut prétendre à la perfection en ce bas monde, elle ne signifie rien. En conviens-tu ?

– Je n'en suis pas sûre », répondis-je faiblement.

Ses yeux brillèrent, un tremblement l'agita, mais sa voix conserva la même intonation mielleuse et persuasive.

« Allons, Hannah, ne sois pas ridicule ! Tu sais que j'ai grand besoin de tes services. Souhaites-tu que j'écrive combien tu es belle et bonne ?

– Oh ! madame, bien sûr que non.

– Alors, pourquoi ne pas te satisfaire de cette lettre en l'état ?

– J'en suis satisfaite.

– Très bien. Dans ce cas, c'est tout. Maintenant, tu peux la cacheter. »

La lettre fut dûment cachetée et portée au bureau de poste par le garçon de course. Puis Mme Henry entra et son amie l'informa que j'avais rédigé sous sa dictée un courrier fort bien tourné dont je m'estimais satisfaite. Lorsque Mme Henry se réjouit pour moi de ces perspectives plus attrayantes, je compris que sa nature franche et innocente avait été abusée.

Les jours passèrent et je restai au service de Mme Wheeler, mais je ne saurais dire combien mes devoirs me devinrent pénibles. Il n'y avait aucune limite, semblait-il, aux expressions de sa vanité, à ses caprices et à ses fantaisies. Elle me rappelait un enfant gâté qui n'est jamais content de ce qu'il a et veut toujours quelque chose de nouveau. Elle réclamait une grenade, la goûtait puis ordonnait qu'on l'emportât et demandait à la place de la noix de muscade ou un cédrat. Une fois en sa possession, la chose convoitée ne lui apportait aucun plaisir et une nouvelle envie succédait à la précédente. J'observai néanmoins que de telles manifestations d'insatisfaction et d'agitation ne survenaient jamais en présence de Mme Henry. Lorsqu'elles étaient ensemble, tout devenait bon, beau, excellent. Mme Wheeler, semblait-il, ne pouvait concevoir qu'une personne fût malade ou lasse, alors qu'elle-même se plaignait sans cesse de sa faiblesse. Parfois, en pleine nuit, elle me forçait à sortir de mon lit pour aller lui chercher quelque sucrerie ou friandise. Ensuite elle voulait de l'eau pour faire passer le goût de la saccharine, et encore des sucreries. Il arrivait aussi qu'elle désirât du sel ou du vinaigre, selon son humeur. Elle m'ordonnait également chaque fois de ne rien dire à Mme Henry de ses lubies, et j'étais suffisamment stupide pour lui obéir.

Au bout d'un certain temps, nous reçûmes une lettre de mon maître qui, apparemment, avait entendu sur ma personne et mes qualifications une version différente de celle donnée par Mme Wheeler et exprimait son désaccord sur bien d'autres points encore. Il se disait cependant prêt à se séparer de moi à des conditions raisonnables, laissant à M. Henry le soin de négocier la vente. Je n'en fus pas heureuse, mais que pouvais-je faire ? Devais-je dévoiler les défauts de Mme Wheeler, que mon intimité avec elle m'avait révélés ? Devais-je l'accuser de tromperie, voire de franche duplicité ? Me croirait-on si j'affirmais que c'était une maîtresse difficile et une femme indigne de confiance ? Qu'allaient penser ses amis et les miens d'un tel comportement de ma part ? J'évaluai avec soin toutes ces considérations et me résignai à laisser traiter l'affaire sans élever d'objections ni créer de difficultés. Mais je ne me sentis jamais aussi démunie, vulnérable et totalement soumise à l'autorité d'autrui que lorsque cette femme à la voix douce et aux manières suaves, mais d'une nature si sévère et inflexible, déclara que je lui appartenais corps et âme et qu'elle attendait de moi l'obéissance la plus stricte en toutes circonstances. « Et pourtant, pensai-je, Mme Henry m'avait assuré que vous étiez bonne. »

Mais même les meilleurs et les plus sages se laissent parfois abuser.

XIII

La roue tourne

> Et Ninive était une grande ville pleine de gens [1].
>
> JONAS.

Washington, la ville fédérale. Les vacances de Noël viennent de se terminer. Le froid hivernal est implacable. Peut-être le Grand Président de la Grande République regarde-t-il par la fenêtre de son salon en s'étonnant comme n'importe quel mortel de la présence d'autant de boue et de neige sale [2]. Peut-être fait-il remarquer au secrétaire le plus proche que les rues sont dans un état épouvantable ; et le secrétaire, obligé de voir avec les mêmes yeux et d'entendre avec les mêmes oreilles, de dire en écho :

« Épouvantable, en effet. »

Quelle absurdité, quel dommage que les grands hommes se soucient de l'état des routes et de considérations tout aussi triviales !

Mais peut-être Son Excellence souhaitait-elle faire un tour en voiture, car en général les présidents admirent les équipages splendides et aiment parader. Il n'est guère étonnant, dans ces conditions, qu'il ait remarqué la boue – une boue si épaisse, si noire, que l'on aurait presque pu croire que les eaux du Déluge venaient tout juste de se retirer et qu'un Python était sur le point d'être capturé par Apollon pataugeant aux abords du Capitole[3]. Calèches embourbées, chevaux éclaboussés jusqu'à la crinière. Membres du Congrès se bousculant aux carrefours ou perdant peut-être l'équilibre à l'endroit même où un esclave noir a été vu en train de déraper et de glisser un instant plus tôt. Quel malheur que la boue et l'humidité aient aussi peu de respect pour l'aristocratie !

Partout la pénombre. Pénombre en amont du Potomac, là où le fleuve longe de splendides demeures et roule ses eaux parmi des prairies qui ne sont plus vertes. Pénombre en aval, où il lèche la coque d'énormes bâtiments de guerre. Pénombre sur les marécages, les champs et les sommets. Pénombre s'étalant sur les somptueuses maisons des riches et s'insinuant dans les caves des pauvres. Pénombre arrêtant le pas des candidats au pouvoir et amenant le désarroi sur le visage des sénateurs graves et révérés. Car avec le brouillard, la bruine et la neige fondue, la nuit est tombée au moins deux heures plus tôt que prévu.

Les réverbères sont allumés de place en place, mais ils ont tendance à épaissir les ténèbres plutôt qu'à les dissiper. Les magasins aussi sont éclairés, et bientôt, très bientôt, des lueurs brillent derrière les fenêtres, petites ou grandes, comme autant de signes de la chaleur et du confort régnant à l'intérieur.

Enveloppée d'un mince châle, une boîte à la main, je me trouvais à l'endroit où l'obscurité était le plus dense et la boue le plus profond. Je m'étais rendue dans une boutique de Pennsylvania Avenue assidûment fréquentée par les esclaves des dames à la mode désireuses d'ajouter l'artifice à leurs attraits naturels. Là, fards et cosmétiques de toutes sortes, parfums de Chine et d'Inde, cheveux de toutes les couleurs, bouclés ou nattés, dents, lotions, poudres magnétiques ou autres, filtres, gages d'amour et mille articles similaires d'une grande perfection et d'une infinie diversité s'échangeaient contre de l'or.

Mme Wheeler estimait sa beauté sur le déclin. Elle avait été superbe dans sa jeunesse et la perspective de voir ses charmes se faner lui était intolérable. Ce jour-là, une très vieille dame à la grande bouche remplie de fausses dents, à la tête couverte de faux cheveux et au cou décharné sous lequel saillait une fausse poitrine était venue rendre visite à ma maîtresse en annonçant qu'elle avait une information de la plus haute importance à lui communiquer. Je pensai tout d'abord que la femme du président était morte ou que la fille du secrétaire allait se marier, mais en réalité il s'agissait d'une nouvelle beaucoup plus intéressante pour les dames à la mode. Quelque grand chimiste italien, un *signor* au nom imprononçable, avait découvert, ou plutôt inventé, une poudre impalpable, fine, voluptueuse et agréablement parfumée qui, appliquée sur les mains et le visage, produisait l'effet le plus merveilleux[4]. Même la plus cireuse et terne des peaux acquérait alors la douceur et la délicatesse de l'enfance. Le hâle, les taches de rousseur, les rides et les rougeurs inopportunes disparaissaient aussitôt, et pour rendre l'article encore plus désirable on racontait qu'il n'en restait que deux ou trois boîtes. Bien sûr, Mme Wheeler ne se tenait plus d'impatience, et sa visiteuse venait à peine de partir quand je fus appelée auprès d'elle et chargée d'aller immédiatement lui acheter une boîte de poudre médicinale italienne chez le pharmacien. Elle ne tolérerait aucune hésitation de ma part due à la boue ou au mauvais temps. Je me rendis là-bas, achetai la dernière boîte et, au retour, croisai deux messieurs se tenant dans un endroit relativement abrité où ils s'entretenaient apparemment d'un sujet du plus grand intérêt. Quelque chose dans le manteau noir miteux, l'allure générale et les manières de l'un d'eux attira immédiatement mon attention, mais les bourrasques charriant la brume et la neige fondue m'arrivaient en plein visage et m'empêchèrent de distinguer ses traits. C'était sans nul doute très mal élevé, mais poussée par la curiosité je me retournai pour les regarder et, sans prêter attention à mes pas tant j'étais préoccupée, je glissai brusquement et m'affalai de tout mon poids sur les pavés rugueux. Les deux messieurs se portèrent aussitôt à mon secours et l'un d'eux, en m'aidant à me relever, me demanda gentiment si j'étais blessée. Je tournai la tête vers l'autre, que je reconnus sur-le-champ. Jamais je n'aurais pu oublier ses yeux et son expression. C'était M. Trappe.

Je n'avais aucun moyen de savoir si lui-même m'avait reconnue, mais sa présence me parut de mauvais augure, et après avoir murmuré en hâte quelques remerciements je me dépêchai de rentrer.

M. Wheeler se trouvait dans l'appartement de sa femme lorsque j'arrivai. C'était un petit homme soigné, élégant, aux mouvements vifs et aux petits yeux ronds, noirs et perçants, profondément enfoncés dans leurs orbites. Il avait l'allure et les manières d'un Français, mais on le disait très obstiné et porté au manque de respect envers les autorités établies dans ses moments de passion. La rumeur prétendait qu'il s'était querellé avec le président, qu'il avait provoqué un sénateur en duel et fouetté de sa cravache les larges épaules d'un membre du Congrès [5]. En tout cas, il avait été démis de ses fonctions et s'employait désormais à en décrocher de nouvelles. Par conséquent, il était rarement chez lui, passant le plus clair de son temps à hanter les bureaux des ministères et à essayer d'attirer l'attention, en parlant d'une voix perçante accompagnée de gesticulations frénétiques, sur ce qui devrait être fait dans tel domaine ou sur ce qui n'avait pas encore été fait dans tel autre. Il savait précisément quel écrou était desserré et il avait bien l'intention de le resserrer. Sur quantité de sujets il était mieux informé que le président lui-même. Il aurait pu donner des instructions aux ministres de l'Armée et de la

Marine, mais ceux-ci, trop vieux, obstinés et bornés, n'écoutaient pas ses conseils.

Bien sûr, Mme Wheeler s'intéressait de près aux projets de son mari, et lorsque ce dernier rentrait, ils avaient une petite discussion sur les affaires de la nation en général et les opportunités professionnelles de M. Wheeler en particulier, les vacances existantes ou potentielles, et d'autres points tout aussi passionnants.

« Alors, où en êtes-vous ? Avez-vous une chance, cette fois ? demandait invariablement l'épouse de la même voix douce, avec le même air languissant.

– Eh bien, répondit ce jour-là M. Wheeler en croisant les jambes puis en se frottant la cuisse, je ne me décourage pas. Il en faut beaucoup pour me décourager, vous savez, et de plus j'ai obtenu une promesse...

– Une promesse ? »

L'air languissant fut abandonné un moment pour être repris un peu plus tard, comme un vêtement.

« Une promesse ferme, répéta le mari. Vous savez que Riggs, du ministère de la Marine, est presque mort. Son médecin, qui a été consulté, affirme qu'il ne passera pas la semaine. Trotter espère lui succéder, et si Trotter lui succède, ce sera tout bon pour moi.

– Tout bon pour vous ? Comme vous êtes vulgaire, parfois ! »

Riggs, cependant, contrairement aux déclarations du médecin, et malgré les pilules et les poudres qu'il avait ingérées en doses suffisantes pour tuer deux ou trois hommes normalement constitués, se remit, forçant le dénommé Trotter et M. Wheeler à chercher dans une autre direction.

J'occupais une petite chambre communiquant par une seule porte avec celle de ma maîtresse. Elle me voulait toujours près d'elle, à sa disposition, disait-elle, de façon à ce que je réponde sur-le-champ à ses demandes. Une clochette était posée sur une table à côté d'elle, dont le *ding ding ding* me rappelait ma condition d'esclave une bonne centaine de fois par jour. De ma chambre j'entendais chaque mot de la conversation entre les époux dans l'autre.

« Je ne vois pas pourquoi les vieillards s'accrochent autant à la vie, dit Mme Wheeler à son mari lorsque l'annonce surprenante du voyage à l'étranger de Riggs lui revint aux oreilles. Mais c'est ainsi, nous n'y pouvons rien, et d'autres plus jeunes et plus compétents restent à l'écart de leur place légitime.

– Eh bien, je ne sais pas, répliqua M. Wheeler, mais un vieux dicton affirme que certains veulent vivre aussi longtemps qu'il y aura de la vie, et je pense que Riggs doit être de ceux-là. Quoi qu'il en soit, il y a un autre poste à pourvoir. Un fonctionnaire du ministère des Finances a brusquement déguerpi après s'être confortablement rempli les poches. Si seulement je pouvais obtenir cette fonction...

– Pourquoi ne le pourriez-vous pas ? Y a-t-il un obstacle ? s'enquit Madame.

– Un obstacle, oui, reprit-il. Pardi, il y avait au moins deux cents candidats là-bas aujourd'hui ; ils se poussaient et se bousculaient, chacun intriguant pour faire entendre ses revendications. L'un d'eux, le fils d'un forgeron de New York, a même eu l'impudence de sourire quand je me suis présenté comme le plus apte à occuper ce poste étant donné ma connaissance approfondie des affaires politiques.

– Le fils d'un forgeron ? (Madame, en proie à une certaine agitation, avait les yeux brillants.) Le fils d'un forgeron ? Un abolitionniste, plutôt, prêt à bouleverser l'ordre de la nature et à placer les Nègres au sommet et non plus au pied de la société ! Et il a souri ? Le rustre ! »

Le lendemain, l'on sut que le fils de forgeron avait obtenu le poste.

Ce jour-là, M. Wheeler avait décidé de demander une faveur à sa femme. Une autre vacance était survenue, mais la nomination d'un candidat incombait à un gentleman avec lequel, à un moment ou à un autre de sa vie, M. Wheeler avait eu maille à partir, et autant il désirait cette fonction, autant il craignait de s'humilier en la sollicitant. Pourquoi ne pas convaincre son épouse de présenter la requête à sa place ? En lui débitant quelques flatteries au bon moment, se disait-il, elle accepterait peut-être. Il arrivait souvent aux dames jouissant d'une grande considération d'appuyer les demandes de leur époux. Elles avaient d'ailleurs importuné le président au point qu'il redoutait presque la vue d'une femme. Les ministres n'étaient guère mieux lotis. De fait, tous ceux qui avaient des charges à accorder avaient été cajolés, flattés et embrouillés par les langues féminines jusqu'à ne plus savoir quelles étaient au juste les fonctions à attribuer. Peut-être était-ce la raison de ses échecs répétés, pensait M. Wheeler. S'il avait fait intervenir son épouse plus tôt, il eût probablement obtenu satisfaction sans trop de mal. De toute façon, l'expérience méritait d'être tentée, estimait-il, même s'il n'était pas certain de s'assurer la coopération de Madame.

« Ma chère, commença-t-il en lui jetant un coup d'œil furtif. Ma chère…

– Oui ? demanda-t-elle d'une voix très douce et d'un air très languissant.

– Je me disais que vous n'affichiez pas votre entrain habituel, aujourd'hui, et pourtant je ne vous ai jamais vue aussi radieuse.

– Eh bien, je ne sais pas », répondit Madame, dont le visage s'éclaira légèrement.

Que l'on dise ce que l'on veut, il n'y a rien d'aussi flatteur pour la vanité féminine que les louanges d'un mari, car il est bien connu que retenir l'affection s'avère plus difficile que la conquérir.

« Ma foi, moi non plus, reprit le mari. Une femme aussi raffinée que vous n'a pas le droit d'être abattue. Il ne vous sied pas d'être triste ou mélancolique. Après tout, vous n'avez pas de soucis, pas de préoccupations publiques ou privées. Vous n'avez jamais à solliciter un poste sans espoir de l'obtenir. Vous n'avez jamais à solliciter de poste, ma chère. »

Il s'attarda sur cette phrase plus longtemps qu'il n'était nécessaire compte tenu de la diversité et de l'ampleur de ses capacités oratoires. À deux ou trois reprises, il répéta d'un air profondément attentif, comme s'il attendait une réaction :

« Vous n'avez jamais à solliciter de poste, ma chère... »

Enfin, la réponse fut formulée avec une sorte de sourire vague :

« Non, en effet, je ne vois pas pourquoi je devrais, puisque mon mari est tout à fait capable de gérer ses affaires. »

Songeur, le petit homme laissa courir ses doigts dans ses cheveux.

« Mais ses compétences, ma chère, ne sont pas appréciées à leur juste valeur, dit-il enfin. Il faut du temps pour convaincre les autres que vous possédez des compétences. Et puis, des compétences, tous les hommes en ont. Que Dieu vous bénisse, madame Wheeler, mais les hommes capables sont aussi nombreux à Washington que les cerises en juin. »

Madame le regarda en se demandant manifestement où il voulait en venir. Il poursuivit :

« Pour ce qui est de la beauté féminine, c'est très différent. Tous ceux qui savent se servir de leurs yeux sont à même de le comprendre. Et puis, la beauté est moins répandue. Les hommes ont rarement l'occasion de voir une belle femme croiser leur chemin, et lorsque tel est le cas, eh bien, Seigneur, ils en deviennent presque fous. Le moindre de ses souhaits est exaucé, et ils sont fiers et heureux de lui rendre service. C'est la raison pour laquelle, je suppose, tant de femmes ont réussi à obtenir des charges pour leur mari, alors que celui-ci a échoué dans cette entreprise. Prenez Mme Perkins, par exemple.

– Mme Perkins ! répliqua Madame avec mépris. Vous ne la trouvez pas belle, j'espère !

– Plutôt séduisante, c'est tout, et en rien comparable avec vous. Mais je me disais que si son charme a accompli de grandes choses, votre beauté pourrait bien en accomplir de plus grandes encore. »

Une lueur d'intelligence brilla dans les yeux de sa femme, associée à une expression de léger déplaisir, me sembla-t-il, et elle demanda d'une voix un peu plus forte que de coutume :

« Songeriez-vous à me demander de faire ce que Mme Perkins a fait ? Voudriez-vous vraiment que j'aille tourner autour de quelque haut fonctionnaire suffisant jusqu'à ce qu'il se lasse de mes visites incessantes ? Que je pleure devant lui, que je m'agenouille à ses pieds en multipliant les sollicitations importunes qui ne pourront souffrir de réponse négative ? Est-il possible, monsieur Wheeler, que...

– Non, ma chère, bien sûr que non, répondit Monsieur d'un ton réprobateur. Je n'exige rien de tel. Bien sûr que non, mais je pensais juste que vous accepteriez peut-être d'user de votre influence dans cette affaire. Je suis certain que ce serait extrêmement bénéfique. Mais peu importe. Je n'exige pas cela de vous. Ce serait en effet trop attendre d'une femme d'une beauté et d'une prestance aussi admirables que les vôtres, mais vous vous êtes déjà montrée si bonne envers moi et si soucieuse de nos intérêts, et j'ai déjà de si nombreuses dettes envers vous, que je ne serais pas autrement étonné s'il venait s'en ajouter une de plus. »

Ce que pourrait être cette nouvelle dette il ne jugea pas utile de le préciser, mais cette dernière phrase lui avait permis de rentrer en grâce, et l'expression de Madame signifiait clairement, sans qu'elle eût besoin de le dire : « Quel homme sensé est mon mari ! Nul doute que si l'opinion publique savait où est son intérêt, il croulerait aujourd'hui sous les fonctions. »

« J'ai le regret de vous informer, ma chère, poursuivit M. Wheeler, que je suis l'objet d'une opposition persistante. Les hommes de valeur occupant une position élevée dans la société ont toujours eu des ennemis, bien sûr. J'ai les miens. Il n'en va pas de même pour vous. Vous êtes, je suis fier de le dire, universellement admirée. Et puis, aucun gentleman n'oserait songer un instant à contrarier une dame telle que vous. Certainement pas. Or, voyez-vous, il se trouve qu'un poste vient juste de se libérer et que Mme Piper intrigue pour le faire attribuer à son époux. Il s'agit d'une charge très importante, qui vaut bien dans les deux mille dollars par an.

– Et elle espère l'obtenir ? Un échec la mortifierait au plus haut point. Elle est tellement méprisante, superficielle et vaniteuse ! Ne serait-ce pas bien agréable de la décevoir ?

– Certainement.

– Qui donne les rendez-vous ? »

M. Wheeler lui fournit les renseignements désirés.

Madame observa pendant quelques instants un profond silence, puis elle reprit la parole comme si elle s'adressait à elle-même :

« Quand je pense que Mme Piper essaie d'obtenir un poste pour son mari alors que le mien n'en a pas ! Mais elle va déchanter, oh, oui ! M. Wheeler aura sa charge, j'y veillerai. »

Son époux s'inclina d'un air satisfait. Rien n'aurait pu le combler davantage.

« J'y vais maintenant, ce soir même, reprit Madame. Il fait si mauvais que ce monsieur sera certainement chez lui. Et il est fort probable qu'il soit désœuvré. Hannah, prépare ma toilette.

– Bien, madame.

– La robe de moire antique et la mantille de velours violet. M. Wheeler aura la bonté de commander ma voiture. »

Deux courbettes et deux « Bien, madame » saluèrent sa requête.

Mme Wheeler n'oublia pas la poudre de beauté.

« Quelle chance, s'exclama-t-elle, que je t'aie envoyée la chercher ! N'aie pas la main légère, ma petite Hannah, car je veux paraître à mon avantage. »

La poudre fine, douce et blanche ajoutait assurément beaucoup à la beauté de son apparence. Jamais elle ne m'avait paru aussi charmante. M. Wheeler la complimenta, lui recommanda de prendre bien soin d'elle et de ne pas attraper froid, puis lui baisa la main en l'aidant à monter dans la voiture et me dit en redescendant sur le trottoir :

« Quelle bonne épouse, tendre et noble ! »

Un instant plus tard elle m'appelait, et en me retournant je la vis se pencher par la fenêtre pour me faire signe.

« Hannah, ma chère ! cria-t-elle à mon approche. J'ai oublié mon flacon de sels. Va me le chercher, c'est le nouveau que j'ai acheté hier.

– Oui, madame. »

Je rentrai dans la maison et trouvai le flacon. M. Wheeler se porta à ma rencontre, prit le délicat remède destiné aux nerfs fragiles, et quand il l'eut tendu à sa femme, la voiture s'éloigna.

Deux heures plus tard, une voiture s'arrêta devant la porte, la sonnette fut tirée par une main impatiente et la servante fit entrer une dame qui se rendit directement dans l'appartement de Mme Wheeler. J'en fus grandement étonnée, car si le voile, le chapeau et la robe étaient ceux d'une dame ou s'en rapprochaient beaucoup, le visage de la nouvelle venue était noir comme la nuit.

Je la contemplais, rendue muette par la stupéfaction, quand une voix qui n'avait rien de languissant lança :

« Que regardes-tu ainsi ? Dois-je supporter d'être insultée par mes propres esclaves ? »

Au même moment, M. Wheeler entra. Quand il vit

cette personne, le mélange de surprise et de curiosité qui se peignit sur ses traits me parut presque ridicule.

« Êtes-vous devenu fou ? demanda la voix désormais dénuée de toute langueur. Mais enfin, quel est le problème ?

– La question est en effet judicieuse, répondit M. Wheeler en s'efforçant d'étouffer son rire. Eh bien, madame, je ne vous avais pas reconnue. Votre visage est aussi noir que Topheth[6].

– Noir ? répéta Madame, à présent tout aussi étonnée que lui.

– Hannah, va chercher le miroir. »

Je m'exécutai.

Elle se regarda un moment, puis le mélange de chagrin, de honte et de colère en elle devint véritablement épouvantable. Chaque fois que M. Wheeler demandait : « Que s'est-il passé, ma chère ? » et : « Comment se fait-il que votre visage soit devenu noir, ma chère ? », elle répondait seulement qu'elle n'en savait rien, qu'elle n'en avait aucune idée, puis elle pleura et gémit, et finit par céder à une forte crise d'hystérie. M. Wheeler et moi-même nous précipitâmes à son secours. En vérité, il était maintenant plus inquiet pour sa femme que pour sa charge.

« Que le ciel nous vienne en aide ! dit-il en se penchant vers elle. J'ai bien peur que sa beauté ne soit gâchée pour toujours. Quelle affreuse chose ! Je n'ai jamais rien vu de pareil.

– Ce doit être la poudre.

– Elle était blanche, pourtant.

– Elle est blanche, c'est vrai, répondis-je, mais elle possède peut-être des propriétés chimiques qui provoquent un noircissement de la peau. J'ai récemment lu dans les journaux l'histoire d'un chimiste qui, ayant été quitté par une dame très libérale dans l'usage de la poudre sur son visage, avait inventé pour se venger une variété particulière de sels dont les émanations pouvaient noircir la peau la plus claire si ladite poudre avait été appliquée.

– Malheureuse ! s'exclama Madame en ouvrant soudain les yeux. Pourquoi ne m'en as-tu pas parlé avant ?

– Je... je... je n'y ai pas pensé, je ne savais pas que c'était nécessaire, bredouillai-je en guise d'excuse.

– Oh ! non, tu n'y as pas pensé. Évidemment, tu ne penses jamais à rien et je dois supporter les pires affronts à cause de ta négligence, et devant Mme Piper, en plus ! Hors d'ici immédiatement ! Je ne veux plus te voir.

– Chère madame, dis-je en m'agenouillant à ses pieds et en essayant de lui baiser la main, comment aurais-je pu deviner que le produit mentionné dans les journaux était identique à celui que vous aviez acheté ? »

À ce moment, M. Wheeler intervint en disant que je n'étais en rien responsable de sa mésaventure.

« Bien sûr que non, répliqua-t-elle d'un ton sarcastique, désireuse de décharger sa bile sur quelqu'un. Bien sûr que non. Non, non, * aux yeux du mari l'opinion d'une esclave est préférable à celle d'une épouse, évidemment ! »

M. Wheeler s'empourpra de colère. L'attaque était tout à fait injustifiée et infondée. Mais il ne lui fallut pas longtemps pour se ressaisir et il demanda à sa femme qui l'avait insultée.

« Oh ! tout le monde, répondit-elle avant de céder à un nouvel accès d'hystérie.

– Je vous en prie, restez calme, la supplia son mari en lui faisant respirer du camphre. Hannah, va chercher de l'eau et tâche d'enlever cette substance monstrueuse. »

Je rapportai de l'eau, une bassine, du savon, une serviette et un linge, et je me mis au travail. Peu à peu, la peau reprit sa couleur naturelle.

« Rassurez-vous, ma chère, dit M. Wheeler, vous

* [peut-on attendre d'un mari qu'il soutienne sa femme]

ressemblez de nouveau à ma tendre épouse, fraîche et claire comme le matin, et si vous n'êtes pas trop nerveuse ou agitée, racontez-moi qui s'est permis de vous insulter.

– Eh bien, Cattell et ses assistants. Et aussi Mme Piper.

– C'est étrange, murmura Wheeler d'une voix presque inaudible.

– Cette Mme Piper, si vous saviez comme je la déteste ! cracha Madame. Sa mise est tellement ridicule ! Sans parler de ses fausses dents beaucoup trop larges qui font saillir ses lèvres, de son * visage en feu tant elle met de rouge et de sa perruque bouclée. Et puis, elle était serrée ici, gonflée là et corsetée comme je ne l'avais encore jamais vue. Je ne peux pas affirmer qu'elle m'ait reconnue. Je ne peux pas affirmer non plus qu'elle ne l'ait pas fait, mais rien dans son attitude ne l'a laissé paraître.

– Ce serait une chance qu'elle ne vous ait pas reconnue, dit M. Wheeler, qui semblait totalement mortifié.

– Quoi qu'il en soit, j'ai cité votre nom comme étant celui de mon mari, et lorsque M. Cattell a observé : "Il vous en prêté l'usage par politesse, peut-être", j'ai répondu : "Non, devant la loi", et ils ont tous éclaté de rire.

– Alors, vous avez eu l'occasion de parler à Cattell ? s'enquit M. Wheeler, espérant apprendre indirectement l'information qu'il désirait.

– Mais certainement.

– Et qu'a-t-il dit ?

– Qu'il n'avait pas l'habitude d'attribuer des postes à des gens de couleur. Mme Piper a aussitôt renchéri en soulignant que cela irait en effet à l'encontre de la Constitution.

« "Donc, vous refusez catégoriquement cette charge à

* [teint rougeaud]

mon époux ?" ai-je demandé en m'agenouillant devant lui.

« – Absolument, et si vous et lui possédiez une once de bon sens, vous n'auriez jamais formulé cette requête."

« Je me suis souvenue alors des problèmes que vous aviez eus avec lui, et pensant qu'ils étaient sans doute la cause de ce langage rude, j'ai pris congé et je suis revenue ici en me disant que c'était la première et dernière fois que je sollicitais une fonction.

– Maudits soient ces sels ! s'exclama M. Wheeler. Maintenant, j'ai sans doute perdu toutes mes chances de décrocher un poste de valeur, et vous, ma femme, avez été ridiculisée. Tout cela à cause d'un f... petit flacon de sels. Peut-on imaginer situation plus exaspérante ? »

Un jour ou deux seulement s'écoulèrent avant que le visage de Mme Wheeler ne devînt le sujet de toutes les conversations en ville. Qui était cette femme ? se demandait-on. Que s'était-il passé au juste ? Comment était-ce possible ? Car l'élite de la bonne société n'avait pas réussi à obtenir tous les détails de l'histoire. Certains y voyaient une petite mascarade, et sous cet angle l'anecdote devenait extrêmement drôle. D'autres pensaient à un pari et estimaient que la dame s'était avilie. Mais très peu considéraient l'incident comme ce qu'il était réellement : le châtiment mérité d'un acte de vanité.

Mme Wheeler, comme Byron, se réveilla un matin pour se découvrir célèbre. Un éminent ministre du culte délivra pendant deux heures entières un sermon bien tourné sur le péché et la fausseté consistant à déguiser son corps ou ses traits, et laissa entendre qu'il s'agissait d'un véritable miracle de clémence si la dame trop présomptueuse n'était pas restée irrémédiablement noire. Un docteur en médecine versé en philosophie fit un discours savant sur l'épiderme, la couleur et les pigments, et l'on alla même jusqu'à suggérer parmi les modistes de faire du noir le style en vogue.

Comme les milieux huppés se réjouirent de ce petit

scandale, si rafraîchissant, original et nouveau ! Comme ils se délectèrent de ce morceau de choix ! Jusqu'à l'entourage du président et du ministre russe qui en firent des gorges chaudes. Les dames âgées et ennuyeuses colportaient l'histoire de place en place, rendant ainsi leurs visites matinales moins pénibles. Les vieilles filles affectant d'être jeunes s'en gaussaient.

Dans le cercle où Mme Wheeler avait été le plus populaire, les uns et les autres l'évoquaient avec la plus grande liberté et l'expression « Toute la ville en parle » devint particulièrement significative dans son cas. Les rumeurs circulent de sphère en sphère, de cercle en cercle. Des gens qui ignoraient jusque-là l'existence de Madame associèrent son nom à moult petits scandales et anecdotes. Bien des cuisines et des caves retentirent de moqueries et de rires à son sujet. Les visages noirs par nature se plissèrent d'exultation à la pensée qu'une figure se fût assombrie par artifice. La nouvelle se répandit même sur le marché aux esclaves, mais les misérables victimes de cet odieux trafic n'y trouvèrent pas matière à alléger leurs souffrances.

La notoriété de Mme Wheeler s'étendit jusqu'à son mari et même jusqu'à moi. Les affaires de Monsieur furent discutées dans les milieux financiers. Les spéculateurs s'intéressèrent à ses actions, à ses obligations et à ses hypothèques. Même le prix de sa dernière récolte de coton, la valeur de son domaine en Caroline du Nord et le nombre de ses esclaves firent désormais l'objet de conversations parmi les aubergistes et les commis de poste. Certains allèrent jusqu'à penser qu'il y avait là matière à constituer un capital politique, voire à influencer l'élection du président suivant.

Mais troublés par cette célébrité inopportune, les Wheeler décidèrent de renoncer au capital et de se retirer sur leurs terres. La splendide demeure qu'ils occupaient ayant été louée temporairement, ils n'eurent aucune difficulté à la quitter. Soudain, et sans avoir été prévenu, un certain cercle apprit avec stupeur que les Wheeler étaient partis.

La veille de notre départ, j'étais sortie faire une course pour Mme Wheeler lorsque j'eus la surprise d'entendre une voix prononcer mon nom derrière moi. Je me retournai et reconnus aussitôt Lizzy. Elle avait beaucoup de choses à me confier sur M. Vincent, notre ancien maître, et sur M. Trappe – que je me refuse à rapporter –, mais je fus très intéressée par ce qu'elle me dit sur M. Cosgrove, son nouveau maître et le présent propriétaire de Lindendale, ainsi que sur les changements survenus dans le domaine. Elle ajouta que les enfants, devenus de beaux jeunes gens, se souvenaient de moi avec affection et mentionnaient souvent mon nom, répétant à l'envi combien je me montrais gentille avec eux autrefois, que je leur avais appris à prier et à s'aimer les uns les autres, au point qu'elle avait entendu un jour M. Cosgrove se renseigner sur moi auprès de M. Trappe et dire qu'il me pensait précieuse.

« Ton maître est-il gentil, ma chère Lizzy ? m'enquis-je.

– Parfois très et parfois pas du tout, cela dépend des jours, répondit-elle. À certains moments, il est si maussade et morose que j'ai grandement peur de lui ; à d'autres, il rit si fort et si longtemps que je me demande s'il n'est pas devenu fou. Il n'agissait pas ainsi, avant, tout vient de… »

Elle baissa la voix, regarda autour d'elle pour s'assurer qu'il n'y avait personne à proximité.

« De quoi, Lizzy ? la pressai-je.

– Il est hanté.

– Pardon ?

– Hanté, oui. C'est une longue histoire, et effrayante aussi, mais je veux que tu l'entendes. Alors suis-moi et je te raconterai tout. »

Elle me conduisit derrière des piles de bois de construction, où nous serions à l'abri des regards indiscrets, et elle entama son récit.

XIV

Le récit de Lizzy

> Car les lieux sombres de la terre sont les repaires de la cruauté [1].
>
> Bible.

« Vois-tu, commença Lizzy, il se passa d'étranges choses dans cette vieille maison, bien plus étranges que tu ne pourrais l'imaginer. Notre maître, dont la superbe épouse était partie en Europe visiter sur leur lit de mort des membres de sa famille proche, développa un goût prononcé pour les belles esclaves. Il préférait les musiciennes et les danseuses accomplies, et aucun Turc dans son harem ne se délecta autant des joies sensuelles que le maître de Lindendale. Plus d'une favorite donna naissance à des enfants, lesquels étaient caressés et flattés par leur père avec toute la tendresse imaginable, mais je me demandais parfois comment Madame le supporterait si elle le savait. C'était une Anglaise issue d'une famille aristocratique de très haut rang. Comment réagirait-elle ? Nous ne tardâmes pas à le découvrir.

« Madame rentra au manoir un soir. Elle avait une allure majestueuse, aucune impératrice n'aurait pu être plus digne et imposante. Elle ne prêtait guère attention à la maison ou à ses aménagements, et encore moins aux serviteurs. De fait, eussions-nous été les plus répugnants et les plus vils reptiles qu'elle ne nous eût pas considérés avec plus de hauteur et de mépris. Mais elle avait le bon goût de reconnaître et d'apprécier la beauté. Te souviens-tu de Lilly, cette charmante enfant qui t'aimait tant ?

– Je ne l'ai pas oubliée.

– Eh bien, notre maîtresse s'était entichée d'elle au premier regard, je crois ; elle la faisait venir auprès d'elle, la cajolait et la couvrait d'éloges, pour le plus grand étonnement de sa femme de chambre qui avait toujours été maintenue à distance. Aussi, lorsque Madame descendait pour le dîner ou le thé, son regard cherchait-il instinctivement ce beau visage, et l'enfant, consciente de l'attention qu'elle suscitait, baissait la tête et rougissait, ce qui la rendait plus jolie encore.

« Mme Cosgrove finit par congédier sa femme de chambre. C'était cruel, car celle-ci avait traversé les mers avec elle et n'avait ni amis ni famille dans le pays ; mais qui aurait pu s'opposer à la volonté impérieuse de ma maîtresse ? Oh ! comme je plaignis Lilly lorsque cette Anglaise hautaine la promut au rang de suivante !

« Jusque-là, Madame n'avait jamais rien su des frasques de son mari. La demeure, comme tu le sais, est vaste, de proportions irrégulières, et comporte quantité de coins et de recoins, de sorte que l'occupant de certains appartements n'est pas forcément au courant de la présence d'autres hôtes. Conformément aux ordres de Monsieur, les favorites restaient enfermées à l'abri des regards et les domestiques n'avaient pas le droit de les mentionner en présence de Madame, sous peine des pires châtiments.

« Mais un matin, alors que Lilly coiffait sa maîtresse assise dans sa chambre devant les fenêtres donnant sur le jardin, deux ou trois de ces femmes superbes et bien habillées apparurent sous une tonnelle bien en vue, chacune tenant par la main ou dans ses bras un jeune enfant. Mme Cosgrove les contempla avec une stupéfaction muette et, se tournant vers Lilly, demanda :

« “ Qui sont ces dames ? Je ne savais pas que M. Cosgrove recevait des invitées...

« – Des invitées, répéta Lilly, profondément troublée.

« – Assurément. Ces dames ne font pas partie du personnel. Regarde comme elles sont bien habillées ! Et quels beaux enfants !”

« Lilly ne répondit pas.

« “Sais-tu quelque chose à leur sujet ? demanda sa maîtresse.

« – Le maître a dit que je ne devais pas vous en parler, bredouilla Lilly.

« – Pas me parler de quoi, grands dieux ?

« – Je ne peux pas vous le dire, il a donné des ordres.

« – Mais je le saurai, décréta Madame. Je saurai qui sont les dames accueillies dans cette maison, et ce, sur-le-champ. Appelle le page.”

« Celui-ci se présenta aussitôt.

« “Va prier ces dames sous la tonnelle de venir me voir, lui ordonna sa maîtresse.

« – Des dames ? répéta le page avec un large sourire. Ma foi, madame, ce sont des esclaves.

« – Esclaves ou pas, peu importe. Fais-les venir ici tout de suite !”

« Pâle de colère contenue, Madame attendit leur arrivée en silence, mais à son retour le jeune garçon annonça que les femmes ne viendraient pas.

“Elles ne veulent pas venir, dis-tu ? Ce sont des esclaves et elles osent désobéir ?

« – Mais notre maître leur a ordonné de rester hors de votre vue.

« – Eh bien, elles ne l’ont pas fait. Votre maître est-il à la maison ?

« – Oui, dans la bibliothèque.

« – Demande-lui de monter.”

« Le serviteur disparut, et quelques instants plus tard les pas du maître et mari résonnèrent dans le couloir.

Il arriva en souriant, s'avança vers sa femme et tenta de lui prendre la main en disant :

« "Que me veut donc ce matin ma charmante épouse ?"

« Elle le repoussa avec rudesse et, indiquant la fenêtre, demanda :

« "Qui sont ces femmes ? Les domestiques me disent que vous leur avez interdit de m'en parler."

« Lilly ne tenta même pas de me décrire l'expression de grande stupeur qui se peignit sur le visage du maître.

« "Alors, qui sont-elles ?" répéta Mme Cosgrove.

Il ne répondit toujours pas.

« "Monsieur Cosgrove, reprit Madame d'un ton empli d'amertume, mais sans pour autant perdre son sang-froid, je comprends tout. J'ai parfaitement conscience de la relation qui vous unit à ces gourgandines. J'ai entendu dire que dans ce pays détestable de telles choses étaient fréquentes. Je l'ai entendu dire avant de venir et je sais maintenant que c'est vrai.

« – Vous croyez vraiment avoir découvert quelque chose, alors ?" lança-t-il avec un rire méprisant.

« Madame n'écuma pas ; elle était trop bien élevée pour cela, mais de toute évidence il n'en eût pas fallu beaucoup plus pour qu'elle explosât.

« "Puisque l'on vous avait rapporté de si plaisantes descriptions de notre pays, pourquoi avez-vous accepté de venir ? demanda son mari, profitant de son silence.

« – Parce que j'ai été stupide", répondit-elle.

« Il s'inclina, parfaitement maître de lui.

« "Vous êtes un monstre", déclara Madame, et, submergée par ses émotions, elle éclata en sanglots.

« M. Cosgrave fut ému par son chagrin. Il eût aimé sa femme si le dédain qu'elle affichait ne lui avait pas aussi cruellement pesé. Il s'approcha d'elle et tenta de la prendre dans ses bras, mais elle s'écarta vivement, comme devant un crapaud ou une vipère. La rage, la jalousie, la haine et le désir de vengeance lui consumaient le cœur. Penser qu'elle avait des esclaves pour rivales ! Elle, une Anglaise au sang bleu ! C'était trop dur à supporter, mais elle avait de la ressource. Ses larmes se tarirent bientôt et elle dit d'un ton tout à fait calme :

« "Connaissant ces femmes comme je les connais, sachant ce qu'elles sont, je vous demande – non, ce serait indigne de moi, puisque je suis votre femme –, je vous ordonne de les renvoyer. Je ne souffrirai pas leur présence dans cette maison. Qu'elles s'en aillent, et leurs enfants aussi."

« Irrité par l'intonation et les manières de son épouse, M. Cosgrove se mit à siffloter et alla se camper devant le miroir pour ajuster son nœud de cravate.

« "Vous m'entendez ? J'ai dit qu'elles devaient s'en aller, et leurs enfants aussi.

« – Je vous ai entendue, certainement, répliqua-t-il avec la plus totale indifférence. Vous me croyez sourd ?

« – Eh bien, que répondez-vous ?

« – Je réponds qu'il vous est plus aisé de menacer que d'agir.

« – Mais je ne resterai pas dans cette maison si elles ne s'en vont pas.

« – Vous êtes libre de partir.

« – C'est possible, et pourtant je ne m'en irai pas. Non, monsieur, je suis votre épouse, vous ne pouvez pas vous débarrasser de moi aussi facilement, et je vous dis qu'elles s'en iront, même s'il faut pour cela les allonger dans un cercueil.

« – Et moi, répliqua-t-il en se tournant pour l'examiner avec attention, je vous réponds qu'il existe dans ce pays une loi faite pour les esclaves comme pour les hommes libres, et que si vous tentez de leur nuire, vous l'apprendrez à vos dépens. Vous êtes fière, vous vous pensez riche, mais la porte de la prison s'est déjà refermée sur d'innombrables personnes plus riches et plus nobles. Vous qui en savez tant, vous ne l'ignorez certainement pas.

« – Oh ! ce serait une bonne chose, assurément. Ce serait un honneur pour vous, n'est-ce pas ? Un grand honneur que d'avoir votre femme détenue dans une prison parce qu'elle n'a pas supporté la présence de vos favorites. Car je n'hésiterai pas à tout raconter, croyez-moi."

« Les manières de M. Cosgrove s'étaient quelque peu adoucies. Peut-être s'était-il dit qu'à la réflexion son épouse avait quelque motif de se plaindre, ou peut-être estimait-il qu'il valait mieux temporiser. Mais quelle que fût la raison, il s'exclama soudain :

« "Il sera fait selon votre volonté, madame ! Elles seront renvoyées."

« Le visage de sa femme s'éclaira et une lueur de triomphe brilla dans ses yeux. Elle avait gagné. Son mari avait mesuré et reconnu son pouvoir, mais cela ne lui suffisait pas et elle déclara :

« "Non seulement elles seront renvoyées, mais elles seront vendues loin d'ici, dans un autre État, avec leurs enfants. Qu'en dites-vous ?

« – Vous êtes bien sévère, mais que vos vœux soient exaucés.

« – Sur-le-champ ?

« – Si vous y tenez.

« – Et à qui les vendrez-vous ?

« – Oh ! il y a des quantités de marchands qui ne seront que trop heureux de les acheter."

« Ils continuèrent ainsi de converser jusqu'au moment où Lilly, ayant terminé la toilette de Madame, fut congédiée pour une heure. Elle me raconta ce qui s'était passé et comment M. Cosgrove avait promis de renvoyer ses favorites. Je répliquai qu'il ne tiendrait pas cette promesse, et nous eûmes une petite querelle sur le sujet.

« Quelques jours plus tard, un marchand d'esclaves fut reçu au domaine. Les belles jeunes femmes durent le rencontrer et elles arrivèrent accompagnées de leurs adorables enfants. Elles pleuraient amèrement et implorèrent leur maître de les tuer plutôt que de les vendre. L'un des bambins, un charmant garçonnet d'environ trois ou quatre ans, se précipita vers M. Cosgrove en s'exclamant :

« "Oh ! papa, vous n'allez pas nous vendre ? Vous disiez que j'étais votre chéri, votre petit homme.

« – Retourne auprès de ta mère, mon enfant", répondit le cruel père.

« L'une des plus jeunes et des plus jolies esclaves, qui portait un nourrisson contre son sein, sécha rapidement ses larmes. Ses yeux brillaient d'un éclat dément et, d'un mouvement si vif que personne ne put la retenir, elle s'empara d'un couteau tranchant qu'un serviteur avait négligé d'emporter après avoir découpé la viande du boucher et, quand elle eut poignardé le nouveau-né, elle le jeta dans les bras de son père [2]. Avant que celui-ci ne fût remis de sa stupeur, elle avait plongé la lame dans son propre corps et s'était effondrée à ses pieds, les baignant de son sang. Elle vécut encore assez longtemps pour supplier Dieu de lui pardonner un acte dicté par le plus grand désespoir. M. Cosgrove se pencha vers elle avec tendresse et demanda si à lui elle pourrait pardonner. Elle esquissa un faible sourire puis tourna les yeux vers l'enfant qui avait déjà rendu son dernier soupir. Un léger spasme, un frisson convulsif, et elle était morte. Morte, Votre Excellence, président de cette république. Morte, messieurs les sénateurs si graves, qui savez faire preuve d'une telle éloquence pour parler des pensions et des torts de l'armée. Morte, messieurs les ministres du culte, qui glosez sans fin parce que les pauvres qui n'ont pas un seul instant de loisir les autres jours osent lire le journal le dimanche, et qui pourtant soutenez ou approuvez les lois permettant de telles scènes de malheur. »

XV

Suite du récit de Lizzy

« La vente fut conclue, l'or versé, et de sa fenêtre Mme Cosgrove assista au départ de ses rivales. Mais elle n'était toujours pas satisfaite. Elle se mit à observer son mari, qui ne fut pas heureux de cet espionnage. La jalousie amenait Madame à interpréter la moindre marque de gentillesse accordée à une esclave, ne fût-ce qu'un mot ou un sourire, comme un acte criminel. Elle ne supportait pas qu'il parlât en bien des domestiques les plus âgées et les plus fiables. Sa répulsion était particulièrement grande lorsque son époux, attentif à leurs enfants, les gratifiait d'une caresse ou de menus présents comme des fruits ou des friandises. Brusquement, elle se mit dans l'idée d'explorer tous les coins et recoins de la maison, même les plus éloignés. Peut-être pensait-elle débusquer une rivale, ou n'était-elle poussée que par la simple curiosité, mais en compagnie de Lilly elle suivit les longues galeries et les passages sinueux, traversa les différents appartements et arriva enfin devant une porte qui paraissait verrouillée de l'intérieur. Cette constatation ne fit qu'accroître son angoisse, mais il n'y avait ni fente, ni fissure, ni même un trou de serrure susceptible de l'aider à percer le mystère. Elle songea alors que ces pièces, compte tenu de leur situation dans l'aile, devaient être éclairées par des fenêtres ouvertes dans la façade et qu'un accès pourrait ainsi lui être fourni. Elle n'était pas femme à se laisser démonter. Au contraire, sa détermination semblait renforcée par les difficultés. Elle devait savoir, et elle saurait, quels secrets abritait cet appartement. Son mari espérait-il lui cacher des choses ? Voulait-il l'exclure de certaines parties de la maison ? Eh bien, elle allait lui donner une bonne leçon. Elle n'était pas venue en Amérique pour voir son autorité foulée aux pieds par un homme. Loin s'en fallait. Elle affirmerait ses droits, oh ! oui, et elle avait parfaitement le droit d'aller et venir à sa guise dans cette demeure, d'entrer dans toutes les pièces si l'envie lui en prenait. * Par conséquent, les serviteurs reçurent l'ordre d'aller chercher une échelle et de la placer contre la fenêtre qu'elle leur désigna. Ils obéirent à contrecœur, et Madame entama son ascension en priant Lilly de la suivre.

« "Attention, ma chère maîtresse, vous allez tomber", dit l'enfant.

« Et, bien qu'elle ne fût encore jamais montée à une échelle, elle s'en approcha.

« En regardant par la fenêtre, Mme Cosgrove découvrit un appartement joliment meublé, avec des fauteuils, un canapé, une table de toilette et, bien en évidence, un berceau où devaient reposer deux nourrissons, puisque les coussins placés à chaque extrémité portaient tous les deux l'empreinte d'un corps minuscule. Il contenait également, outre la literie et les divers objets nécessaires à un bébé, une tasse remplie d'une préparation à base d'arrow-root. Il n'y avait personne en vue, et pourtant la pièce paraissait avoir été récemment occupée. Un feu achevait de se consumer dans l'âtre et, s'adressant à Lilly, Mme Cosgrove lui demanda si elle savait qui vivait là. L'enfant répondit qu'elle l'ignorait, aussi sa maîtresse, estimant que le mystère demeurait entier, décida-t-elle d'entrer pour en avoir le cœur net. Les

* [Peut-être l'idée qu'une rivale fût dissimulée en ces lieux aiguillonna-t-elle sa curiosité, mais]

serviteurs stupéfaits la virent disparaître par la fenêtre, mais ils n'assistèrent pas à la suite des événements. Ils ne virent pas comment, toute à ses investigations, elle se précipita dans une autre chambre communiquant avec la première. Ils ne virent pas ce qu'elle eut alors sous les yeux – une belle femme, si jeune, innocente et douce qu'elle ressemblait elle-même à une grande enfant, et deux bébés, des jumeaux, posés sur son sein telles deux cerises. En un instant, Mme Cosgrove jugea la scène et mesura l'étendue de l'affront. Son époux, donc, avait ajouté la fausseté délibérée à ses autres crimes, mais, la nature humaine étant ainsi faite, sa colère et son désir de vengeance se retournèrent moins contre son mari que contre les victimes innocentes de la sensualité masculine. Pâle, accablée de chagrin et de honte, la jeune mère leva les yeux vers sa visiteuse qu'elle reconnut aussitôt à son port de reine et, coulant un regard vers ses enfants, elle parut implorer sa pitié. Mme Cosgrove n'avait jamais été mère. À la jalousie en son sein vint s'unir le sentiment d'envie le plus poignant. Ses bonnes manières et sa courtoisie se volatilisèrent en un instant, et de chrétienne elle se transforma en Furie d'Oreste [1].

« Saisissant la jeune mère par les cheveux, elle la traîna sur le sol en criant :

« "Qui êtes-vous ? Et pourquoi êtes-vous ici ?"

« Des questions auxquelles la pauvre femme terrifiée répondit :

« " Une esclave, une esclave, rien de plus.

« – C'est un mensonge ! cria presque Mme Cosgrove. C'est un mensonge et je le sais. Vous êtes la favorite de mon mari. N'est-ce pas ? Allez, dites-le, dites-le."

« Elle patienta, espérant sans doute entendre l'esclave répondre par la négative. Une telle éventualité eût été un soulagement infini pour sa fierté et son immense estime de soi ; car si * elle n'avait jamais aimé son époux, sa

* [elle ne se souciait guère de son époux]

vanité exigeait en revanche qu'il l'aimât. Elle se sentait offensée, scandalisée et humiliée par cette préférence manifeste pour une autre, et cette autre eût-elle été sa plus proche et meilleure amie, elle n'eût pas hésité à la piétiner et à lui cracher à la figure. Alors, à quel traitement pouvait s'attendre une esclave ?

« "C'est vrai, avoua la malheureuse créature en sanglotant. C'est vrai que j'ai reçu les faveurs de mon maître, mais je n'ai pas pu l'en empêcher. Non, je n'ai pas pu.

« – Oh ! vous n'avez pas pu, mais avez-vous au moins essayé ? Dites, avez-vous essayé ? Et ces enfants, à qui sont-ils ?"

« Les nourrissons, couchés sur le sol à ses pieds, hurlaient et s'agitaient.

« "À qui pourraient-ils être, sinon à moi ?" répondit la mère en larmes.

« C'étaient deux garçons, avec de bonnes joues rondes, de grands yeux bleus et de petites mains potelées, tout aussi beaux, vifs et sains que s'ils avaient eu pour mère la dame la plus favorisée du pays.

« Mme Cosgrove avait relâché la mère et, désormais assise dans un fauteuil, offrait l'image même d'une nature en proie aux émotions les plus contradictoires. Qu'elle eût pris quelque résolution sévère ne faisait aucun doute, mais nul n'aurait su dire de quel ordre. C'était une femme, après tout, et même le cœur de la femme la plus orgueilleuse et implacable n'est pas exempt d'une touche de faiblesse, si l'on peut parler ainsi de la compassion. Pareillement, l'esprit féminin, bien que capable des passions les plus exacerbées et des émotions les plus virulentes, ne peut maintenir longtemps leur force et leur énergie. Elles finissent par retomber, étouffées par leur propre violence, et si elles montent rapidement, elles culminent tout aussi rapidement. Il en alla ainsi pour Mme Cosgrove. Elle s'était déchaînée telle une furie, et à présent elle en venait presque à s'étonner de son éclat. Et puis, la vue de la pâle créature agenouillée devant elle, suppliante et vulnérable, ses murmures implorants, les regards qu'elle lançait à ses enfants et la vue des enfants eux-mêmes, si minuscules et démunis, en appelaient de façon si poignante aux sentiments de générosité qu'aucun cœur conservant un vestige d'humanité n'aurait pu résister. Tous ces éléments produisirent leur effet sur Mme Cosgrove, qui cependant ne l'eût admis pour rien au monde.

« "Si ces enfants sont à vous, comme vous le prétendez, allez les chercher, prenez leurs affaires et préparez-vous à quitter immédiatement cette maison, ordonna-t-elle, mais d'un ton calme et posé contrastant avec sa précédente véhémence. Tant que je vivrai sous ce toit, poursuivit-elle, il n'abritera pas les favorites de mon mari si je suis informée de leur présence.

« – Mais où irai-je ? demanda la mère en prenant ses bébés dans ses bras. Où irai-je ? Nous périrons en chemin.

« – Allez où bon vous semble, peu m'importe, répliqua Mme Cosgrove. Je ne vais pas vous vendre, je vous offre votre liberté si vous partez.

« – Mais mon maître…

« – Ne vous occupez pas de votre maître, je suis la maîtresse de cette maison et je le resterai. Personne, pas même lui, ne peut s'opposer à ma volonté. Préparez-vous, préparez vos enfants et partez. Dirigez-vous droit vers le nord et ne vous arrêtez pas avant d'avoir atteint le Canada. Vous y serez en sécurité et vos enfants échapperont ainsi à la malédiction de l'esclavage."

« C'est ainsi que, lestée d'un bébé sur chaque bras et d'un ballot de vêtements dans le dos, cette femme fragile et délicate fut chassée de la maison, et le cœur humain manque à ce point de cohérence que Mme Cosgrave se félicita d'avoir fait une bonne action. En s'installant dans son magnifique salon pour regarder la malheureuse gravir péniblement la colline au loin, elle glissa à Lilly qui l'avait suivie :

« "Eh bien, j'aurai au moins la consolation d'avoir accompli mon devoir en donnant la liberté à une pauvre esclave. Personne ne pourra dire que je n'ai pas en moi l'esprit et le sang anglais."

« Ne lui vint-il pas à l'esprit ce soir-là, lorsqu'elle se coucha dans son splendide lit agrémenté d'une courtepointe immaculée et d'oreillers moelleux, que la pauvre esclave affranchie et ses jeunes enfants n'avaient nul endroit où poser leur tête ? Pensa-t-elle, en se réveillant le lendemain matin et en se préparant à prendre une collation raffinée composé de délicieux gâteaux, de beurre doré, de miel onctueux, de fraises nageant dans la crème et des boissons les plus riches, que la femme dont elle s'était débarrassée aussi impitoyablement n'avait rien pour satisfaire les besoins impérieux de la nature ou lui donner la force d'accomplir le devoir maternel le plus difficile – celui de nourrir sa progéniture ? Songea-t-elle, alors que l'heure du souper approchait, que cette femme dont elle avait fait une vagabonde gisait peut-être au pied d'une haie au bord d'une route, harassée de fatigue et de lassitude ? Non, elle pensa seulement, comme elle le formula à voix haute, que le problème était résolu et elle se réjouit à l'idée de la surprise et de l'indignation qu'éprouverait son mari en découvrant les faits.

« À son retour, M. Cosgrove se rendit directement dans la chambre de sa * favorite. À son grand dam, il trouva la pièce désertée et transformée en réserve. Que s'était-il passé ? Il convoqua sur-le-champ le régisseur du domaine pour lui demander ce qu'il était advenu d'Evelyn et des bébés.

« "Je ne serais pas autrement étonné, répondit l'homme, s'ils avaient déjà servi de pâture aux vautours.

* [maîtresse]

« – Que voulez-vous dire ? le pressa le maître et père inquiet. Personne ne les a tués, c'est impossible.”

« Aussitôt lui revinrent à l'esprit les menaces de sa femme.

« “Pas à ma connaissance, dit le régisseur, mais vous devez savoir que Madame les a chassés d'ici, et je ne vois pas comment une créature aussi fragile et délicate qu'Evelyn aurait pu porter ses enfants très loin ou…”

« L'homme s'interrompit. Il venait de s'apercevoir que sa conversation était devenue un monologue. Bien avant la fin de la phrase, Cosgrove s'était rué hors de la chambre et avait gravi précipitamment l'escalier vers celle de sa femme. L'interroger, l'admonester, voire lui infliger une punition sommaire, telle fut la première pensée que lui inspira sa fureur. Son imagination lui montrait Evelyn et ses bébés, ces adorables petits garçons, mourant lentement de faim et de froid au bord d'un chemin ou au fond d'un fossé, tandis que les vautours tournoyaient au-dessus d'eux, impatients d'entamer leur horrible festin.

« “Madame ! s'écria-t-il en faisant irruption devant son épouse. Qui vous a autorisée à vous occuper de mes esclaves en mon absence ? Qui vous a donné le pouvoir de les chasser aussi cavalièrement de ma demeure ?

« – Allons, monsieur Cosgrove, répliqua-t-elle avec une expression méprisante qui altérait ses traits, quel modèle de mari attentionné vous faites, quand après une aussi longue absence la première chose que vous demandez à votre femme en rentrant, c'est comment elle a osé exercer son autorité légitime !

« – Mais vous n'avez aucun droit de disposer ainsi de mes biens ou de vous comporter d'une manière contraire à mes intérêts.

« – Je vous en prie, asseyez-vous, monsieur Cosgrove, répliqua posément Madame qui, satisfaite d'elle-même, était déterminée à garder son sang-froid. Je vous en prie. Vous n'êtes pas moins riche pour autant et vous avez encore du bétail humain en abondance. Quel est l'intérêt de garder Evelyn recluse comme une nonne dans cette chambre étouffante ? De plus, monsieur Cosgrove, je vous le redis, je ne souffrirai pas la présence de ces créatures dans la maison. Aucune femme possédant une once de fierté, d'honneur ou de dignité féminine n'en serait capable.

« – Ah ! vous parlez de fierté, d'honneur et de dignité féminine ? Dieu sait que vous ne manquez pas de la première, mais est-ce la dignité féminine qui vous a conduite à jeter dehors cette mère fragile et délicate avec ses bébés, les condamnant aux privations et à une mort presque certaine ?

« – Je leur ai accordé la liberté, c'est vrai. Et si la liberté implique des privations et la mort, c'est bien dommage pour eux, mais ce n'est pas ma faute.

« – Madame, c'est votre faute. Evelyn ne désirait pas la liberté, et surtout pas celle que vous lui avez donnée.

« – Peu importe, répondit Madame. Ma volonté était qu'elle l'obtienne, et elle l'a eue. Alors à quoi vous sert de rager et de tempêter ? Pensiez-vous vraiment pouvoir la garder ici sans que je le sache ? Pensiez-vous vraiment pouvoir abriter un tel secret dans la maison sans que je le découvre et que j'en conçoive de la rancœur ? Si tel est le cas, monsieur Cosgrove, vous connaissez bien mal les femmes."

« Et ainsi, ils se chamaillèrent et se querellèrent sans espoir ou perspective de réconciliation. Leur bonheur était anéanti, la paix domestique ruinée.

« M. Cosgrave quitta sa femme puis, sans dire un mot à personne, enfourcha un cheval rapide et s'éloigna. Il resta absent deux jours et revint comme il était parti, sans donner aucune précision sur ses affaires ni sur l'endroit où il s'était rendu. Les serviteurs racontèrent qu'il était parti à la recherche d'Evelyn ; ils racontèrent aussi qu'il l'avait retrouvée, car il paraissait heureux et satisfait. Mme Cosgrove devait aussi le penser et elle l'accueillit avec l'indifférence la plus glaciale, préférant l'intimidation plutôt que la raison pour le ramener sur le chemin de la vertu. Par la suite, les absences de notre maître furent nombreuses et prolongées. Mais il laissait le cœur de son épouse en grand tumulte. Les jours et les nuits de Mme Cosgrove étaient assombris par les plus odieux soupçons. Elle avait réussi à chasser les favorites de la maison, certes, mais elle ne pouvait les chasser de son imagination. Elles revenaient sans cesse la hanter. Elle savait désormais avec certitude que son époux avait un secret. Elle le devinait à son expression, à ses yeux, à chaque pli de ses vêtements. Même son maintien lui paraissait moins franc qu'auparavant. Son pas semblait précautionneux, comme s'il craignait de trop en révéler. Elle en vint même à se dire qu'il évitait de la regarder droit dans les yeux, et tous ces signes et indications la poussèrent aux actes les moins honorables. Elle se mit en tête d'examiner les lettres de son époux la nuit et de mener ses investigations par tous les moyens et en tous lieux, écoutant derrière les portes, épiant aux fenêtres, interrogeant les esclaves et même les visiteurs. La dame hautaine, brusquement descendue de son piédestal, daignait parler avec tout le monde, elle daignait également se rendre à l'église, mais les fidèles voyaient bien qu'elle était agitée et mal à l'aise, et qu'elle prêtait beaucoup plus d'attention à l'assemblée qu'au ministre du culte.

« Cette vigilance de tous les instants fut néanmoins récompensée, et un pur hasard lui permit de découvrir le secret de son époux alors que tous ses plans avaient jusque-là échoué. Le régisseur mentionna un jour à M. Cosgrove le nom de Rock Glen [2] alors qu'elle était à portée de voix.

« “Chut, répondit son mari. Ne prononcez plus jamais ce nom, car les murs ont des oreilles.”

« Rock Glen. Le nom était romantique, l'endroit sans nul doute pittoresque. Où était-ce donc ? Et pourquoi les murs auraient-ils eu des oreilles juste pour entendre cela ? Confortée dans ses soupçons, Mme Cosgrove appela Lilly.

« “Lilly, me crois-tu ton amie ?

« – Je l’espère, répondit la belle enfant.

« – Te rends-tu compte que je te traite différemment de tous les autres ?

« – Vous semblez beaucoup plus gentille, et moins hautaine.

« – C’est bien mon intention, Lilly.

« – Votre intention, oui.

« – Chacun de mes actes répond à une intention. En règle générale, je ne me préoccupe guère de gentillesse, mais à présent j’aimerais te demander un service, un de ces petits services que l’on rend par affection et que l’argent ne saurait rémunérer. M’aimes-tu, Lilly ? Pourrais-tu faire cela pour moi ?

« – Je peux toujours essayer, dit Lilly. Si vous m’accordez votre confiance.

« – Tu as ma confiance, répliqua Madame.

« – Et que voudriez-vous que je fasse ? demanda Lilly, dont la curiosité s’éveillait.

« – Tâche de découvrir où se trouve l’endroit appelé Rock Glen.

« – Est-ce tout ? s’enquit l’enfant.

« – Pas tout à fait. Il faudra te montrer très avisée et prudente. Pour rien au monde tu ne devras révéler à quiconque que je t’ai confié cette tâche ou que je désire obtenir cette information. Surtout, veille à ne jamais mentionner mon nom en rapport avec cette affaire, et si tu réussis, je te donnerai ceci.”

« Ce disant, elle lui montra un magnifique bracelet de turquoise et d’émeraude.

« “Mais comment vais-je m’y prendre ? s’enquit Lilly, charmée par la magnificence du présent.

« – Demande aux esclaves, demande à tout le monde. Certains sauront.

« – Vous croyez ?

« – J'en suis sûre. Le régisseur connaît l'endroit et il n'est certainement pas plus discret que les autres.

« – Mais pourquoi ? commença Lilly.

« – Pas un mot ! déclara Madame en accompagnant sa réponse d'un geste doux mais impérieux. Ne me pose pas de questions. Ne cherche pas à connaître mes raisons ou mes desseins. Cela ne t'apporterait rien de bon et risquerait même de se révéler dangereux. Contente-toi d'obtenir l'information et de me l'apporter.

« – Eh bien, je ferai de mon mieux."

« Ce qu'elle fit.

« Nous nous demandions tous pourquoi elle avait toujours à la bouche le nom de Rock Glen. Certes, c'était un joli nom, agréable et intéressant, mais qui n'avait tout de même pas grand-chose d'extraordinaire. Alors, pourquoi Lilly s'était-elle mis en tête de taquiner et de tourmenter tout le monde avec ces deux mots ? Qu'avions-nous fait pour que Rock Glen résonnât sans cesse à nos oreilles ?

« "Qui sait quelque chose sur Rock Glen ?" répétait-elle à l'envi en dévalant l'escalier, aussi gaie et insouciante qu'un papillon.

« Certains esclaves n'en avaient jamais entendu parler, d'autres avaient reçu des instructions, et la question paraissait appelée à rester sans réponse, quand une vieille mendiante se présenta un jour à la porte.

« "Oh ! moi je sais, répondit-elle à la demande espiègle de Lilly.

« – Et où est-ce, bonne mère ? la pressa Lilly avec une impatience qui n'échappa à personne.

« – Ma foi, ce n'est pas très loin d'ici. J'ignore au juste la distance, mais je peux te donner les indications pour t'y rendre.

« – C'est parfait", déclara Lilly.

« La vieille femme lui expliqua alors quelle route suivre, où tourner à droite et où tourner à gauche, où se situaient le ruisseau à franchir, la prairie à traverser, la clôture à escalader, puis elle indiqua une taverne, un magasin, l'atelier d'un forgeron et une entreprise de pompes funèbres, et de quel endroit il était possible de voir des Nègres travailler dans un champ de tabac et d'apercevoir une habitation nichée sous un rocher en surplomb qui semblait sur le point de s'effondrer, bien que l'usure des siècles n'eût pas réussi à le déloger.

« "Ce rocher, poursuivit-elle, et la petite maison en dessous s'appellent Rock Glen."

« Lilly se hâta d'aller porter à Mme Cosgrove l'information qu'elle avait obtenue.

« "Bien joué, Lilly ! dit Madame. Mais fais donc monter cette femme ; peut-être pourra-t-elle m'en dire plus."

« Et la vieille femme voûtée et décrépite, grossière, répugnante, vêtue de haillons et affligée d'une claudication qui rendait sa démarche excessivement maladroite et inconvenante, gravit le large escalier, foula les magnifiques tapis et, impressionnée et à moitié aveuglée par la splendeur de ce qu'elle voyait, fut conduite en présence de Madame qui, bien que parée de satin et toute scintillante de bijoux, n'en était pas plus heureuse pour autant.

« En d'autres circonstances, Mme Cosgrove n'eût pas supporté la vue d'une telle incarnation de la misère sordide, mais la force de sa détermination la soutint et elle reçut la vieille mendiante presque courtoisement.

« Le contraste était bien étrange entre les deux femmes. L'une, image même de l'élégance et du raffinement, hautaine dans ses manières et superbe dans sa mise, avec des yeux magnifiques, des cheveux sublimes et une allure de reine ; l'autre, vieille sorcière édentée aux yeux larmoyants, aux lèvres dégoulinantes de bave. Chez elle, rien d'élégant ni de recherché. Et pourtant, la plus accomplie des deux, la plus parée, la plus enviable en ce monde en venait à tout oublier – elle-même, son nom aristocratique et ses relations haut placées –, elle en venait même à oublier qu'en doutant de l'honneur de son mari elle compromettait le sien tant était grand son désir d'apprendre qui vivait à Rock Glen.

« Interrogée sur ce point, la vieille femme répondit que les lieux étaient restés inhabités pendant longtemps mais qu'un gentleman avait récemment acheté la propriété et qu'il avait sans doute installé quelqu'un dans la maison, car en s'approchant un jour pour cueillir des baies elle avait entendu une voix douce chanter une berceuse.

« "Mais vous n'avez vu personne ? la pressa Mme Cosgrove.

« – Personne. Les portes et les fenêtres étaient soigneusement fermées."

« Aucune autre information significative ne put être soutirée à la vieille mendiante, que Mme Cosgrove congédia après lui avoir offert un magnifique présent.

« "Dieu du ciel ! s'exclama-t-elle à l'adresse de Lilly après le départ de la vieille femme. Je suis sûre que cette vente n'a été qu'une comédie. Qui sait ? Il y a de bonnes chances pour qu'il les ait toutes logées là-bas. Une berceuse, a-t-elle dit. Alors c'était sûrement Evelyn, mais je saurai ce qu'il en est, oh ! oui, je le saurai. Je comprends mieux maintenant pourquoi il passe autant de temps loin de la maison. Va demander aux serviteurs de seller nos chevaux.

« – Vous voulez partir maintenant ? fit Lilly, stupéfaite.

« – Oui, sur-le-champ, sans perdre une minute, mais ne leur dis rien de mes projets."

« Mme Cosgrove était une cavalière accomplie, et son élégante silhouette et son teint parfait n'étaient jamais aussi bien mis en valeur que lorsqu'elle pratiquait cet exercice gracieux et grisant. Lilly chevauchait généralement à côté d'elle, tandis qu'un domestique les suivait. En l'occurrence, les services de cet homme ne furent ni sollicités ni admis.

« La brise était fraîche, le ciel clair, le paysage magnifique, mais en eût-il été autrement, Madame n'eût certainement rien remarqué tant son impatience était grande.

« Lançant leurs montures au galop, les deux femmes s'éloignèrent. Deux ou trois heures plus tard, Mme Cosgrove fut ramenée sans connaissance, accompagnée de Lilly en pleurs. On la porta dans ses appartements, qu'elle ne quitta plus jamais.

« Comme nous l'apprit Lilly, elles arrivaient près de Rock Glen quand elles avaient croisé M. Cosgrove qui s'en revenait de ce même endroit. Arrêtant sa monture, il avait demandé où elles allaient, ce à quoi Madame avait répondu qu'il le saurait probablement bien assez tôt, et elle tentait de passer outre quand il avait saisi la bride de son cheval. Elle lui avait ordonné de lâcher prise, ce qu'il avait refusé de faire sauf si elle promettait de rentrer avec lui. Tous deux s'étaient mis en colère et des mots durs avaient été échangés entre eux. Ce qui s'était passé ensuite, Lilly ne put nous le dire car elle regardait alors dans la direction opposée. Mais soudain, sa maîtresse avait crié, et en se retournant Lilly avait vu le cheval s'emballer, sa cavalière accrochée à son flanc, le pied apparemment coincé dans l'étrier. M. Cosgrove était resté immobile quelques instants, comme frappé par la foudre, puis il avait appelé à l'aide. L'aide était venue, mais trop tard pour empêcher Mme Cosgrove d'être atrocement blessée.

– Était-elle tombée de cheval ? demandai-je, interrompant le long récit de Lizzy.

– Bien sûr, mais pour quelle raison ? Lilly est persuadée que le maître l'a frappée.

– Et il n'est pas revenu ?

– Il est rentré peu après, mais il ne s'est pas rendu dans la chambre de Madame, il n'a pas non plus pris de ses nouvelles, agissant comme s'il n'était même pas au courant de son existence. Elle avait le dos et les hanches si gravement touchés qu'elle ne pouvait plus quitter son lit, et crois-moi, c'était un spectacle pathétique de voir cette femme jadis sans pareille et d'allure royale à présent étendue jour après jour dans la même position, le visage continuellement tourné vers la fenêtre comme si elle guettait un visiteur ou un événement. Mais en vérité, ses pensées l'emmenaient vers son pays et elle parlait tout bas de ces magnifiques terres au-delà des mers où elle avait vécu si heureuse, en se demandant pourquoi elle était venue ici et comment réagiraient ses chers, très chers amis là-bas quand ils apprendraient son malheur.

« Et puis elle s'enquérait souvent de son mari, voulait savoir s'il était à la maison, s'il avait parlé d'elle, s'il semblait satisfait et heureux. Nous répondions à ces questions en fonction des circonstances, et ensuite elle fermait les yeux et soupirait amèrement. Comme la maladie prolongée sait humilier les plus fiers et ramener à l'esprit la pensée de la mort, de l'éternité et du jugement à venir ! Et comme, au regard de ces considérations, nous sommes disposés à pardonner comme nous voudrions être pardonnés ! Mme Cosgrove n'était plus une femme hautaine et suffisante, mais une disciple du Christ, humble, aimable et douce comme un agneau. Or ce changement ne s'était pas opéré d'un coup. Il n'était survenu qu'après des jours et des nuits de souffrances mentales sans larmes, après de terribles moments d'humiliation et des supplications amères. Puis, peu à peu, aussi merveilleuse et sereine que la lune apparaissant au-dessus des mers démontées, la lumière de l'espoir avait éclairé son esprit. Elle s'accompagnait de paix, d'amour et d'une confiance presque enfantine, et bien qu'infirme, lasse et perdant rapidement la notion du temps, Mme Cosgrove était devenue plus heureuse qu'elle ne l'avait jamais été durant les jours d'orgueil, de beauté et de prospérité. Enfin arriva le moment où elle sollicita la présence de son mari. Il entra d'un pas fier en affectant l'indifférence, mais, en voyant le visage de sa femme nimbé d'un éclat divin, son attitude changea du tout au tout. Il s'attendait à une expression de mépris et de haine, et il assistait à une manifestation d'amour. Au lieu d'essuyer des reproches, il fut accueilli par des sourires, et une voix d'une douceur exceptionnelle lui souffla à l'oreille :

« "Mon époux, pourrez-vous jamais me pardonner ?"

« Ces paroles, l'intonation de la phrase, l'attitude de sa femme, la scène sous ses yeux, le passé qui pour sa conscience serait toujours le présent eurent raison de lui. Il fondit en larmes à côté d'elle en s'exclamant :

« "Je n'ai rien à vous pardonner, mais vous, oh ! comme je vous ai blessée cruellement ! Je ne vous demande pas de me pardonner, mais juste de ne pas me maudire."

« S'ensuivit alors une scène d'explications et de regrets mutuels. Pour la première fois depuis leur mariage, l'époux et l'épouse commencèrent à se comprendre, au moment même où la tombe se profilait entre eux. Ils commencèrent à se rendre compte qu'un peu plus de tolérance, de compassion et d'amour, d'un côté, et un peu plus de respect et de considération, de l'autre, les eussent rendus heureux et eût épargné au moins à l'un d'eux l'amertume de l'éternel remords.

« Par la suite, à des nuits pénibles et agitées succédèrent des journées de réconfort et de répit relatifs. Depuis leur réconciliation, M. Cosgrove ne quittait pratiquement plus le chevet de sa femme, soutenant sa tête affaiblie en l'appuyant sur sa propre poitrine, lui administrant lui-même le cordial apaisant. Mais un jour, épuisé par la fatigue et la veille, il se laissa convaincre par Lilly de se retirer dans sa chambre pour se reposer pendant que Mme Cosgrove dormait. Seule et peu habituée au spectacle de la maladie et de la mort, la douce enfant se sentit bientôt triste et abandonnée. Elle remarqua aussi qu'une ombre mystérieuse voilait peu à peu le visage de sa maîtresse, que sa respiration devenait plus laborieuse et difficile, que son front était baigné d'une sueur froide et poisseuse. Sans bruit, elle descendit me demander de retourner dans la chambre avec elle. Je l'accompagnai, et au moment où nous entrions dans la pièce un dernier souffle s'échappa des lèvres pâles de notre maîtresse. Elle était morte. »

Lizzy me rapporta ensuite d'autres anecdotes concernant son maître et la famille de celui-ci, et ajouta qu'après la mort de sa femme il n'avait plus jamais été le même homme, probablement à cause du chagrin, et plus probablement à cause du remords. Elle me raconta que Mme Bry, la vieille gouvernante, était partie s'établir dans un autre État et vivait désormais dans la famille de son fils ; que le tilleul aux branches grinçantes s'était incliné devant la hache et que de grands changements s'étaient opérés à l'intérieur de la maison aussi bien qu'à l'extérieur. Certaines des plus anciennes pièces, dont les murs recouverts de chêne étaient brunis par l'âge, avaient été refaites et brillaient maintenant dans toute la gloire du plâtre et de la peinture fraîche. Quant aux portraits de Sir Clifford et de ses compagnons des deux sexes, ils avaient été exposés publiquement au marché et attribués au plus offrant. *Sic transit gloria mundi*[3].

XVI

En Caroline du Nord

Car nous sommes vendus pour rien, moi et mon peuple [1].

ESTHER.

J'avais passé beaucoup de temps avec Lizzy, beaucoup trop de temps. Évidemment, ce n'était pas bien de ma part et je fus dûment réprimandée.

« Hannah, tu es une vilaine fille, très vilaine, et si tu ne surveilles pas un peu mieux tes manières je te revendrai, c'est certain. Je ne peux tolérer une telle conduite. Tu pars faire une course qui ne devrait pas te prendre plus de dix minutes et tu t'absentes toute la journée. Je n'ai jamais rien vu de pareil. »

Je n'étais pas en position de répondre. Madame serait montée sur ses grands chevaux si j'avais ouvert la bouche pour formuler les excuses les plus raisonnables, et une excuse déraisonnable eût été pour elle une insulte encore plus grande.

« Et veille aussi, reprit-elle, quand tu seras chez moi en Caroline du Nord, à ne jamais mentionner ce… ce… ce… »

Elle hésitait et bredouillait.

« Je comprends, dis-je. Je ne le mentionnerai pas.

– Tu ne dois pas non plus t'en flatter, poursuivit-elle d'une voix où ne subsistait plus rien de son habituelle langueur. Tu ne dois pas essayer de t'attribuer un mérite quelconque en affirmant que Mme Wheeler a un secret que tu gardes dans son intérêt, qu'elle t'en est très obligée et qu'elle saura se montrer reconnaissante, indulgente ou je ne sais quoi encore.

– Ce serait bien sot, madame, en effet.

– Oh ! contente-toi donc de faire ta révérence et de te taire », répliqua-t-elle avec colère.

Je trouvais son caractère de plus en plus insupportable, mais en vérité j'apprenais seulement à mieux la connaître.

Pourtant, elle avait ses bons moments, surtout lorsqu'elle s'imaginait malade. Une voix languissante et une grande faiblesse dans ses mouvements s'accompagnaient invariablement chez elle de conversations sur les rumeurs à propos des voisins, sur l'histoire familiale et d'autres sujets semblables, et lorsqu'il n'y avait personne d'autre à proximité j'étais bien forcée de l'écouter.

Quand nous embarquâmes sur le bateau destiné à nous emmener jusqu'à la propriété de Mme Wheeler en Caroline du Nord, j'admirai la vue splendide offerte par la maison du président et le Capitole ; la foule de membres du Congrès, de sénateurs, d'officiers de la Marine et de l'Armée massée devant ; l'abondance de voitures transportant des dames, les épouses et les filles de ministres étrangers et autres visiteurs distingués. Je dis que je les admirais, mais je m'étonnais néanmoins du contraste extraordinaire entre ces personnes élégantes et certains malheureux en haillons qui semblaient chercher des restes de nourriture, des épingles ou d'autres détritus parmi les ordures accumulées dans divers endroits. C'est alors que se produisit un incident qui m'affecta grandement. Un Nègre qui devait être vendu avait échappé à son maître et aux assistants de ce dernier, et trouvé refuge sous la statue équestre de Jackson, cet homme épris de liberté. On vint le chercher et, malgré ses cris, ses prières et ses gesticulations, on lui passa les fers et on le traîna de nouveau vers le marché.

Mme Wheeler disposait d'une cabine à bord. Elle était très languissante et faible, et, comme d'habitude en de tels moments, particulièrement loquace. Je fus grandement surprise d'apprendre qu'elle tenait le capitaine en piètre estime, qu'elle détestait les solliciteurs de charges gouvernementales et plaignait de tout cœur ce pauvre homme, le président, harcelé et tourmenté en permanence au point qu'il envisageait presque de se rompre le cou pour fuir les importuns.

« Je me suis laissé dire, continua-t-elle, qu'il n'y a sans doute pas un seul homme à Washington qui n'ait sollicité une charge à un moment ou à un autre de sa vie, et que les femmes sont aussi désespérées de l'obtenir que leurs maris. Ceux en particulier qui sont trop faibles, trop stupides et négligents pour gérer leurs affaires privées sont démangés par le besoin de se frotter aux affaires publiques. »

Étant donné qu'il était obligatoire pour moi de marquer mon assentiment, je répondis :

« C'est fort probable.

– Oh ! c'est même certain, reprit-elle. Il semblerait que certains passent leur vie entière à intriguer pour avoir un poste, et peu importent sa nature, son fonctionnement ou le principe qui le régit. Peu importent aussi les devoirs attachés à la fonction, car tous ces gentlemen se considèrent comme compétents dans n'importe quel domaine. Ils veulent une place de secrétaire ou de haut fonctionnaire, ils veulent devenir ambassadeurs, consuls, gouverneurs de territoires, ils veulent une nomination aux Douanes, et si rien de mieux ne se présente, ils accepteront avec plaisir de s'occuper des lampes ou du courrier.

– Mais que feraient-ils s'ils obtenaient ces postes ? m'enquis-je.

– À les en croire, des choses extraordinaires. Ils construiraient de nouveaux navires et mettraient en service de nouveaux vapeurs, ils se rendraient au front et ramèneraient la paix, ils prendraient Cuba, le Canada ou la Dominique, ils étendraient la voie ferrée jusqu'au Pacifique et feraient creuser un canal à travers l'isthme, ils vaincraient les Indiens et chasseraient les mormons. Bref, il n'est rien de possible ou d'impossible qu'ils ne feraient ou ne tenteraient de faire [2]. »

Je trouvais très drôle que Mme Wheeler décriât autant les solliciteurs de charges alors qu'elle-même et son mari s'étaient tous les deux essayés à ce jeu, mais il n'eût pas été convenable de le souligner.

« Et puis ces individus, poursuivit-elle, les chasseurs de charges, je veux dire, sont complètement insensibles aux sentiments d'autrui. Ils sont obsédés par les nominations, les candidats et les élections. Ils sont toujours en train de parler de votes et d'électeurs, des chances de celui-ci ou des handicaps de celui-là. On les trouve dans toutes sortes d'endroits, des réceptions du président aux fêtes les plus populaires. Dans les magasins, les tavernes malfamées, les grands hôtels, les lieux écartés les plus inconcevables, au coin des rues et sous les auvents – à vrai dire, partout où l'on peut discuter et commenter une querelle politique. »

De nouveau je répondis : « C'est fort probable » et de nouveau elle reprit :

« C'est vraiment répugnant de penser à toutes ces associations qu'ils forment, à toutes ces mauvaises fréquentations qu'ils entretiennent, à toutes ces relations vulgaires et dégradantes qu'ils feignent de ne pas mépriser. Oh ! comme ils vont serrer la main aux fainéants et aux ivrognes, s'incliner devant l'idiot et le simple d'esprit, et même distribuer de petites aumônes d'un demi-dollar et de mauvais rhum aux Irlandais vagabonds ! Et ils ne sont jamais satisfaits. Le succès les rend encore plus voraces et rapaces. »

Je ne sais combien de temps encore elle eût continué ni à quelles autres extravagances elle se fût livrée dans sa description de cette catégorie d'hommes malheureusement trop vaste si M. Wheeler, par chance pour moi, n'était entré dans la pièce et n'avait formulé certaines remarques qui, pour un moment du moins, changèrent la teneur de la conversation.

Nous atteignîmes la Caroline du Nord en temps et en heure sans que se produisît d'incident particulier. La belle plantation de M. Wheeler se situait près de Wilmington, le principal port de l'État et certainement l'un des plus beaux endroits que j'eusse jamais vus[3]. Pourtant, la maison ne possédait pas la majesté imposante de Lindendale ni cette apparence simple de sérénité et de calme qui constituait le principal attrait de Forget Me Not, mais elle se caractérisait par une telle profusion de plantes grimpantes, de fruits, de fleurs et d'oiseaux, et tout dégageait une telle impression de plénitude, que j'en fus charmée. Les allées de limettiers formaient des arcades de verdure, même l'ombre des orangers semblait chargée de fruits, les branches des pêchers ployaient jusqu'au sol et requéraient la présence de tuteurs, et les grappes de raisin violettes sur les treillages tentaient le promeneur sur je ne sais combien de tonnelles. Disséminées dans de larges châssis et sous des filets tendus poussaient de grandes quantités de courges, de cosses luisantes et de * melons appétissants, le tout environné d'une myriade de feuilles vertes miroitant et brillant sous le soleil. Comme chaque carré de terre paraissait occupé par quelque riche trésor de légumes, l'air était riche de parfums dignes d'un immense bouquet. Il y avait aussi des herbes aromatiques aux senteurs douces, de magnifiques buissons de roses et une telle foison d'œillets que je ne me lassais pas de les admirer.

Au loin se trouvait un champ de coton foisonnant de boules blanches duveteuses, et plus bas, vers la rivière, s'étendait une grande plantation de riz. Bien sûr, le travail de nombreux esclaves était nécessaire pour entretenir un domaine aussi vaste. Leurs cases s'alignaient au fond de la propriété, le plus loin possible de la demeure du maître.

* [concombres]

Leur construction témoignait d'une conception de l'ordre et d'un sens pratique moins développés qu'en Virginie. Elles n'avaient pas de petit carré de jardin, ni de cour minuscule ornée de fleurs chatoyantes, ni l'aspect confortable conférés par des murs blanchis à la chaux. Et puis, elles grouillaient d'occupants. Ici, la division des familles à laquelle j'étais habituée n'existait pas et tous vivaient dans une indescriptible promiscuité. Au moins, ils ne mouraient pas, ce qui tenait déjà du prodige. L'on ne ferait pas preuve de trop d'imagination en affirmant que la nuit ces cases abritaient une nuée de miséreux, que des hordes de créatures pouilleuses s'insinuaient à l'intérieur par les trous dans les murs et les planches ou se recroquevillaient pour dormir sur des paillasses empestant la sueur humaine et imprégnées d'eau de pluie, tandis que la touffeur de minuit apportait des fièvres malignes.

L'on disait que bon nombre de ces cases étaient vieilles et rongées par la pourriture, que de temps à autre s'élevaient parmi elles un grand fracas et un nuage de poussière, chaque fois occasionnés par la chute d'une de ces habitations. Mais une nouvelle case renaissait aussitôt des gravats et tout recommençait comme avant. Car si une tête était meurtrie ou un membre brisé, têtes et membres étaient si nombreux que cela ne semblait guère important. Il est vrai que si un homme célèbre éternue, le monde résonne, mais que si un homme humble meurt, personne ne le remarque ni ne s'en soucie. Peut-être une épouse aimante et des enfants au cœur tendre verseront-ils quelques larmes naturelles, puis la première se séchera les yeux et se mettra en quête d'un autre seigneur, tandis que les seconds, pris dans le tourbillon de la vie, oublieraient jusqu'à son nom si ce n'était aussi le leur. Tout ceci est le résultat d'un système artificiel accordant à un rang, aux richesses ou au pouvoir la considération que seul un homme devrait recevoir. Et ce système n'est pas limité à un endroit, un pays ou une condition. Il s'étend à toutes les couches et toutes les classes de la société, des plus hautes aux plus basses. Il proscrit les gens pauvres mais honnêtes, qualifiés avec mépris de « vulgaires ». Il en rabaisse d'autres, dans certaines circonstances, à un échelon plus bas sur l'échelle de la création que celui occupé par le cheval.

Une bonne partie de ces cases étaient encore plus vieilles que la nation et avaient été occupées par plusieurs générations successives d'esclaves. Le plus grand fléau de l'esclavage, c'est son caractère héréditaire. Le père lègue à son fils un héritage de labeur et de misère, ainsi que sa place sur la paille fétide dans un recoin répugnant, sans espoir ni possibilité d'améliorer son sort. Le fils transmet à son tour la même chose à sa progéniture, et il en va ainsi à jamais.

Si les logements étaient misérables, leurs habitants semblaient bien pires. L'avilissement, la négligence et les mauvais traitements avaient exercé sur eux les effets auxquels on pouvait s'attendre. Toute la journée, ils trimaient sous un soleil brûlant, à peine conscients d'un lien entre eux et d'autres représentants de la race humaine. Leur état d'esprit pouvait se résumer en quelques mots : ils ne savaient rien *. Ou plutôt, ils savaient juste qu'il est difficile de travailler sans relâche pour une piètre pitance et des vêtements grossiers ; la nature ne leur en avait pas appris plus.

Qu'en pensez-vous, docteurs de l'Église ? N'est-ce pas une étrange condition que la leur ? Être condamné à arpenter des chemins sans avoir la moindre connaissance des fleurs et dans une ignorance totale de la signification des divers symboles hiéroglyphiques de la nature, pourtant si abondants sur les arbres, dans le ciel, sur les brins d'herbe, partout. Voir des gens passer dans des calèches, entendre des mots tels que liberté, cieux, espoir et bonheur sans avoir la moindre idée des sensations procurées par une voiture à cheval ou la moindre expérience des réalités que recouvrent ces noms bénis. Ce doit être bien étrange

* [n'attachaient d'importance à rien et n'espéraient rien]

d'être évalué uniquement en fonction de la fermeté de ses muscles, de la force de ses tendons et de ses ressources d'endurance ; d'avoir le sentiment qu'on n'a rien à faire ici, là ou n'importe où ailleurs sinon travailler, travailler et encore travailler ; et pourtant, de temps à autre, tel un rayon de soleil égaré dans un lieu sombre, d'avoir une infime aspiration à quelque chose de mieux, un aperçu, juste un aperçu, d'un autre univers. Ce doit être bien étrange de sentir qu'aux yeux de ceux qui sont au-dessus de vous vous êtes à peine humain, et de redouter que leur opinion ne soit fondée, que vous soyez réellement assimilé à une bête de somme, que les chevaux, les chiens et le bétail aient autant de privilèges et soient probablement vos égaux, voire en sachent plus que vous, que même votre silhouette ne garantisse pas votre appartenance à cet ordre d'êtres supérieurs dont vous offensez la sensibilité délicate.

Oui, ce doit être bien étrange de vivre dans un monde de civilisation, d'élégance et de raffinement, et de ne rien connaître de ces notions, et pourtant il en va ainsi pour des multitudes, et encore plus pour les esclaves. La Constitution qui établit le droit à la liberté et à l'égalité est un livre scellé pour eux, de même que la Bible, qui affirme que le Christ est mort pour tous, les esclaves comme les hommes libres.

M. Wheeler avait négligé sa plantation autant que ses esclaves pour plusieurs raisons. Tout d'abord, il n'estimait pas nécessaire de se donner de la peine pour des spécimens de l'humanité aussi abêtis. Ils n'en travailleraient pas mieux, alors autant les laisser dans leur misère. Il n'attendait rien d'autre de leur part qu'un dur labeur. Il ne voulait rien d'autre. Même si l'on tentait de réformer leurs manières, pensait-il, leur intelligence ne s'élèverait pas pour autant. Aussi le régisseur n'avait-il reçu pour instructions que de maintenir la résidence dans un état susceptible de flatter la dignité de la famille, de veiller à entretenir les vignes, de soigner les fleurs et de s'occuper en particulier des figuiers et des grenadiers. Hélas ! quelle pitié que les fruits et les fleurs eussent droit à plus d'égards que les êtres humains !

La deuxième raison, c'était que Monsieur consacrait tout son temps à sa charge. Il préférait dépenser les fonds publics. Il n'attachait d'importance qu'à la vie dans la capitale fédérale, et pendant qu'il intriguait, spéculait et essayait d'obtenir une part des affaires publiques, ses affaires privées étaient négligées. Bien sûr, la demeure familiale grouillait d'esclaves de rang plus élevé et noble que les travailleurs des champs. Ils étaient mieux habillés, mieux nourris et plus avenants. Il était en particulier nécessaire que les domestiques au service de Madame ne présentassent rien d'offensant ou de dégoûtant sur leur personne. Il était nécessaire, non pour le maître mais pour elle, que le cocher fût propre et soigné, que la cuisinière fût irréprochable, avec des mains bien lavées et un tablier immaculé, et que tous les serviteurs eussent une idée précise de leur rôle et de l'importance des apparences. En tout cas, ils ne me paraissaient guère heureux de revoir leurs maîtres. Ils ne manifestèrent pas de joie particulière, s'en tenant à une cordialité froide et formelle née de l'indifférence la plus totale, voire d'un sentiment encore moins noble.

Il y avait cependant une esclave, une fille prénommée Maria, qui, ayant été en d'autres temps la favorite de Mme Wheeler, éprouvait un vif ressentiment à mon égard parce que j'avais été promue au rang de femme de chambre, et je vis tout de suite que j'avais affaire à une ennemie méfiante, puissante et dénuée de scrupules. C'était une mulâtresse sombre aux mouvements vifs, aux yeux noirs de serpent et aux cheveux de la même couleur. Elle possédait l'art de la dissimulation et réussissait à afficher l'expression la plus douce et à prononcer les paroles les plus modérées même lorsqu'elle songeait à infliger le plus grand des affronts. Pendant longtemps, j'essayai par tous les moyens dont je disposais – la gentillesse, l'attention et la bonne volonté – d'adoucir son animosité, mais elle se détourna de moi avec haine et amertume, et alla jusqu'à se moquer de mes tentatives de réconciliation et d'entente cordiale.

Je m'aperçus bientôt que lentement mais sûrement elle me supplantait auprès de Mme Wheeler. Lorsque Madame désirait un service personnel, ce n'était plus moi qu'elle appelait mais Maria. Sa conversation ne tournait qu'autour de Maria, ses cadeaux n'allaient qu'à Maria. Elle semblait à peine remarquer ma présence et je me demandais en vain quelle faute j'avais pu commettre.

Un jour, Mme Wheeler me fit venir dans ses appartements. Je compris au premier regard qu'elle était très en colère.

« Hannah, dit-elle, il n'est nul besoin de préambule entre toi et moi. Tu as désobéi à mes ordres les plus stricts, tu m'as exposée aux railleries de mes esclaves et tu as fait de mon nom la risée de tout le voisinage. Quelle idiote j'ai été d'accueillir une telle vipère au sein de ma famille ! »

Il n'y avait à présent plus rien de languide dans ses manières. Elle s'exprimait d'une voix forte, empreinte de nervosité, et son corps tremblait d'émotion.

« Ma chère maîtresse, commençai-je. Vous m'étonnez grandement. Comment aurais-je pu faire tout cela ?

– Tu oses me le demander ? Comme si tu ne le savais pas ! Oh ! ne prends pas cet air innocent et peiné. J'ai déjà eu l'occasion de voir des hypocrites.

– C'est fort probable, et vous en verrez encore, je suppose. Mais l'enfant encore dans le ventre maternel ne sait pas plus que moi à quoi vous faites allusion.

– Ne me dis pas que tu n'as pas raconté à tous les serviteurs de cette maison la mésaventure qui m'est arrivée à Washington. »

Le souvenir de cette scène ridicule m'arracha un sourire. Même sous la menace d'une horrible punition, je n'aurais pu m'en empêcher. Ma réaction suscita la fureur de Mme Wheeler. Elle employa un langage inconvenant pour une dame et, après avoir saisi une chaise, elle me la jeta à la tête de toutes ses forces. Je me baissai pour l'éviter et elle alla se fracasser contre la porte. Je me redressai puis tentai de battre en retraite.

« Reste ici ! cria Mme Wheeler. Je n'en ai pas encore fini avec toi, espèce de sale petite ingrate. Quel châtiment penses-tu mériter ?

– Je ne mérite aucun châtiment, répliquai-je calmement.

– Aucun châtiment, dis-tu, pour avoir honteusement trahi la confiance de ta maîtresse ?

– Je n'ai pas trahi votre confiance puisque je n'ai jamais mentionné à personne l'incident dont vous parlez.

– Allons ! ne raconte pas de mensonges, Hannah. Je te prenais pour une très bonne chrétienne, ajouta-t-elle pour me provoquer.

– Quoi qu'il en soit sur ce point, je ne vous ai jamais raconté de mensonges.

– Écoute, Hannah, il est * absurde de nier les faits. Tu en as parlé, je le sais, sinon comment Maria et les autres serviteurs en auraient-ils été informés ?

– Je ne peux vous répondre, mais eux le pourront sans doute.

– Ils l'ont fait. C'est toi qu'ils accusent.

– Mais je suis innocente, je le jure devant le ciel et la terre. Je suis victime d'une conspiration. Maria ne peut prétendre que je lui ai fait des confidences quand nous nous adressons à peine la parole depuis des mois. Oh ! j'ai vu dès le début qu'elle me détestait. »

Et je fondis en larmes.

« Tu peux bien pleurer, dit Mme Wheeler, maintenant que ta bassesse est découverte, mais cela ne te servira à rien, ma décision est prise. Tu quitteras cette maison et tu iras travailler dans les champs. Ces viles créatures dans leurs cases sont les compagnons idéaux pour un être aussi indigne que toi. Tu n'as qu'à rejoindre le troupeau. Bill,

* [inutile]

qui vient ici quelquefois, t'a remarquée et t'admire beaucoup. À vrai dire, il a demandé à M. Wheeler s'il pouvait te prendre pour femme. Eh bien, tu l'épouseras.

– Jamais ! m'exclamai-je aussitôt imprudemment, sans penser aux conséquences. Jamais !

– Ne t'avise pas de désobéir ! (Elle hurlait presque.) Malgré tes minauderies et ton visage clair, tu n'es rien d'autre qu'une esclave, après tout, et tu ne vaux pas mieux que la fille la plus noiraude. Ton orgueil sera brisé, ton esprit hautain rabaissé, et maintenant va-t'en, prépare-toi à changer d'habitation et de travail.

– Quels préparatifs dois-je faire ?

– Eh bien, emballe tes vêtements les plus grossiers. Les meilleurs et les plus beaux iront à Maria. Ensuite va voir le régisseur, il t'indiquera ta place.

– Maîtresse… » commençai-je en tombant à genoux.

Elle me repoussa dédaigneusement du pied.

« Va-t'en, je ne veux plus rien entendre. »

Je me levai en silence et sortis de la pièce.

Une fois réfugiée dans la mansarde la plus isolée de la maison, je m'assis pour pleurer, prier et réfléchir. Je ne m'étais jamais sentie aussi seule et abandonnée. Accusée d'un crime dont j'étais innocente, salie aux yeux de ma maîtresse et, pis encore, condamnée à vivre avec les habitants des cases, ignobles, immondes, crasseux, et à épouser l'un d'eux, je sentis mon âme se révolter sous l'effet d'une indicible horreur. J'avais toujours considéré le mariage comme une ordonnance sacrée et pensé que ses devoirs ne pouvaient être accomplis convenablement que s'ils étaient assumés de plein gré.

XVII

La fuite

> C'est auprès de toi que je cherche un refuge [1].
>
> Psaumes.

> J'entends une voix que tu ne peux entendre,
> Qui me dit que je ne dois pas rester.
> Je vois une main que tu ne peux voir,
> Qui me fait signe de m'en aller [2].
>
> TICKNELL.

Mme Wheeler m'eût-elle condamnée au châtiment corporel le plus sévère ou mise en vente au marché des esclaves à Wilmington, je me serais probablement conformée à ses ordres cruels avec calme – du moins en apparence. Mais lorsqu'elle chercha à m'imposer une union avec un homme que je ne pouvais que mépriser et haïr, il me sembla que la rébellion était une vertu, que le devoir envers moi-même et envers mon Dieu l'exigeait et que, quels que fussent les accidents ou les malheurs jalonnant ma fuite, ils ne sauraient être plus terribles que mon sort si je restais.

Le mariage, comme bien d'autres bénédictions, était à mon avis conçu pour les êtres libres, une institution que toutes les victimes de l'esclavage auraient dû éviter car elle contribuait à perpétuer le système. Aussi avais-je fait la sourde oreille à toutes les propositions de cet ordre émanant d'un parti ou d'un autre. Je repoussais les liens conjugaux non par manque de cœur mais parce que je refusais catégoriquement de réduire à l'asservissement un autre être humain. Et maintenant, alors que j'avais de mon plein gré renoncé à la compagnie de ceux que j'aurais pu apprendre à aimer, il me fallait accepter un homme dont la personne, le langage et les manières ne pouvaient manquer de susciter ma répulsion et mon dégoût. En outre, la perspective de travailler dans les champs sous le regard et le fouet d'un régisseur brutal et de vivre dans ces cabanes misérables où s'entassaient une foule d'objets sales, repoussants et odieux me paraissait intolérable.

Pourtant, je redoutais la hâte et l'imprudence. Je voulais faire au mieux et me laisser guider par le Saint Livre de Dieu. J'avais une petite bible, cadeau de Tante Hetty, un volume tout simple relié de cuir et aux pages brunies par le temps. Elle était usée à force d'avoir été feuilletée et ne comportait ni marges, ni notes, ni citations, mais seulement la précieuse parole, ce qui était bien suffisant.

Je l'ouvris en me fiant au hasard et tombai sur le passage où Jacob fuit son frère Ésaü. Les sceptiques peuvent sourire, mais pour moi la coïncidence revêtit une signification profonde et particulière. « Oui, pensai-je. Confiante en ce Dieu qui a su le guider et le protéger, j'abandonnerai cette maison et la maîtresse qui veut m'imposer un crime contre nature. » Comme je l'ai fait remarquer auparavant, rien d'autre n'aurait pu m'obliger à m'échapper. Si chère soit la liberté au cœur des hommes, si amère soit la servitude pour ceux qui en font l'expérience, je connaissais trop les dangers et les difficultés liés à la fuite pour me lancer dans une telle entreprise sans raison sérieuse.

Après avoir refermé ma précieuse bible et l'avoir replacée dans mon giron, je réfléchis à mon projet d'évasion. Je n'avais pas d'amis à qui me confier. J'étais entourée de regards soupçonneux et inquisiteurs. On enverrait les chiens sur mes traces. Je dois bien avouer que l'avenir me paraissait sombre et le projet désespéré, mais je me souvins des enfants hébreux et de Daniel dans la fosse aux lions, et j'eus la certitude que Dieu me protégerait durant ces épreuves[3].

Déterminée cependant à feindre la soumission au début, j'allai le lendemain matin me placer sous l'autorité du régisseur. La tâche se révéla pénible et harassante. Mes doigts, qui n'avaient pas l'habitude de tels travaux, saignèrent et se couvrirent de cloques, et à la tombée de la nuit je manquai m'évanouir tant mon épuisement était immense. Mais il n'y avait personne pour me plaindre ou m'aider. Seul Bill, qui avait sollicité l'autorisation de devenir mon mari, s'approcha en arborant un affreux rictus en guise de sourire et demanda s'il pouvait faire quelque chose pour moi. Je le repoussai aussitôt en disant :

« Rien, rien, laisse-moi tranquille ! Je me sens déjà mieux. »

Le régisseur me rejoignit. C'était un homme courtaud, trapu, avec une grosse tête et une expression lubrique répugnante. Ses petits yeux profondément enfoncés dans leurs orbites brillaient sous des sourcils broussailleux et saillants tels des vers luisants sous deux rocs en surplomb, ses lèvres épaisses étaient toujours ouvertes sur des dents jaunies et tachées par le tabac, et toute sa personne offrait une image offensante et indélicate par manque de propreté.

« T'es pas encore habituée à tout ça, dit-il en prenant dans ses paumes rugueuses mes doigts en sang. Mais tu vas t'y faire. J'ai vu bien des filles comme toi envoyées aux champs alors qu'elles avaient jamais écorché leurs mains avant. Tôt ou tard, on doit tous en passer par là. »

Bill ne cessait de rôder alentour, et de temps à autre il cessait de travailler pour me regarder. L'intendant le remarqua et lui fit signe de venir vers lui.

« Tu sembles t'intéresser à Hannah, observa-t-il. Eh

bien, tu peux l'emmener dans ta case, elle a apparemment terminé ses tâches. »

Une lueur de joie éclaira le regard de Bill, mais j'étais trop faible et lasse, trop découragée et abattue pour tenter de résister.

La case de Bill se trouvait au milieu d'une rangée de cabanes occupées par les travailleurs des champs. Juste devant s'étalait une grande flaque de boue noire et d'eau croupie autour de laquelle tournoyaient et bourdonnaient des myriades de mouches et d'insectes. J'entrai, mais je ne saurais décrire le spectacle et les odeurs qui m'accueillirent. À l'intérieur, dans une atmosphère empuantie par la crasse et les impuretés de toutes sortes, s'entassaient déjà près d'une douzaine de femmes et d'enfants assis par terre ou recroquevillés sur des litières de chiffons et de paille dans les coins. Tous me dévisagèrent avec curiosité puis esquissèrent un sourire de satisfaction malveillante, heureux de me voir rabaissée à leur niveau, et échangèrent des remarques à mes dépens. Tandis que les enfants donnaient des coups de pied, criaient, se battaient, se griffaient le visage ou se tiraient les cheveux, je m'avançai d'un pas chancelant vers un banc que je supposais conçu pour s'asseoir quand une des femmes se leva, m'attrapa par les cheveux et, sans cérémonie, me fit chuter sur le sol, me donna un grand coup de pied et m'invectiva dans un langage inconvenant et indécent. Bill, qui avait quitté la case, revint précipitamment en entendant le vacarme. Ce fut son tour de se déchaîner. Il se mit à frapper l'autre de bon cœur, et en retour elle le griffa et le mordit furieusement. Dans la bousculade, ils renversèrent deux ou trois enfants, écrasèrent les orteils de plusieurs femmes qui, irritées par la douleur, se redressèrent et se joignirent à la mêlée qui ne tarda pas à devenir générale.

Effrayée et désireuse d'échapper à cette scène, je murmurai à l'une des femmes que j'allais chez les Wheeler et je sortis de la case sans que personne me prêtât attention. Le soleil s'était couché depuis peu et je croisai bientôt les esclaves qui s'en revenaient des champs. Je leur dis à tous que j'allais chez les Wheeler et je continuai mon chemin.

Mais avant d'atteindre la maison, je vis que l'on allumait les lampes, et comme je désirais par-dessus tout passer inaperçue, je me cachai derrière un buisson de roses. J'avais maintenant peaufiné mon plan et il ne restait plus qu'à le mettre à exécution. Pour cela, il me fallait entrer dans la maison, mais le temps était précieux, très précieux. Chaque instant équivalait à un pas vers la liberté, et chaque pas m'éloignerait du danger et du risque d'être découverte. Je ne pouvais me permettre d'attendre que toute la famille se fût retirée pour la nuit, mais heureusement le crépuscule était sombre, et la porte d'entrée était restée entrouverte par la négligence des serviteurs. Je parvins à me glisser discrètement à l'intérieur et à gravir sans bruit l'escalier jusqu'à la mansarde. Là se trouvait un costume d'homme correspondant exactement à ma taille et à ma corpulence. À qui avait-il appartenu ou qui l'avait porté ? C'était un mystère pour moi. Mais je m'en moquais : il servirait admirablement mes desseins et rien d'autre ne comptait. En prévision de cet événement, j'avais pris soin de dissimuler dans la pièce une chandelle, des allumettes, des ciseaux et d'autres ustensiles nécessaires. Je les retirai de leur cachette et m'en servis pour faciliter ma transformation. Une fois prête, je soufflai la bougie, descendis l'escalier avec précaution, me faufilai par la porte de derrière, m'immobilisai le temps de rassembler mes pensées et m'élançai pour sauver ma vie.

XVIII

* Une bien étrange compagnie

Les renards ont des tanières, les oiseaux des nids [1]. Je ne m'arrêtai qu'au moment où la fatigue et l'épuisement me submergèrent. J'avais traversé des champs, escaladé des clôtures et laissé les limites de la plantation de M. Wheeler loin derrière moi, lorsque je fus grandement alarmée par les aboiements d'un chien. Le son n'avait rien d'étrange ou de menaçant. C'était juste un aboiement semblable à ceux que l'on entend tout le temps la nuit sans pour autant s'inquiéter, mais ma condition de fugitive me condamnait à l'angoisse et à l'appréhension perpétuelles. Chaque ombre que je voyais, chaque bruit que je percevais me semblait révéler la présence d'un poursuivant. Parfois, je m'immobilisai pour écouter, et même les voix nocturnes les plus ordinaires m'emplissaient de peur. Alors je reprenais ma course sans me soucier des obstacles, pressée de mettre la plus grande distance possible entre mes ennemis et moi.

Il faisait presque jour lorsque je m'assis pour me reposer et réfléchir à mes plans. J'étais quasi sûre que l'on ne s'apercevrait pas de ma fuite avant un bon moment, puisque les occupants de la maison me croiraient dans une case et que ceux des cases me croiraient dans la maison. Je devais cependant ménager mes forces,

* [Errances] [Épreuves et difficultés]

car d'elles dépendaient tous mes espoirs d'atteindre un jour une terre de liberté. Je n'avais ni carte ni boussole, mais je pourrais me repérer la nuit à l'étoile Polaire et marcher la journée en gardant le soleil dans le dos. Et puis Dieu serait avec moi, le Christ serait avec moi et les anges bienveillants seraient toujours près de moi. Rassurée par ces certitudes apaisantes, je m'endormis.

La matinée était bien avancée quand je me réveillai. Les oiseaux chantaient gaiement et tout respirait la vie et la joie autour de moi. Je me sentais plus fraîche mais affamée, et alors que je songeais à un moyen de me procurer quelque nourriture, une vache approcha. Son pis était distendu par le précieux fluide. Je songeai à Élie et aux corbeaux[2], et, lorsqu'elle fut tout près, la vache laissa échapper un doux mugissement comme pour m'inviter à me servir. Je n'hésitai plus, et grâce à son lait et à quelques baies je fis un repas tout à fait excellent. Je ne peux décrire mon voyage[3] ; les détails en seraient trop arides, fastidieux et inintéressants. Je me dirigeais vers le Nord, mais j'avançais lentement. De temps à autre, je rencontrais des amis, et en cela mon déguisement me facilitait grandement la tâche. Personne ne se doutait que j'étais une esclave en fuite, et en général les gens se montraient bons et hospitaliers.

Je racontais que j'étais un orphelin sans ressources et que j'avais décidé de partir à pied rejoindre des parents de ma mère qui vivaient dans le Nord. Ce récit tout simple me valait la sympathie de tous, surtout des femmes. Elles me pressaient d'accepter nourriture et vêtements ou déploraient la cruauté d'un destin qui m'avait privé d'un seul coup d'amis et de biens.

Un jour, je m'arrêtai devant une maison pour demander le couvert. J'eus droit à un accueil chaleureux, et pendant le repas la maîtresse des lieux, une dame aux manières simples et au langage châtié, me demanda si j'avais rencontré en chemin une femme répondant au signalement suivant, et elle me montra une feuille de papier sur laquelle figurait un dessin de ma silhouette en tenue féminine. Je parvins à maîtriser suffisamment mon expression et ma voix pour répondre le plus naturellement possible que je ne l'avais pas vue.

« Des hommes sont venus aujourd'hui, qui la cherchaient, reprit-elle. Ils pensent qu'elle ne doit pas être loin. »

Si elle ne s'était pas tournée vers le placard pour en retirer une tarte, elle eût vraisemblablement remarqué mon inquiétude. Mes poursuivants étaient-ils donc si proches de moi ? Je tremblais de tous mes membres et, déclinant l'offre d'un dessert, je m'empressai de remercier mon hôtesse puis, après avoir repris mon chapeau, je m'éclipsai.

Je veillais toujours à frapper aux portes en des moments où je pensais que les hommes étaient partis aux champs ou qu'ils vaquaient à leurs affaires, car je n'avais pas mis longtemps à découvrir que les femmes étaient plus douces et attentionnées que le sexe fort, et aussi moins curieuses à mon sujet. De fait, s'il n'y avait pas eu d'hommes dans cette maison, je n'eusse pas hésité à solliciter la compassion et la générosité de la noble dame que je venais de quitter.

En regagnant la route, j'entendis des chiens aboyer non loin. Je ne doutais pas qu'ils fussent sur ma piste et, me recommandant à Dieu, je trouvai refuge à l'ombre d'un bois accueillant. Là, je n'entendis plus que le murmure de l'eau, et bientôt j'aperçus à quelque distance la surface scintillante d'un ruisseau. Il était large, mais peu profond. J'entrai dans l'eau, pataugeai dans le courant sur environ cinq cents mètres, le traversai et me sentis enfin en sécurité. Cette nuit-là, craignant de m'approcher des habitations, je dormis dans une grotte sur un lit de feuilles mortes, mais je poursuivis mon chemin dès le lever du jour.

À force de marcher sans relâche, mes pieds me faisaient terriblement mal. Mes chaussures étaient usées et mes souffrances particulièrement intenses. Ce fut dans cet état que j'arrivai un jour près d'un tas de vêtements que de jeunes garçons avaient laissés le temps d'aller se baigner. Compte tenu de mes pieds enflés, enflammés et meurtris, je ne pus résister à la tentation de m'approprier une paire de bottes. C'était mal, et je n'ai d'autre excuse qu'une grande nécessité pour justifier mon geste.

Durant mon périple, je parvins à garder la notion du temps. J'avais emporté une petite corde à laquelle je faisais un nœud chaque jour. C'était un moyen de distraire ma solitude mais aussi, me semblait-il, d'établir un lien entre moi et le reste de l'humanité. Peut-être auriez-vous souri ou peut-être auriez-vous pleuré si vous m'aviez entendue énumérer les jours de la semaine sur ma corde, comme un fervent catholique récite le nom de ses saints préférés tout en égrenant son chapelet [4].

D'après mes calculs, j'errais depuis deux semaines et j'avais dû franchir les frontières de la Caroline du Nord lorsque je pris soudain conscience de la proximité d'êtres humains. J'étais au milieu d'un sous-bois dense, des ombres nocturnes m'environnaient, et apparemment il n'y avait pas une habitation à des kilomètres à la ronde. J'étais désormais tellement habituée à l'obscurité et à la solitude que j'avais fini par y trouver un certain plaisir. Mes seules peurs concernaient l'homme. Jusque-là, j'avais eu la chance d'échapper aux attaques des bêtes sauvages et réussi à conserver mes forces de façon presque miraculeuse. Pareille à celui qui écoute et nourrit les jeunes corbeaux, la nature avait subvenu à mes besoins en me fournissant de la nourriture en abondance. À présent, calme et sereine, le cœur débordant de reconnaissance et la foi intacte, je me préparais à coucher sous le couvert accueillant d'un petit buisson, presque heureuse dans ma certitude d'être en sécurité.

Je ne pourrais dire combien de temps je dormis, je n'avais aucun moyen de le savoir, mais je fus soudain réveillée par un bruit inhabituel. Je me redressai et, en appui sur un coude, scrutai les alentours. La lune s'était levée, dissipant en partie les ténèbres et projetant de longs rais de lumière sur les épaisses masses d'ombres. Non loin de moi, une petite ouverture dans les branches laissant passer une clarté plus forte attira mon regard. Au-delà, je distinguai les silhouettes de deux personnes. Elles parlaient et leurs voix étaient celles d'un homme et d'une femme.

« Nous allons nous reposer ici, disait l'homme. Je pense que nous n'avons plus rien à craindre, et tu es si malade, si lasse… »

Sa compagne poussa un profond soupir.

« Ce sera mon dernier havre de repos. Cette fièvre terrible me consume, je me sens de plus en plus faible et j'ai peur de ne plus pouvoir me lever au matin.

– Oh ! non, ma douce, ne parle pas ainsi. Tu ne dois pas te décourager. Nous avons semé nos poursuivants et…

– Je sais, je sais », répondit la malade en se laissant choir sur le sol avec un grognement amer.

Son compagnon n'ajouta rien et, pour autant que je pusse en juger au clair de lune, s'affaira à lui fabriquer un lit de feuilles mortes confortable et doux. Puis il s'assit pour attendre et veiller sur elle. La femme sombra dans le délire. Elle gémissait, réclamait de l'eau, parlait de foyer, de repos et du ciel d'un ton terriblement plaintif.

Au matin, cependant, sa fièvre tomba et elle glissa dans un sommeil paisible. Son compagnon l'enveloppa plus étroitement dans ses vêtements puis, s'allongeant à son côté, se prépara à dormir à son tour. Mes pensées s'embrouillèrent et j'éprouvai cette agréable sensation de confusion qui précède la somnolence. Peu à peu, je perdis toute notion de mon identité et tout souvenir de l'endroit où je me trouvais. Il me semblait maintenant que Lindendale se dressait devant moi, puis c'était la prison, et bientôt les tours blanches de Washington, jusqu'au moment où les visions s'évanouirent. Je dormis.

La lumière du matin perçait faiblement à travers un voile de nuages quand j'ouvris les yeux pour découvrir ceux d'un homme noir fixés sur moi, reflétant un mélange intense d'étonnement, d'appréhension et de curiosité. Quelques mots, cependant, suffirent à l'informer que ma situation était tout aussi lamentable que la sienne, et il me tendit la main en exprimant le souhait que je visse sa compagne.

De bon cœur et sans la moindre crainte, j'accédai à sa requête. La femme avait de nouveau la fièvre et délirait, le visage empourpré, les mains brûlantes. Elle demandait sans cesse de l'eau, et comme nous n'avions aucun moyen de lui en apporter, je suggérai que l'homme la prît dans ses bras pour l'emmener au bord du ruisseau. Il s'exécuta et nous eûmes ainsi la satisfaction de pouvoir étancher la soif de la malade.

* Assis sous le couvert d'un arbre immense, nous nous accordâmes une collation composée des fruits sauvages que mon nouvel ami avait cueillis la veille. Il s'appelait Jacob. Sa compagne était sa sœur, et ensemble ils avaient parcouru tout le chemin depuis les frontières de Caroline du Sud. Il me relata leurs nombreux malheurs, la cruauté et la tyrannie de leur maître et les menaces qui étaient à l'origine de leur fuite. Puis il me décrivit leurs souffrances, leurs longues errances à travers bois, les privations qu'ils avaient supportées, et aussi comment les forces de sa sœur avaient décliné progressivement et la façon dont, lorsqu'elle était sur le point de renoncer, il la portait sur son dos sur des kilomètres. Ensuite, dans un élan de tendresse fraternelle, il saisit la main brûlante de sa sœur, la pressa contre ses lèvres et déclara qu'il serait heureux de refaire la même chose. Je ne pus qu'admirer son dévouement et espérer qu'il en serait récompensé.

Il essuya une larme.

« C'est ma seule parente, dit-il. Nous jouions

* [Il se mit bientôt à pleuvoir et]

ensemble devant la maison de notre mère. Je ne pouvais pas accepter qu'elle soit vendue au Texas, mais j'ai peur qu'elle ne voie jamais la terre de liberté... »

Il me confia tout ceci par bribes hachées, incohérentes, que j'ai reformulées en langage compréhensible.

« Oui ! répéta-t-il, j'ai peur qu'elle ne voie jamais la terre de liberté.

– N'as-tu ni foi en Dieu ni espoir dans le ciel ? demandai-je. Ne crois-tu pas à ce pays de liberté où les esprits des hommes justes, devenus parfaits, demeurent pour l'éternité ? »

Il secoua la tête sans comprendre.

Comme je le plaignais d'avoir eu à affronter toutes ces épreuves, toutes ces difficultés sans le soutien de la plus grande source de réconfort qui existât !

Entre-temps, il s'était mis à pleuvoir. La matinée avait été exceptionnellement grise et nuageuse, puis une sorte de bruine commença à tomber, qui se mua bientôt en pluie incessante. Les bois se transformèrent en immense douche. Dégoulinantes d'humidité, les branches des arbres immobiles étaient comme autant de jets. Mousses et feuilles étaient saturées d'eau. Celle-ci ruisselait sur le visage et la poitrine de la malheureuse en souffrance ; elle s'accumulait en petites flaques sous elle et nous n'avions pas la possibilité de l'empêcher.

Enfin, sur mes conseils, Jacob se lança à la recherche d'un abri digne de ce nom. Par chance, il parvint à en trouver un et, cinglés par la pluie, nous transportâmes la malade jusque-là. C'était une petite cabane grossière fabriquée à l'aide de morceaux d'écorce et de branches, adossée au pied d'un énorme rocher saillant à flanc de colline et surplombant le ruisseau. Elle avait déjà été occupée, sans doute par des chasseurs ou des bûcherons, peut-être par des fugitifs comme nous-mêmes. Le cœur débordant de reconnaissance, nous en prîmes possession et nous sentîmes bien mieux à l'intérieur que nous n'aurions pu l'imaginer.

Mais notre compagne n'avait pas conscience du changement. La nuit et le jour, la pluie et le soleil étaient semblables pour elle. Elle avait sombré dans une sorte de léthargie et, me penchant vers elle, j'examinai son corps affaibli. Son frère, assis par terre à côté d'elle, lui tenait la main tandis que des larmes dont sa virilité n'avait pas honte coulaient sur son visage. Nous comprîmes que son heure était venue, qu'elle combattait son ultime ennemi. Je lui touchai la poitrine et le cœur. La cruche s'était brisée à la fontaine.

Ce fut un moment d'une intensité extrême, car le caractère toujours solennel de la mort était accru par les circonstances particulières dans lesquelles nous nous trouvions. Il arrive souvent que les personnes chargées du cérémonial funéraire déploient des pompes superflues et que le calme et l'aspect sacré de ces derniers instants s'effacent devant les condoléances et autres manifestations de sympathie à la fois banales et ampoulées. La foule impitoyable qui se presse autour du lit, mue par la curiosité ou par une motivation plus vile, l'éclat des lumières, la présence du médecin qui observe avec un étrange intérêt professionnel les particularités du cas se trouvant sous ses yeux, et plus encore celle du ministre du culte qui, obéissant moins aux principes de la religion qu'à ceux du sectarisme, cherche un sujet pour le sermon suivant, tous ces éléments s'imposent en un lieu et une heure qui devraient être consacrés au chagrin et aux émotions les plus nobles et les plus sacrées de la nature humaine.

Quel est le cœur tendre qui n'a pas saigné en découvrant autour d'un lit de mort non pas les parents les plus proches et les plus chers mais nombre de voisins bavards prêts à compter les larmes d'une épouse ou d'une fille, à commenter ses propos si elle parle ou son silence si elle ne dit rien, avides de relever quelque détail susceptible d'alimenter les conversations pendant une semaine ou deux ?

Le monde a des exigences devant la mort. Il dit à ce sinistre monarque : « Nous viendrons à vous, c'est certain, mais selon nos propres termes. Nous devons respecter un certain formalisme avant de nous incliner devant vous. Il nous faut des représentants de la médecine et de la religion. Il nous faut une foule des visiteurs et la question formulée sans relâche : "Comment allez-vous aujourd'hui ?" » Et quand la dernière bataille prend fin, un autre cérémonial tout aussi morne et froid, et peut-être plus cruel encore, doit s'accomplir avant que l'argile en délitescence soit portée dans sa dernière demeure. L'opinion publique dit à la tombe : « Voici l'un des nôtres, un individu de la race d'Adam vaincu par la mort, et alors ? Vous ne le prendrez pas dans vos bras tant qu'il n'aura pas reposé un jour ou deux dans des atours de satin et de flanelle. Et ensuite, il faut trouver un cercueil riche, avec tels ou tels ornements, et selon une procédure bien précise. Ne songez pas à l'emmener dans d'autres conditions, ou si vous le faites, il y aura des ragots, des scandales, des rumeurs et Dieu sait quoi encore. »

Bien sûr, nous n'avions rien de tout cela. La grisaille entrait par la porte, la pluie tambourinait à un rythme monotone. De temps à autre, un oiseau ou un insecte passait devant l'ouverture et disparaissait.

« Qu'y a-t-il, ma douce ? »

La mourante avait sursauté, les yeux écarquillés, l'air effrayé.

« Je me croyais revenue en Caroline du Sud. Je ne suis pas là-bas, n'est-ce pas ?

– Non, répondit son frère.

– Qui est-ce ? demanda-t-elle en découvrant ma présence.

– Un ami qui m'aide à veiller sur toi et à te soigner », dit-il.

Sa tête retomba, elle ferma les yeux et murmura :

« Je suis très heureuse. »

Je l'observai un moment. Je ne pouvais supporter l'idée qu'elle mourût ainsi, comme une bête, sans connaître le nom de celui qui avait péri pour nous. Approchant ma bouche de son oreille, je demandai :

« As-tu déjà prié ? »

Toujours consciente, elle chuchota :

« Quand j'étais enfant.

– T'en souviens-tu ? »

Elle secoua la tête.

« Mais as-tu entendu d'autres personnes prier ? »

Elle opina et, au prix d'un grand effort, expliqua :

« Je les ai entendues, elles disaient qu'elles priaient et il me semblait qu'elles se parlaient à elles-mêmes, ou à leur maître, ou à quelqu'un d'autre. Des prêtres venaient aussi prier parmi nous, mais je ne leur prêtais pas attention. Ils demandaient surtout que nous, les esclaves, soyons obéissants, dociles et reconnaissants pour toutes les bénédictions que nous avions reçues, et je sais que c'étaient des absurdités. Leurs paroles ont endurci mon cœur, je ne les supportais pas. »

Elle s'exprimait lentement, laborieusement, et il lui fallut beaucoup de temps pour me parler ainsi. Comme je plaignais cette pauvre âme ignorante pour qui les plus douces influences de la religion étaient devenues comme du fiel et de l'amertume ! De nouveau, elle sombra dans une sorte de stupeur, puis fournit soudain un immense effort pour se redresser.

« Quoi ? Que se passe-t-il ? demandai-je d'un ton apaisant.

– Je les entends, ils m'appellent. Ils me disent : "Viens, viens." Je crois que ma mère est parmi eux. Il est temps pour moi de la rejoindre. Oh ! j'ai tellement envie de la rejoindre. Elle a l'air heureuse et bénie.

– Tu vas partir.

– Son esprit s'égare », murmura Jacob.

J'inclinai la tête.

« Il n'y a pas d'esclaves, là-bas, chuchota sa sœur.

– Il n'y a pas non plus de peine ni de chagrin, ou de séparations entre amis.

– Vais-je partir bientôt ?

– Oui, je pense.

– Parlez plus fort, je ne vous entends pas. Il fait de plus en plus noir, et j'ai froid. Oh ! si froid... Y a-t-il du feu là où je vais ?

– Il y a de la chaleur et la lumière du soleil. »

Impressionné, Jacob s'agenouilla. Je suivis son exemple.

« Ma chère sœur, dit-il en approchant les lèvres de son oreille.

– Je t'entends mais je ne te vois pas. Le soleil se lève-t-il ?

– Oui, oui.

– Je le vois, maintenant. La lumière apparaît, une lumière vive, si vive... »

La lumière fut, le soleil se leva, un soleil de vertu.

Elle était morte.

Nous allions pouvoir pleurer en silence et dans l'intimité. L'opinion publique n'était pas là pour nous imposer des manifestations de chagrin. Nous n'étions pas obligés de faire notre deuil discrètement ou selon la coutume. Aucun ami empressé n'était là pour nous dicter un cérémonial particulier, et avec beaucoup de tendresse et de douceur nous rassemblâmes les membres fragiles de la défunte, croisâmes ses mains inertes sur son sein immobile et fermâmes ses yeux vides et inexpressifs. Ce fut alors que nous découvrîmes ce qui nous avait échappé jusque-là, les signes révélateurs d'une maladie infectieuse à la fois maligne et dangereuse. Jacob me confia que sa sœur avait dû l'attraper dans une ancienne maison abandonnée où ils s'étaient réfugiés un jour ou deux et où ils avaient trouvé un ballot de vieux vêtements.

Au crépuscule, il alla cueillir des baies pour notre souper, me laissant seule avec la morte. Je n'avais rien mangé depuis le matin mais je n'étais pas tenaillée par la faim. J'attribuai le phénomène à une grande agitation d'esprit et me dis qu'il serait vraiment nécessaire de me nourrir.

Son absence se prolongea, mais je ne m'en inquiétai pas jusqu'à la tombée de la nuit – la nuit noire, profonde, troublée par les frissons des arbres sous le vent. La pluie tellement abondante et forte durant toute la journée s'était arrêtée, mais si le ciel s'était un peu dégagé, dévoilant quelques étoiles, l'obscurité restait presque impénétrable. À une ou deux reprises, je sortis voir ce qui se passait. Les cieux présentaient un aspect effrayant et impressionnant. Au nord et au nord-ouest, là où le soleil s'était couché trois heures plus tôt, subsistait une magnifique arche de lumière rouge sombre d'où s'élevaient ce que l'imagination aurait pu prendre pour d'immenses flammes ondoyantes. Alors que je les regardais, apparurent de longues stries de nuages charriés par le vent, l'arche brillante ornée de flamboyantes bannières leur céda la place et ce furent de nouveau les ténèbres. Je retournai dans la cabane où gisait la triste dépouille, glacée, raide et immuable. Était-ce la proximité de la mort ou la tension de mes nerfs affaiblis ? Une immense terreur s'empara soudain de moi. Je me mis à trembler de tous mes membres, de grosses gouttes de sueur perlèrent sur mon front et je me blottis dans un coin comme une créature coupable. Mes peurs furent décuplées par les mystérieuses voix de la nuit. Murmures, jacassements et sons menaçants résonnaient autour de moi. Aux hululements désolés des chouettes s'ajoutaient les hurlements sinistres des loups. Et puis j'avais l'impression que le cadavre arborait un rictus horrible, qu'il se moquait de moi et pointait dans ma direction ses doigts osseux, et bien que consciente du caractère absurde de mes peurs, je ne pouvais les surmonter ni implorer le ciel de me protéger, car le ciel semblait s'être détourné de moi.

J'étais en outre torturée par l'angoisse de l'attente. Était-il possible que Jacob m'eût abandonnée dans un tel endroit ? M'avait-il laissée seule près du cadavre avec l'intention de ne jamais revenir ? Avait-il été tué par les loups, qui à en juger par leur vacarme étaient nombreux, ou avait-il eu un accident ? Était-il perdu, incapable de retrouver son chemin ? Toutes ces questions et mille autres de même nature déferlèrent dans mon esprit sans que je pusse y répondre autrement que par des conjectures. Ce fut la nuit la plus longue de mon existence et je n'oublierai jamais l'horreur dans laquelle elle me plongea. Moi qui avais appris à dormir aussi calmement et sereinement sur un lit de feuilles que dans une chambre luxueuse, j'étais terrifiée sans même savoir pourquoi.

Au matin, je sombrai dans un sommeil agité qui engendra des visions encore plus épouvantables que mes heures de veille. Il me sembla que le cadavre se redressait, s'approchait de moi et pressait sur mon cœur une main froide, lourde comme le plomb. Je me débattais en vain pour me libérer mais, par un phénomène pervers propre aux songes, j'étais incapable de bouger. Je ne pouvais pas crier, j'étais comme ensorcelée par l'influence engourdissante de cette incarnation de la mort. Puis je crus entendre quelqu'un appeler. Je reconnus la voix de Jacob et tentai de répondre, mais mes lèvres refusèrent de remuer. Rassemblant toute mon énergie dans un ultime effort, je me réveillai brusquement. Le rêve était réel : quelqu'un criait. Je me redressai, aux aguets. C'était bien une voix humaine, qui criait « Ohé ! » comme le fait en général une personne égarée pour localiser ses compagnons. J'oubliai sur-le-champ toutes mes craintes, rampai jusqu'à l'entrée de la cabane et répondis. Le son éveilla mille échos dans les bois. Il faisait toujours très sombre, mais le soleil se levait et le ciel était presque clair. Le cri se répéta encore et encore ; chaque fois j'y répondais et chaque fois il se rapprochait. Bientôt, je distinguai des bruits de pas précipités, des craquements dans les buissons et le sous-bois, et peu après j'aperçus la silhouette d'un homme. C'était Jacob. Il s'était aventuré plus loin qu'il ne l'avait prévu en cherchant à manger et, surpris par la nuit et l'obscurité, il avait perdu son chemin.

Ce jour-là, nous rassemblâmes des broussailles et des pierres devant l'entrée de la cabane dans laquelle gisait sa sœur, et le lendemain matin nous reprîmes notre voyage.

XIX

Une vieille amie

Et je n'ai point vu le juste abandonné [1].

Jacob et moi passâmes de nombreux jours à cheminer ensemble, mais, si étrange que cela pût paraître, il ne m'avait toujours pas percée à jour sous mon déguisement. Il avait appris à m'aimer comme un frère plus jeune, et sa compagnie ainsi que ses attentions pleines de douceur rendirent moins difficiles les conditions de notre pénible voyage. Lorsque nous préparions notre campement pour la nuit, il insistait toujours pour que je me reposasse pendant qu'il allait chercher de la nourriture, mais quand la nécessité nous obligeait à nous approcher des habitations des hommes, c'était à moi qu'incombait la tâche de nous ravitailler, car sa couleur de peau ne manquerait pas d'éveiller les soupçons. Pour plus de discrétion, nous voyagions parfois la nuit et nous dissimulions dans des tanières, des creux ou des cavernes durant la journée. Nous gravissions des montagnes et traversions des rivières. Celles-ci ne nous posaient guère de problèmes. Nous nous attardions près d'un petit village ou d'une cabane de pêcheurs en attendant la tombée du jour puis, quand tout était silencieux et que les premières heures du lendemain avaient entamé leur marche, nous n'avions aucun mal à trouver une embarcation. Une fois à bord, nous la laissions dériver, et ainsi, nous poursuivions notre voute. Une aventure de la sorte se révéla cependant fatale à mon compagnon et faillit bien avoir raison de moi.

La nuit tombait lorsque nous atteignîmes la berge d'un cours d'eau étroit dont la course rapide était jalonnée de rochers. Comme à l'accoutumée, Jacob se cacha dans l'ombre accueillante d'un épais bosquet de pins tandis que je partais en reconnaissance pour choisir un endroit où traverser et déterminer comment nous procurer un bateau. Mais il n'y avait aucun signe d'habitation nulle part et nous dûmes continuer notre progression en aval dans l'espoir de découvrir un esquif.

Il était presque minuit, à en juger par la position des étoiles, lorsque nous aperçûmes une masse sombre au loin. En approchant, nous vîmes une lumière briller derrière une fenêtre et nous entendîmes les pleurs d'un enfant. Craignant d'alerter les occupants de la cahute, nous laissâmes s'écouler un certain temps avant de nous mettre en quête d'une barque. Les étoiles nous éclairaient faiblement et les arbres qui se dressaient le long de la rive nous offraient un refuge idéal. Enfin, nous distinguâmes un bateau à demi dissimulé par un petit bouquet de saules, et Jacob entreprit de larguer l'amarre. Au même instant, la lumière à l'intérieur devint plus vive, les cris de l'enfant redoublèrent et un chien féroce tiré de son sommeil par le vacarme se précipita vers nous avec un aboiement sauvage. Alors que nous sautions dans la barque, nous entendîmes la porte de la cabane s'ouvrir et se fermer rapidement, puis la voix d'un homme encourager le mastiff à se lancer à nos trousses. S'ensuivit une rapide salve de coups de feu. Jacob poussa un grognement, lâcha sa rame et s'effondra au fond de l'embarcation qui vira aussitôt de bord, devint folle et fut emportée par le courant. L'homme courut le long de la rive, criant et tempêtant, nous traitant de voleurs et d'autres épithètes tout aussi déplaisants, jusqu'au moment où, sa fureur épuisée, il s'enfonça dans les bois et disparut.

Décrire ma consternation et mon inquiétude serait impossible. J'appelai mon compagnon mais il ne répondit pas. Je lui touchai la main et la joue ; elles étaient glacées. Je posai mes doigts sur sa poitrine ; elle ne palpitait pas. La vérité accablante, épouvantable, me frappa alors dans toute sa force. Il était mort, et où allais-je ainsi entraînée par le courant ? Je jetai autour de moi des regards éperdus mais ne discernai que la masse tumultueuse des flots ondoyants et tourbillonnants, ponctuée ici et là par un tronc d'arbre ou un bloc de granit émergeant de la surface sombre dont elle rompait l'unité par des remous écumeux. Après avoir recommandé mon âme à Dieu, je vis avec moins d'angoisse que l'on ne pourrait le supposer l'embarcation se diriger vers l'un de ces endroits dangereux. Le bateau tournoya et tangua follement, ballotté par un tourbillon mousseux, heurta un rocher et se renversa. J'eus conscience du mouvement qui me précipitait à l'eau mais je ne sus rien d'autre. Mes premières sensations lorsque je repris connaissance furent une douleur intense et une faiblesse incommensurable. Je ne pourrais les comparer qu'à celles d'un cauchemar pendant le sommeil. Le fracas du courant résonnait à mes oreilles, un poids énorme m'oppressait et je dus lutter frénétiquement et farouchement pour m'en débarrasser.

Peu à peu, je devins sensible à la réalité qui m'entourait et à l'eau qui déferlait toujours sur mes extrémités inférieures. L'instinct de survie m'incita à me traîner plus haut sur la berge, où le soleil brillait de tout son éclat, et je me rappelle avoir éprouvé la vague impression que la chaleur généreuse de ses rayons allait rendre leur vivacité naturelle à mes membres léthargiques et engourdis. J'eus bientôt suffisamment recouvré mes forces pour examiner les alentours, et je compris alors que c'étaient les branches d'un arbre mort, vers lesquelles m'avaient entraînée les flots houleux, qui m'avaient sauvée d'une mort violente. Tout en exprimant dans un souffle ma gratitude envers Lui qui retient les eaux au creux de Sa main, et en me demandant dans quel sage dessein j'avais été épargnée, j'entendis des pas se rapprocher et, un instant plus tard, une femme courbée par l'âge et l'infirmité apparut non loin. Son expression bienveillante suscita l'espoir en moi, et tandis qu'elle passait sans me voir, je la hélai :

« Mère, ma bonne mère ! »

Elle s'arrêta, se retourna d'un air grandement surpris et demanda :

« Qui m'appelle ? »

Je connaissais cette voix, bien que je n'eusse pas reconnu le visage. C'était celle de ma vieille amie Tante Hetty[2]. * Des larmes de joie roulèrent sur mes joues quand je révélai à la vénérable dame mon nom et ma situation, et lorsqu'elle apprit que j'étais vraiment la petite Hannah à qui elle avait enseigné la lecture et les vérités du christianisme à Lindendale, son bonheur égala le mien.

« Mais d'où arrives-tu, ma chère enfant, et quelle est la raison de ce déguisement ? demanda-t-elle. Non, tais-toi ! m'ordonna-t-elle lorsque j'ouvris la bouche pour répondre. Ne dis rien tant que tu n'auras pas reçu de soins convenables. Comment se fait-il que tes vêtements soient trempés ? Et pourquoi es-tu si faible ? »

Puis elle se moqua d'elle-même pour m'avoir posé des questions auxquelles elle m'avait interdit de répondre.

« Je vous raconterai tout, chère Tante Hetty ; tout, mais pas maintenant », murmurai-je, en proie à un étrange accès de faiblesse.

Elle s'en rendit compte.

« Tu as souffert, ma pauvre enfant », dit-elle tendrement en attirant ma tête sur son sein après s'être assise près de moi.

* [Bien sûr, elle ne m'avait pas reconnue sous mon déguisement singulier.]

Mais la sensation de malaise se dissipa et je ne m'évanouis pas.

« Tu vas venir chez moi, ajouta-t-elle. Tu pourras te reposer et récupérer des forces. Je n'ai rien de remarquable ni de raffiné à t'offrir, mais mieux vaut un dîner composé de verdure et accompagné d'amour plutôt qu'un bœuf bien nourri à l'étable servi avec haine.

– Chère Tante Hetty, vous avez déjà tellement souffert à cause de moi, j'ai peur d'être l'instrument de plus grandes souffrances encore.

– Nous serons prudentes. Peux-tu marcher ? »

Je tentai de me lever mais retombai aussitôt, de nouveau submergée par une faiblesse mortelle.

« Je vois ce qu'il en est, dit-elle pour m'encourager. Tu as besoin de te nourrir. As-tu mangé, récemment ?

– Pas depuis hier matin, et seulement quelques baies.

– Grands dieux ! Il n'est pas étonnant que tu sois prête à défaillir ! Ce serait le contraire qui serait surprenant. Écoute, reprit-elle, je vais te laisser ici un moment, le temps d'aller chercher des provisions et de trouver un véhicule pour te ramener chez moi, mais je dois cependant te mettre en garde. Veille à ne pas trahir nos liens passés et à ne pas révéler le secret de ton ancienne vie.

– Non, Tante Hetty, répondis-je. Votre plan ne me paraît pas réalisable. Quoi que je dise ou fasse, les gens auront des soupçons car le doute et le soupçon sont inscrits dans la nature de l'homme. Procurez-moi la nourriture que vous estimez nécessaire, mais ne révélez à personne mon existence et aidez-moi plutôt à trouver un endroit où je pourrai me cacher et me remettre dans la solitude et en toute discrétion. Quelques heures me suffiront sans doute.

– Peut-être serait-ce mieux, en effet, dit-elle, songeuse. Ma maison n'est pas très loin d'ici. Il ne me faudra pas longtemps pour y aller et en revenir bien vite. »

Je la regardai s'éloigner, en proie aux émotions les plus

vives, sentant que jamais je ne pourrais assez remercier la Providence toute-puissante de m'avoir menée jusqu'à ma vieille amie par des voies aussi mouvementées et détournées.

Elle ne tarda pas à me rapporter les provisions qu'elle estimait appropriées à mon état d'épuisement. Je ne mangeai pas beaucoup mais me sentis aussitôt fortifiée et rassérénée.

« Ma chère Tante Hetty, je vous dois tant ! dis-je en lui baisant la main, que je baignai aussi de mes larmes.

– À moi tu ne dois rien ; au Seigneur Jésus tu dois tout », répliqua-t-elle solennellement.

Je ne tardai pas à aller beaucoup mieux et à recouvrer toutes mes forces. Je réussis à m'asseoir et nous parlâmes de bien des choses. Je lui racontai l'histoire de ma vie et elle me relata ce qui leur était arrivé, à Oncle Siah et à elle. Comment le régisseur de M. Vincent les avait fait conduire en prison pour avoir violé la loi interdisant d'instruire les esclaves. Comment, durant leur séjour de plusieurs semaines, ils avaient découvert tels Paul et Silas autrefois que les liens et l'emprisonnement, lorsqu'ils sont injustement subis, peuvent constituer une source de consolation et d'édification spirituelle[3]. Comment un parent éloigné, de passage dans le village, avait eu vent de leur détention et comment, au prix de longues négociations acharnées avec les autorités concernées, associées à une utilisation libérale de l'argent, il était parvenu à obtenir leur libération puis les avait emmenés dans son domaine, où il leur avait offert une petite maison ainsi qu'une rente mensuelle afin de subvenir à leurs besoins. Oncle Siah, ajouta-t-elle, venait juste de partir pour ce pays où les justes reçoivent leur récompense, et par conséquent elle vivait seule, en compagnie d'une fillette. Son logement se situait près d'un petit village de mineurs[4], mais ne pouvant supporter leurs manières rudes et impies elle n'entretenait aucun lien avec eux. Outre la famille de son ami et ses parents, une femme, veuve tout comme elle, se distinguant par sa piété et ses bonnes œuvres, passait la voir et recevait en retour ses visites.

Ce soir-là, bien après la tombée de la nuit, quand le village fut devenu silencieux, elle me conduisit chez elle. Elle habitait un joli petit cottage, ordonné et confortable, avec un bon feu dans l'âtre près duquel était placé un grand rocking-chair pour mon usage particulier. Anna, sa jeune compagne, s'activa autour de nous pour préparer le thé avec toute la dignité et l'importance d'une future adulte. En réalité, elle était plus vieille qu'elle ne le paraissait ; sa silhouette menue et son visage rond et rosé lui conféraient un air enfantin peu courant chez une personne de son âge. Comme la plupart des gens de petite taille, elle était très active, très directe et très impulsive, et je ne pus m'empêcher de sourire en voyant son visage s'empourprer chaque fois que Tante Hetty l'appelait « fillette ».

Je demeurai plusieurs semaines chez cette bonne et vénérable amie, puis la fuite du temps m'imposa de me remettre en route car mon voyage n'était pas encore terminé, et il m'était absolument impossible de me sentir en sécurité dans un État prônant l'esclavage. Je redoutais d'être découverte, non seulement pour moi mais aussi pour Tante Hetty. Je savais bien que l'accusation de cacher et de nourrir un esclave en fuite était grave et lui attirerait de grandes difficultés. Sur ses conseils, cependant, je décidai de changer quelque peu mes plans. Elle me recommanda de revêtir une tenue féminine et de prendre un moyen de transport public, car elle pensait qu'il s'était écoulé tellement de temps et que j'avais parcouru tant de chemin depuis le début de mon périple que je ne craignais plus rien. Elle me dit qu'elle ne consentirait jamais à me laisser partir dans d'autres conditions et qu'elle ne connaîtrait pas un instant de paix si elle me savait en train d'errer telle une vagabonde et de m'abriter dans les tanières et les grottes. De même, elle me suggéra de chercher refuge auprès des habitants de couleur du New Jersey[5] ; ainsi, le voyage serait moins long et j'échapperais aux rigueurs extrêmes des hivers canadiens. Afin de faciliter les rencontres et de m'aider à obtenir un emploi, elle me prépara des lettres d'introduction destinées à différentes personnes qu'elle savait autrefois amies des esclaves, tout en m'avertissant cependant qu'elles étaient peut-être mortes ou parties s'établir ailleurs.

Ayant reconnu la supériorité de son plan sur le mien, je laissai la vieille dame charitable me procurer des vêtements féminins ainsi que le moyen de voyager d'une manière diligente. Au début, je ne voulus pas emporter ses pièces d'argent, mais elle insista en disant qu'elle avait économisé petit à petit pendant de longues années dans le seul dessein de porter secours à une personne plus misérable, qu'elle serait grandement peinée si je m'obstinais à refuser ce don et pleinement heureuse si je l'acceptais. Je ne pus décliner sa proposition plus longtemps, et c'est avec un sentiment de gratitude dont je ne saurais exprimer l'ampleur que je pris le cadeau ainsi offert.

XX

Châtiment

Malheur au méchant ! il sera dans l'infortune,
car il recueillera le produit de ses mains [1].

Bible.

Je versai bien des larmes en faisant mes adieux à Tante Hetty – des larmes de gratitude, de chagrin et de tendresse respectueuse. En aval de la rivière se trouvait un embarcadère [2], et lorsque j'eus terminé mes préparatifs mon amie m'y accompagna pour s'assurer que je montais à bord sans encombre. Nous prîmes congé dans un silence plein de ferveur, plus profond et éloquent que n'importe quel discours. Les yeux noyés de larmes, je regardai longuement et intensément sa silhouette qui s'éloignait, puis l'endroit où elle avait disparu, jusqu'au moment où le tintement de la cloche, les jets de vapeur et le mouvement du bateau me signalèrent que nous commencions à descendre la rivière. Je me sentis alors bien seule et abandonnée, et il n'existe aucun isolement comparable à celui que l'on peut éprouver au milieu d'une foule avec laquelle on n'a pas d'affinités. La convivialité régnait parmi les passagers, il y avait des rires, on mangeait, on buvait et on bavardait, des bébés pleuraient, des mères les cajolaient, des pères fumaient. Je tentais de m'intéresser à ce qui se passait tout autour, mais sans y parvenir, lorsque les deux messieurs assis à côté de moi mentionnèrent un nom qui me fit frissonner jusqu'au plus profond de mon être. Aussitôt, je prêtai toute mon attention à leurs propos, et quand ils évoquèrent une mort violente et un assassinat, je sus combien il était vrai que « cette justice aux mains impartiales porte à nos lèvres notre coupe empoisonnée [3] ».

« De la première à la dernière, les circonstances de son décès sont des plus singulières, dit l'un de ces messieurs, un homme grand et séduisant tout de noir vêtu.

– Tout à fait, oui, tout à fait, répondit son compagnon, qui s'exprimait d'un ton nerveux et répéta encore et encore sa formule. Tout à fait, me semble-t-il.

– Je n'ai appris les détails qu'hier, continua le plus grand.

– Aviez-vous déjà vu ce vieillard ? demanda l'autre.

– Oh ! oui, très souvent. C'était un personnage célèbre, un grand voyageur, et presque tout le monde le connaissait, même si je doute fort que ses fréquentations aristocratiques aient eu vent des moyens par lesquels il avait acquis son immense fortune, ou de la cruauté et de l'implacabilité dont il était capable pour servir ses desseins. C'était un homme dénué de principes.

« Il n'avait pas non plus de sympathie ou de compassion pour autrui. L'amour de l'or avait émoussé en lui les sentiments les plus raffinés, et il n'aurait pas hésité un seul instant à vendre sa propre mère comme esclave s'il avait été établi qu'elle avait du sang africain dans les veines. Aucun limier ne pouvait flairer la souillure africaine mieux que lui.

– Et l'une de ses victimes l'a tué ?

– C'est ce que l'on présume. Il possédait une maison de campagne dans un endroit isolé et retiré où il faisait emmener les filles qu'il achetait et où il les gardait enfermées jusqu'à ce qu'un marchand lui en propose un bon prix. Ses plus récentes spéculations dans ce domaine concernaient une affaire bizarre et complexe. Un riche planteur dont il était devenu un intime était père de merveilleux enfants, des garçons et des filles, mais la mère était, ou avait été, une esclave avant de jouir de tous les avantages et privilèges d'une épouse [4]. Son maître lui avait répété à d'innombrables reprises qu'il avait rédigé et signé son acte d'émancipation, et qu'il avait fait d'elle et des enfants ses héritiers en cas de décès. Bien sûr, la malheureuse ne voyait aucune raison de mettre en doute sa sincérité ou son honnêteté, aussi le sujet ne fut-il plus abordé. Les enfants, qui avaient reçu une bonne éducation les destinant à occuper des fonctions honorables et utiles, n'auraient pu imaginer le terrible coup du sort qui les attendait. Au bout du compte, le père, qui souffrait depuis longtemps, mourut. Il avait des frères qui, indignés par la teneur de son testament, chargèrent M. Trappe de l'invalider. Dans le même temps, à la grande surprise de tous, aucun acte d'émancipation pour la mère ou les enfants ne fut découvert. On soupçonna M. Trappe, qui avait * rendu visite au malade et pouvait circuler librement dans la maison, de l'avoir trouvé et détruit. Mais ce n'était que pure conjecture car il n'y avait aucune preuve qu'un tel document eût jamais existé.

– Quel malheur !

– Je vous laisse imaginer la détresse de la famille ; on ne saurait la décrire. Privés à la fois du bonheur et de la richesse, condamnés à l'avilissement et à la misère, ils passaient leurs journées en larmes et leurs nuits en lamentations amères.

« Les fils, cependant, se laissèrent moins troubler que la mère et les filles. Ils harcelaient le vieillard, semble-t-il, le suivaient partout et pénétraient dans ses appartements pour l'accuser ouvertement d'avoir détruit ou dissimulé les papiers de leur père.

– C'était pendant le règlement du litige, je suppose.

– Exactement. La procédure dura longtemps et se

* [accès aux papiers du planteur malade]

termina finalement par la décision de vendre la mère et les enfants sur le marché aux esclaves. M. Trappe, qui savait toujours saisir les opportunités, avait anticipé ce dénouement et acheté les femmes à un prix très réduit avant même la conclusion de l'affaire. Entre-temps, les fils et frères avaient disparu et personne n'avait la moindre idée de l'endroit où ils étaient. Nombreux étaient ceux qui les croyaient partis vers le Nord et qui se demandaient pourquoi leurs proches ne les avaient pas accompagnés.

– C'est étrange, en effet.

– Pas du tout, ils avaient d'autres projets en tête, j'imagine. On avait entendu l'un d'eux dire un jour que si Trappe réussissait à piéger sa mère et ses sœurs, il n'aurait plus jamais l'occasion de piéger quelqu'un d'autre, que ce vieillard avait déjà causé bien assez de malheurs et que si quelqu'un l'éliminait, cette personne mériterait les remerciements de la communauté pour l'avoir débarrassée d'un être mauvais.

– C'était parler franchement.

– Très franchement, oui, et M. Trappe tenait ces gaillards pour tellement dangereux qu'il avait pris la précaution d'engager des poursuites contre eux. Rien n'aurait pu empêcher leur arrestation, à part l'impossibilité de les retrouver, évidemment.

– C'est une excellente raison, en effet, souligna le petit homme en riant. Une raison admirable.

– Mais ils n'avaient pas dû aller aussi loin qu'on l'avait tout d'abord supposé. Le serviteur de M. Trappe aperçut à une ou deux reprises des individus répondant à leur signalement qui rôdaient autour de la maison comme s'ils étaient animés de mauvaises intentions, ce qui devait se révéler exact. Il en informa son maître, qui manifesta tous les signes d'une agitation extrême.

– Ces femmes se trouvaient-elles à la campagne, chez M. Trappe ?

– Oui, et par quelque moyen encore inconnu elles avaient réussi à communiquer avec leurs parents.

– Alors, elles s'enfuirent.

– Assurément, elles s'enfuirent, et leur absence au matin fut le premier signe qui révéla au serviteur qu'un acte de malveillance avait été commis ou que des étrangers s'étaient introduits dans la maison pendant la nuit.

– Il peut témoigner, donc.

– Tout à fait. Il dit qu'il a fermé et barré les portes comme d'habitude avant d'aller voir les dames, car il lui incombait de leur rendre visite au moins trois fois par jour, qu'il a trouvé la mère en pleurs tandis que ses filles essayaient de la réconforter et qu'il les a laissées à cette agréable occupation.

– Une agréable occupation, répéta son interlocuteur. Pleurer serait donc une agréable occupation ?

– Il semble penser que c'en est une pour les femmes. Quoi qu'il en soit, en se rendant dans leurs appartements le lendemain matin, il fut très surpris de découvrir les portes et les fenêtres verrouillées mais les oiseaux envolés sans que l'on pût relever de signes ou de traces indiquant où ils étaient allés ou comment ils s'étaient échappés. Redoutant la colère de son maître et s'efforçant déjà de justifier sa propre conduite, il monta jusqu'à la chambre occupée par l'avocat. La porte était fermée ; il frappa fort mais n'obtint pas de réponse. Quelque peu étonné, il poussa le battant et entra. M. Trappe gisait à plat ventre sur le sol.

« “Maître ?” dit le serviteur.

« Silence.

« “Les filles se sont échappées.”

« Toujours pas de réponse.

« Il avança, lui toucha la main, le retourna. Un trou s'ouvrait dans le front du vieillard ; une balle lui avait traversé le cerveau. Ses rêves de richesse et ses ambitions avaient été brusquement interrompus, et il avait été convoqué à cet effrayant tribunal du jugement dernier auquel nul ne peut échapper [5].

– On ne sait rien de plus ?

– Rien, sauf qu'une dame qui veillait son enfant malade durant la nuit a entendu une voiture s'éloigner à toute allure, apparemment vers le Nord.

– Ainsi, les mécréants ont réussi à fuir.

– En effet, et jusqu'à présent nul n'a la moindre idée de ce qu'ils ont pu devenir. »

C'était triste, consternant même, d'imaginer ce vieillard envoyé devant son juge avec toutes ses fautes sur sa tête sans avoir eu le temps de se confesser ni de prier. C'était terrible, pensai-je en frissonnant, et j'en aurais presque pleuré, mais quel autre sort pouvait espérer un homme aussi cruel et insensible ? Car qui sème le vent récolte la tempête [6].

XXI

En liberté

> Il me fait reposer dans de verts pâturages, il me dirige près des eaux paisibles [1].
>
> DAVID.

Le calme règne aujourd'hui dans mon esprit, une paix profonde, une quiétude bénie et sacrée. J'ai trouvé cette vie de liberté que mon imagination m'avait représentée. J'ai trouvé des amis des esclaves dans l'État libre et ils sont tous aussi bons, gentils et hospitaliers qu'on me l'avait dit. J'habite maintenant un joli petit cottage et je m'occupe d'une école pour les enfants de couleur [2]. Ils sont nombreux à venir et j'ai presque autant de plaisir à leur transmettre des connaissances que j'en avais à les acquérir lorsque j'étais moi-même enfant. Pouvez-vous deviner qui vit avec moi ? Non, c'est impossible. Ma propre mère, âgée et vénérable, et pourtant si vive, alerte et active et, oh ! tellement attachée à moi ! La main de la Providence a guidé notre rencontre, j'en suis certaine. Son histoire est des plus touchantes et mouvementées. J'étais encore un nourrisson lorsqu'elle fut arrachée à Lindendale pour être confiée au propriétaire d'une plantation dans le Mississippi, et pourtant elle ne m'oublia jamais ni n'oublia certaines marques sur mon corps qui lui permettraient peut-être de m'identifier des années plus tard. Son nouveau maître était dur mais il mourut bientôt, et elle devint la propriété de sa fille établie dans le Maryland, où elle fut emmenée. Là, elle rencontra un mulâtre libre du New Jersey qui la persuada de s'enfuir avec lui pour rejoindre son État natal où ils pourraient se marier et vivre dans la liberté et le bonheur. Elle y consentit. Leur entreprise fut couronnée de succès et elle connut de nombreuses années de joie avant la mort de son époux.

Elle m'a dit qu'elle n'avait jamais cessé de prier, le jour comme la nuit, pendant de longues années, pour que son enfant restée en esclavage fût un jour rendue à la liberté et aux bras de sa mère. Elle n'avait aucun moyen de donner une réalité à cet immense désir, mais elle s'en remettait à la puissance et à la clémence du ciel. Si grande était sa foi que chaque fois qu'elle voyait une inconnue elle espérait retrouver sa fille. Nous nous rencontrâmes par hasard, peu importe où et comment. Cela me parut étrange, mais sa vue suscita aussitôt dans mon cœur des sentiments d'une profondeur et d'une intensité insoupçonnées jusqu'alors. Et quand nous eûmes appris à mieux nous connaître, à nous apprécier et à nous intéresser à nos histoires respectives, je fus un jour surprise, mais surtout heureuse et submergée d'émotions indicibles, lorsqu'elle se leva brusquement pour s'approcher de moi, me serrer dans ses bras et déclarer dans des sanglots de ravissement :

« Mon enfant, je suis ta mère. »

Alors, je... Non, je ne saurais dire ce que je fis, car j'étais presque folle de joie. Je reposais enfin, et pour la première fois, sur le sein de ma mère – cette mère que j'avais si souvent appelée de tous mes vœux. Nous avions été réunies par des voies si singulières, si détournées... Enlacées, tête basse, en larmes, nous nous agenouillâmes pour Lui adresser nos remerciements, à Lui qui avait veillé sur nous et dont nous reconnaissions la mansuétude dans cet immense bonheur qu'Il nous accordait.

J'ai aussi un autre compagnon tout aussi cher à mon cœur, un mari tendre et affectueux. Il s'assoit à côté de moi lorsque j'écris, et parfois il secoue la tête ou éclate de rire en disant par exemple :

« Doucement, doucement, ma tendre femme. J'ai bien peur que ce ne soit trop long, tu ne peux pas demander au public de s'intéresser à moi autant que toi. »

Alors, je réponds :

« Bien sûr que non, je serais jalouse s'il en était ainsi. »

Il est et a toujours été libre, il a été ordonné pasteur de l'Église méthodiste[3] et je crois, et j'espère, que nombreux sont ceux qui, par son intermédiaire et grâce à la Providence, ont été guidés vers les chemins de la sagesse, qui sont les plus plaisants.

Je ne dois pas oublier de dire qui sont mes voisins. Vous aurez sans doute du mal à le croire car cela semble fort singulier, et cependant c'est la vérité : Charlotte, la favorite de Mme Henry, et son mari. De la fenêtre près de laquelle je suis assise, je distingue au bas d'une pente herbeuse un petit cottage blanc à moitié dissimulé en été par les rosiers grimpants et le chèvrefeuille. Devant s'étend un jardin de fleurs tellement exquis et derrière un précieux verger rassemblant tellement de fruits délicieux que la seule pensée de ces lieux suffit à ravir l'esprit. Le couple en est propriétaire. Le mari de Charlotte a appris le métier de charpentier et croule sous le travail tandis qu'elle s'emploie à coudre. Ai-je besoin de décrire la petite église où nous nous réunissons tous et le bonheur que nous éprouvons à écouter les paroles des Évangiles ? Et même si je le voulais, je ne pourrais exprimer avec suffisamment de justesse la bonté de tous, la tendresse et l'amour que je reçois des enfants de l'école et la joie inaltérable que je trouve dans la société de ma mère, de mon mari et de mes amis. Je laisse à l'imagination du lecteur le soin de se représenter tout cela et je lui fais mes adieux.

NOTES

Préface

1. Hannah Crafts préface son roman en commençant par une apologie traditionnelle ; elle doute modestement de sa capacité à atteindre son but – « rendre les aspects si particuliers de cette institution dont la malédiction afflige le plus beau pays illuminé par le soleil » – dans la mesure où, en tant qu'esclave, elle est issue d'un « univers si humble ». Bien avant les années 1850, l'esclavage était souvent qualifié d'« institution particulière », une formule dont elle se fait ici l'écho. Sa stratégie rhétorique consiste à laisser entendre que ce système « gâche le bonheur de la race blanche comme celui de la race noire ». Il s'agit là d'un argument commun à beaucoup d'auteurs de récits d'esclavage, ainsi Frederick Douglass et Harriet Beecher Stowe.

Il était également courant d'établir, comme le fait Hannah Crafts, la nature authentique de la fiction narrative. Bien que son texte soit imprégné de thèmes gothiques, elle affirme qu'il « ne prétend pas au genre romanesque ». Tout au long du récit, elle fait preuve d'une bonne connaissance de divers genres de fictions littéraires, dont les romans sentimentaux ou gothiques, extrêmement populaires dans les années 1850. Se référant à Lord Byron elle nous dit que la vérité est « plus étrange que la fiction ». Celui-ci avait en effet écrit dans *Don Juan* (1819-1824) que « la vérité est toujours étrange, plus étrange que la fiction ».

I. Enfance

1. I, 6.
2. Cette introduction fait écho à celle du chapitre III de *Bleak House*, de Charles Dickens (1853), qui présente la jeune orpheline Esther Summerson.
3. L'affirmation selon laquelle la narratrice a grandi sans connaître ses parents est commune à de nombreux récits d'esclavage.

4. Hannah Crafts qualifie ironiquement son héritage africain d'« ignoble ascendance » pour parodier des opinions racistes largement répandues.

5. La formule reprend un vers d'*Antoine et Cléopâtre*, de William Shakespeare : « J'ai d'immortels désirs en moi » (acte V, scène II). Or l'ouvrage *Beauties of Shakespeare* (1827) apparaît dans le catalogue de la bibliothèque de John Hill Wheeler établi en 1850.

6. « Pais mes agneaux » (Jean, XXI, 16).

7. La description d'Oncle Siah et de Tante Hetty, vieux couple bienveillant, vertueux et adonné aux plantes, semble s'inspirer de celle de Philémon et Baucis dans *Age of Fable*, de Thomas Bulfinch (1855). Dans la mythologie classique, Philémon et Baucis étaient deux paysans âgés qui offrirent à Jupiter déguisé un abri dans leur humble logis et un dîner simple composé d'herbes ; ils furent transformés en un tilleul et un chêne aux branches à jamais entrelacées. La mention faite par Crafts des « pommades et onguents » et « herbes communes » ajoute à la dimension merveilleuse, mythologique de ces deux personnages.

8. « Ô, quelle différence pour moi » est le dernier vers du poème de William Wordsworth *She Dwelt Among the Untrodden Ways* (1799).

9. Au nord de Milton, dans le comté de Westmoreland, se trouve une grande demeure appelée Linden, qui se situe tout près de Lee Hall, maison du « célèbre célibataire » et noceur patenté Squire Richard Lee. Celui-ci se maria à soixante ans avec sa cousine, Sally Poythress, dont il eut trois filles. Après la mort de son époux, Sally épousa Willoughby Newyon, qui construisit Linden. Peut-être Squire Lee servit-il de modèle à Hannah Crafts pour le nouveau propriétaire de Lindendale, M. Cosgrove (voir chapitres XIV et XV).

10. La description du salon où sont accrochés les portraits solennels de la famille de Sir Clifford De Vincent, l'ancêtre du propriétaire actuel, rappelle le rôle central joué par les portraits dans *Castle of Otranto*, d'Horace Walpole (1765). On considère généralement que ce roman marque le début de la tradition du roman gothique. Dans la littérature américaine du XIXe siècle, Edgar Allan Poe est le représentant le plus important de ce genre qui met souvent en scène de vieilles bâtisses, des mariées délaissées et des apparitions surnaturelles. Dans la perspective d'un décor du Nouveau Monde, Lindendale apparaît excessivement aristocratique et ancien, même pour la Virginie.

II. La mariée et le cortège nuptial

1. Proverbes, XXVI, 25. Hannah Crafts a changé les « sept » abominations du proverbe en « sévères » abominations.

2. Ce passage s'inspire de deux scènes mineures à plus de trente chapitres d'intervalle dans *Bleak House*, la première (chapitre VII) laissant supposer que Mme Bry a des points communs avec

Mme Rouncewell, la seconde (chapitre XLV) faisant allusion à la perte d'un navire indien.

3. Référence classique au peuple nomade indo-européen qui soumit les Perses vers 700 avant Jésus-Christ.

4. Les « mouchoirs de madras » portés par de nombreux esclaves pour les noces de leur maître désignaient entre 1833 et 1881 les carrés de soie et de coton qui servaient de coiffes.

5. Cette scène est tirée presque mot pour mot du chapitre LVI de *Bleak House*, mais l'imagination littéraire de Crafts se manifeste également par la présence de tourelles et de salons, de ces capes et de ces ornements qui colorent le texte. Il s'agit là de lieux et d'objets poétiques, imaginaires, qui servent à créer un décor pour les scènes de trahison, de dissimulation, de pardon et de vengeance.

6. Le personnage de M. Trappe est manifestement inspiré par M. Tulkinghorn, que Dickens décrit dans les mêmes termes au chapitre II de *Bleak House*.

III. Le voile se lève

1. Pour commencer ce chapitre, Hannah Crafts cite une partie du psaume XXXIX, 7.

2. Vers tiré de *Lochiel's Warning*, de Thomas Campbell (1777-1844).

3. Ce passage fait écho à une scène du premier chapitre de *Jane Eyre*, de Charlotte Brontë (1847). À noter que ce roman figure dans le catalogue de la bibliothèque de John Hill Wheeler établi en 1850.

4. Hannah Crafts emprunte une partie de son dialogue à une scène de *Bleak House* entre M. Tulkinghorn et Lady Dedlock (chapitre XLVIII).

IV. Un mystère révélé

1. Le même verset apparaît dans deux livres du Pentateuque, inspirant à Hannah Crafts la formule courante qu'elle attribue à Moïse (Exode, XX, 5, et Deutéronome, V, 9) : « Tu ne te prosterneras point devant elles et tu ne les serviras point ; car moi, l'Éternel, ton Dieu, je suis un Dieu jaloux, qui punis l'iniquité des pères sur les enfants jusqu'à la troisième et la quatrième génération de ceux qui me haïssent. »

2. La scène où Hannah et sa maîtresse quittent précipitamment la propriété et s'apprêtent à passer la nuit dans la forêt rappelle celle où Jane Eyre s'enfuit de chez M. Rochester.

V. Perdues, perdues, perdues

1. Première épître de Paul aux Thessaloniciens, V, 3.
2. Psaume XLVI, 1-3.
3. Ce « sanctuaire de confort domestique » rappelle les maisons des quakers du Nord dans *La Case de l'oncle Tom*, d'Harriet Beecher Stowe (1852). Pourtant, cette demeure de Virginie n'échappe pas à l'influence de l'esclavage, puisque les deux voyageuses apprennent que M. Trappe y a élu domicile.
4. La formule « en ressassant toutes ces pensées dans ma tête » apparaît dans *Redgauntlet*, de Walter Scott (1824), un roman cité dans le catalogue de la bibliothèque de John Hill Wheeler.

VI. Nouveaux horizons

1. Psaume XI, 2.
2. La description de la prison reproduit presque mot pour mot celle donnée au chapitre XXI de *Rob Roy*, de Walter Scott (1817), à l'exception de la transformation de l'épée en couteau de chasse, laissant supposer qu'Hannah Crafts était au courant des différences entre les armes américaines et anglaises.
3. Tous les romans gothiques font allusion aux rongeurs qui se nourrissent de chair humaine, mais ce passage évoque plus particulièrement Edgar Allan Poe.
4. Cette phrase mélange deux versets, l'un tiré de l'Ancien Testament, l'autre du Nouveau. Le psaume LVI, 9 dit : « Tu comptes les pas de ma vie errante. Recueille mes larmes dans ton outre. Ne sont-elles pas inscrites dans ton livre ? » Et dans l'Évangile selon saint Luc (XII, 7) on trouve : « Et même les cheveux de votre tête sont tous comptés. Ne craignez donc point : vous valez plus que beaucoup de passereaux. »

VII. M. Trappe

1. Psaume CXIX, 121.
2. Hannah Crafts cite le livre de Job (III, 25) pour souligner son désespoir : « Ce que je crains, c'est ce qui m'arrive ; ce que je redoute, c'est ce qui m'atteint. »
3. Ce passage s'inspire de la description de M. Tulkinghorn donnée dans les chapitres XXII et XLI de *Bleak House*.
4. Peut-être une allusion à *La République* de Platon.
5. Job, III, 17 : « Là ne s'agitent plus les méchants, et là se reposent ceux qui sont fatigués et sans force. »

VIII. Un nouveau maître

1. Psaume X, 12.

2. D'après l'historien John B. Blassingame, les cas de suicide étaient beaucoup plus répandus qu'on ne le croit dans la communauté des esclaves.

3. Apocalypse, XXII, 13 : « Je suis l'alpha et l'oméga, le premier et le dernier, le commencement et la fin. »

4. La Nouvelle-Orléans était considérée alors comme un centre de brassage ethnique et de métissage.

IX. Le marchand d'esclaves

1. Jérémie, V, 1.

2. Voir Luc, XII, 6-7 : « Ne vend-on pas cinq passereaux pour deux sous ? Cependant, pas un d'eux n'est oublié devant Dieu. Et même les cheveux de votre tête sont tous comptés. Ne craignez donc point : vous valez plus que beaucoup de passereaux. »

3. Voir psaume XXIII, 2 : « Il me fait reposer dans de verts pâturages, Il me dirige près des eaux paisibles. »

4. Aucun auteur n'est aussi éloquent sur la nature périlleuse du mariage entre esclaves qu'Harriet Jacobs. Voir *Incidents in the Life of a Slave Girl* (1861), édité par Jean Fagan Yellin, Cambridge, Harvard University Press, 1987.

X. La famille Henry

1. L'auteur attribute cette citation à Salomon, mais elle est tirée du livre des Proverbes, XXXI, 30.

2. Presque toute la description de Forget Me Not (peut-être inspirée du poème d'Amelia Opie portant ce titre) s'inspire de *Bleak House* (chapitre VI).

3. Shakespeare immortalisa Brutus dans sa tragédie *Jules César* (1599), sans doute la source dont Hannah Crafts s'est inspirée dans cette référence.

XI. Fugue

1. Psaume CXL, 1 : « Éternel, délivre-moi des hommes méchants ! Préserve-moi des hommes violents ! » Ces lignes sont également citées par Walter Scott au début du chapitre XVIII de *Rob Roy*.

2. *De ghost* dans le texte original. Hannah Crafts, comme Frederick Douglass et Harriet Jacobs, utilise un dialecte pour établir la différence entre serviteurs de la maison et travailleurs des champs – entre esclaves instruits et incultes, rationnels et superstitieux. Plus un auteur établit de distinctions entre les Noirs, plus il y a de chances pour qu'il

ait connu l'esclavage de l'intérieur. Ici, Hannah Crafts se distancie des autres domestiques des Henry en les décrivant comme des êtres portés à la superstition, contrairement à elle. Tous les auteurs de récits d'esclavage établissent ainsi des distinctions entre le narrateur « représentatif », intelligent et curieux, et le reste de la communauté en servitude.

3. Presque tout ce passage est emprunté au chapitre XVII de *Rob Roy*.

4. Les auteurs noirs du XIXe siècle cherchaient souvent à rendre les différentes nuances de peau des esclaves, à la fois pour renforcer leur individualité et pour expliquer le penchant du maître ou du régisseur pour telle ou telle esclave.

5. On utilisait souvent des chiens de chasse pour traquer les esclaves en fuite, principalement de race anglaise, cubaine et africaine. Les limiers cubains étaient sans doute une espèce proche du mastiff.

XII. Une nouvelle maîtresse

1. Psaume LXIX, 30.

2. Il s'agit là d'une des observations particulièrement perspicaces faites par Hannah Crafts sur l'esclavage et qui reflète certainement sa propre expérience. Dans son récit *Behind the Scenes or Thirty Years a Slave, and Four Years in the White House* (1868), Elisabeth Keckley affirme que de telles relations entre maîtresse et esclave ne sont pas rares. Pour William Andrew, ce passage apporte la preuve qu'Hannah Crafts était afro-américaine et avait connu l'esclavage.

3. Allusion à peine voilée à Passmore Williamson, alors à la tête de la Pennsylvania Anti-Slavery Society, qui facilita la fuite de Jane Johnson.

4. Hannah Crafts affirme ici implicitement son statut d'auteur. Ce renversement des rôles par rapport à la personne blanche faisant la lecture à un esclave noir illettré est un procédé rhétorique très habile laissant supposer la supériorité de Crafts sur les autres esclaves et son égalité intellectuelle avec sa maîtresse blanche.

XIII. La roue tourne

1. Si Ninive est mentionnée à quatre reprises comme une « grande ville » dans le livre de Jonas, on ne précise jamais qu'elle est « pleine de gens ». Dans Jonas, IV, 11, il est écrit que s'y trouvent « cent vingt mille hommes ». De toute évidence, Hannah Crafts se fiait à la tradition orale qui, si elle n'était pas tout à fait exacte, ne s'écartait guère, cependant, du sens initial.

2. Cette description de Washington est une adaptation évidente du début de *Bleak House* sur Londres.

3. D'après la légende, la ville de Delphes était protégée par un dragon ou un serpent fabuleux (Python). La mythologie grecque raconte que le dieu Apollon a tué le Python, et affirmé ainsi la suprématie de son oracle.

4. Un article paru le 22 février 1851 dans *Scientific American*, une revue appartenant au probable maître d'Hannah Crafts, John Hill Wheeler, affirmait que des pommades fabriquées à partir d'une poudre de nitrate d'argent pouvaient teindre les cheveux en noir.

5. Dans son journal, John Hill Wheeler mentionne lui-même sa nature pugnace, mais ici Hannah Crafts fait certainement allusion au coup de canne porté par Preston Brooks, de Caroline du Sud, à Charles Summer, du Massachusetts, au Sénat le 22 mai 1856.

6. Précipice près de Jérusalem, dans la vallée d'Ennom. Il s'agissait d'un lieu affreux où il n'y avait que des cailloux. Cet endroit, l'équivalent de l'enfer, est mentionné notamment à plusieurs reprises dans le livre de Jérémie.

XIV. Le récit de Lizzy

1. Cette épigraphe s'inspire du psaume LXXIV, 20 : « Car les lieux sombres du pays sont pleins de repaires de brigands. »

2. Le cas le plus célèbre d'infanticide chez les esclaves est le meurtre commis par Margaret Garner le 28 janvier 1856 pour empêcher que son enfant soit vendu. Il a d'ailleurs inspiré le magnifique roman de Toni Morrison *Beloved* (1987). Hannah Crafts avait certainement entendu parler de Margaret Garner.

XV. Suite du récit de Lizzy

1. Dans la mythologie gréco-romaine, les Furies (Érinyes en Grèce) châtient les crimes, en particulier contre la famille et l'ordre social.

2. Rock Glen désigne aussi un lieu dans *La Dame du lac*, de Walter Scott, qui figurait également au catalogue des œuvres de la bibliothèque de John Hill Wheeler. C'est dans ce poème que l'auteur afro-américain Frederick Douglass a trouvé son nom de famille.

3. Cette formule latine signifie : « Ainsi passe la gloire de ce monde. » Hannah Crafts l'a sans doute découverte dans *L'Imitation de Jésus-Christ*, de Sir Thomas a Kempis (1370-1471).

XVI. En Caroline du Nord

1. Cette épigraphe s'inspire du livre d'Esther, VII, 4 : « Car nous sommes vendus, moi et mon peuple, pour être détruits, égorgés, anéantis. Encore si nous étions vendus pour devenir esclaves et servantes, je me tairais, mais l'ennemi ne saurait compenser le dommage fait au roi. »

2. Cette réplique situe clairement le roman dans les années 1850. Plusieurs ouvrages traitant de ces sujets se trouvaient dans la bibliothèque de John Hill Wheeler.

3. À Wilmington, en effet le plus important port de l'État, se tenait un grand marché aux esclaves bien connu des abolitionnistes.

XVII. La fuite

1. Psaume CXLI, 8.

2. Ces quatre vers sont tirés du poème *Colin and Lucy*, de Richard Ticknell (1751-1793), et constituent également l'épigraphe du chapitre XVII de *Rob Roy*.

3. Dans le sixième chapitre du livre de Daniel, l'enthousiasme du roi Darius pour Daniel provoque des jalousies. Daniel est enfermé dans la fosse aux lions, mais il survit grâce à l'aide de Dieu et voit ses persécuteurs dévorés.

XVIII. Une bien étrange compagnie

1. Dans Mathieu, VIII, 20, et Luc, IX, 58, Jésus met en garde l'homme qui veut le suivre : « Les renards ont des tanières et les oiseaux du ciel ont des nids mais le Fils de l'homme n'a pas où reposer sa tête. » Ici, Hannah Crafts tient à souligner les difficultés de sa fuite, qui la prive de tout abri. C'est également manifeste dans les deux premiers titres qu'elle avait envisagés pour ce chapitre.

2. Dans le premier livre des Rois, XVII, 6, le prophète Élie, en fuite, est nourri matin et soir « de pain et de viande » par des corbeaux.

3. La plupart des auteurs de récits d'esclavage préféraient ne pas détailler leur fuite afin de protéger le secret de leur itinéraire et des méthodes employées. Ce fut particulièrement vrai après le vote du Fugitive Slave Act en 1850.

4. Au XIXe siècle, les catholiques étaient peu nombreux en Caroline du Nord et en Virginie.

XIX. Une vieille amie

1. Psaume XXXVII, 25 : « J'ai été jeune, j'ai vieilli, et je n'ai point vu le juste abandonné. »

2. Les coïncidences de ce genre sont fréquentes dans les romans sentimentaux.

3. Saint Paul et son compagnon Silas, ou Sylvain, s'échappèrent de prison alors qu'ils prêchaient le christianisme à Philippes (Actes des Apôtres, chapitre XVI).

4. Hannah Crafts fait peut-être allusion à un village situé dans les houillères de la Virginie-Occidentale, qui devint un État en 1863.

5. Rappelons que le manuscrit d'Hannah Crafts fut trouvé dans cet État en 1948. Le New Jersey « devint un havre pour les esclaves fuyant le Sud », d'après Giles R. Wright (*Afro-Americans in New Jersey*, Trenton, New Jersey Historical Commission, 1988).

XX. Châtiment

1. Isaïe, III, 11.
2. Plusieurs voies navigables traversaient les houillères de la Virginie-Occidentale, dont la Kanawha, la Guyandotte, la Shenandoah et l'Ohio.
3. William Shakespeare, *Macbeth*, acte I, scène VII.
4. Il arrivait, même dans le Sud avant la guerre de Sécession, que maître et esclave vivent une histoire d'amour. Le cas le plus célèbre est sans doute celui de Thomas Jefferson et Sally Hemmings.
5. La mort de Trappe – c'est-à-dire la disparition du méchant pris à son propre piège – compte également parmi les caractéristiques du roman sentimental.
6. Hannah Crafts se réfère au livre d'Osée, VIII, 7 : « Puisqu'ils ont semé le vent, ils récolteront la tempête. Ils n'auront pas un épi de blé. Ce qui poussera ne donnera point de farine, et s'il y en avait, des étrangers la dévoreraient. »

XXI. En liberté

1. Psaume XXIII, 2.
2. Une communauté noire assez importante vivait dans le New Jersey avant la guerre de Sécession. Comme le fait remarquer Giles R. Wright : « Pendant la guerre, on dénombrait dans le New Jersey 26 000 habitants noirs. Ils avaient établi des institutions structurées incluant Églises, écoles, sociétés littéraires, loges fraternelles et associations de bénévoles. Ils s'étaient également organisés pour protester contre l'injustice raciale. » Et Wright de conclure, étayant ainsi l'hypothèse qu'Hannah Crafts se soit établie là-bas : « Les Noirs du Sud et les fugitifs ayant eu recours à l'Underground Railroad s'installèrent dans le New Jersey avant la guerre. [...] Ils contribuèrent à créer ou à agrandir des communautés exclusivement noires telles que Lawnside, qui acquit en 1926 le titre de municipalité, devenant ainsi la première et seule communauté noire à obtenir un tel statut » (Giles R. Wright, « New Jersey », *Encyclopedia of African-American Culture and History*, édité par Jack Salzman, David Lionel Smith et Cornel West, New York, Macmillan, 1996).
3. L'Église épiscopalienne méthodiste africaine était très présente dans le New Jersey au milieu du XIXe siècle. Celle de Mount Pisgah fut fondée en 1800 à Salem.

REMERCIEMENTS
par Henry Louis Gates Jr.

Plusieurs collègues m'ont généreusement aidé dans mes recherches sur Hannah Crafts. Richard Newman est allé à ma place faire une offre pour le manuscrit de Crafts à la galerie Swann. Nina Kollars l'a dactylographié, puis Newman et elle l'ont soumis à l'épreuve de l'oral. Elle a également établi une liste des personnages du roman et suggéré de chercher la trace d'Hannah Vincent dans les recensements. L'aide de Newman m'a été particulièrement précieuse pour tout ce qui touchait à l'Église épiscopalienne méthodiste africaine dans le New Jersey. Wyatt Houston Day, Kenneth Rendell, le Dr Joe Nickell, Leslie Morris et Craigen Bowen m'ont communiqué leur opinion d'experts sur la date de rédaction du manuscrit. Nina Kollars et Kevin Rabenet ont exploré Internet pour voir s'ils obtenaient quelque chose sur Crafts en associant les sites généalogiques et les bases de données sur CD-ROM.

Lisa Finder, Esme Bahn, Paul Abruzzo et Claudia Hill ont minutieusement étudié les recensements aux Archives nationales ; Lisa Finder et Tim Bingaman se sont plongés dans les diverses sources disponibles uniquement à la Bibliothèque généalogique des mormons ; Esme Bahn et Nina Kollars ont suivi différentes pistes à la bibliothèque du Congrès, où Kollars a photocopié le journal de John Hill Wheeler. Sheldon Cheek et Bryan Sinche ont transcrit ce journal et en ont étudié la chronologie entre 1854 et 1861 ; Sinche a remarqué la présence d'une esclave nommée « Esther » dans un passage concernant l'année 1857 et Cheek a analysé les recoupements entre le journal et le roman.

Mes collègues William L. Andrews, Nina Baym, Sterling Bland, Rudolph Byrd, Lawrence Buell, Vincent Carretta, Karen Dalton, David Brion Davis, Ann Fabian, Frances Smith Foster, Evelyn Brooks Higginbotham, Gene Jarrett, Matthew Lee, David Levering Lewis, Robert E. May, Nellie Y. McKay, Richard Newman, Susan O'Donovan, Terri Oliver, Tom Parramore, Augusta Rohrbach, Bryan

Sinche, Werner Sollors et Jean Fagan Yellin ont tous lu le manuscrit d'*Autobiographie d'une esclave*, partagé avec moi leurs hypothèses quant à son origine et patiemment supporté mes coups de téléphone durant lesquels nous évoquions divers angles d'approche possibles. Terri Oliver a analysé les éléments de l'intrigue et m'a aidé à rassembler les notes sur le texte. Richard Newman m'a offert une analyse de la représentation des personnages noirs dans *La Case de l'oncle Tom*.

Joanne Kendall, ma secrétaire dévouée et compétente, a tapé plusieurs versions de mon introduction, les annotations textuelles et les notes. Le professeur Arthur R. Miller, professeur de droit à Harvard, m'a éclairé sur les lois du copyright gouvernant un manuscrit non publié du XIXe siècle. Mon éditrice, Jamie Raab, a apporté son immense sensibilité à un processus éditorial complexe.

Tina Bennett, mon agente, a cru en ce projet dès le jour où j'ai acquis le manuscrit aux enchères. Laurence Kirschbaum a exprimé un immense enthousiasme pour mon entreprise et m'a prodigué ses encouragements dès la première fois où j'en ai parlé avec lui, il m'a présenté Kenneth Rendell et le Dr Joe Nickell et m'a conseillé de recourir à leurs services pour authentifier le manuscrit.

Sharon Adams, Henry Finder, Tina Bennett, William Andrews, Angela De Leon et Richard Newman ont lu et critiqué différentes versions du récit de ma quête pour retrouver Hannah Crafts. Il me sera difficile de rembourser la dette que j'ai envers eux.

Enfin, j'aimerais remercier Linda Duggins, Shelley Fisher Fishkin, Katherine Flynn, Catherine Keyser, Richard J. Powell, Hollis Robbins, Deborah H. Roberts, Ruby Saunders, William Shields, George Stevenson, Diana Trudell et Mario Valdes.

TABLE

Composition et mise en pages : FACOMPO, Lisieux

Achevé d'imprimer par Corlet, Imprimeur, S.A. - 14110 Condé-sur-Noireau
N° d'Imprimeur : 89019 - Dépôt légal : décembre 2005 - *Imprimé en France*